JN281248

Science of Local Partnerships
anaging Community-based Coalitions and Projects

# 地域協働の科学

まちの連携をマネジメントする

佐藤　滋 [編著]
早田　宰

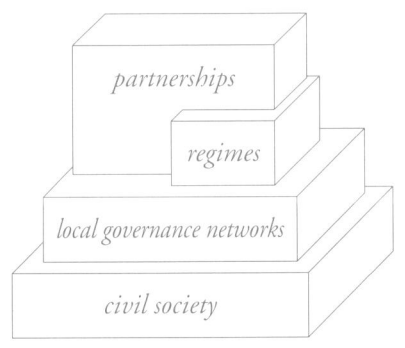

長野　　基
志村秀明
饗庭　伸
鈴木　進
真野洋介
市川　均
木村裕美

成文堂

## はじめに

　本書は「地域協働」についてなかでもその進んだ形態である「パートナーシップ」を中心に、理論と実践的方法に関して、現場での社会実験を進めながらの共同研究の成果をとりまとめたものである。
　1970年代後半、日本の都市・地域では、自治体を中心にしたまちづくりが各地で始まり、それ以後、住民参加、パブリック・インボルブメント（市民参加）が導入され、定着してきた。分権型社会が本格的に到来し、自治体、地域社会に加え、NPO法人、企業、中間支援団体など多様な主体が地域をベースに連携して地域社会を運営する新しいガバナンスのかたちへの期待が高まっている。本書では、それを「地域協働」と呼ぶ。
　「地域協働」の成否は、その具体像をいかに主体間で共有できるかにかかっている。その取り組みは、積み重ねられてきた参加型まちづくりの歴史を踏まえ、各地で多様な形態で推進されてきた。先進的な自治体の中には、新しい協働のために、組織、協議の場、基金、応答のルール等の政策ツールを用意し、それを条例などにメニューとして位置づける事例も相当数にのぼっている。その一方、主体の多様さゆえ、思惑のすれ違い、体制の不安定性、プロジェクトマネジメントの難しさも拡大している。メニューはあくまで選択肢にすぎない。何を目的に、どう活用するかという「戦略」「シナリオ」の共有、その合意が重要であり、そのための実践的理論と方法論の構築をめざしたものが本書である。
　拘束力と実現力のある合意に達することができるかは、主体間の連携の強さと、その結果構築される協働の体制の構造的な強さにかかっている。本書ではそれを「社会力」と呼んでいる。「社会力」の組織化は、多様な主体間で柔らかな連携を構築し、さらに、相互の信頼性をもとに政策連携の力に変えるというステップを踏む。主体同士がまちづくりの「戦略」を実現するた

め、それに耐えられる「布陣」をレベルに応じて構築していくのである。

　その「社会力」の組織化の段階の進んだ、高い問題解決力を発揮するレベルに達した地域協働の形態を、本書では「パートナーシップ」と呼んでいる。いわば理念やスローガンで使われる抽象概念のパートナーシップではなく、具体的な協働事業体としての「パートナーシップ」である。本書は「地域協働」の全体像を視野に入れつつ、信頼できる「パートナーシップ」をいかに生み出し、構築するかを中心に論じるものである。このような「パートナーシップ」はまだ日本ではそれほど多くない。その可能性を育て、それを活かすための協働の科学的方法とそのプロセスのデザインを具体的に論じることが狙いである。

　本書が新しい時代の協働のまちづくりの一助になることを願っている。

　　　　　　　　　　　　　　　　　　　　　　　　　　　執筆者一同

# 目　次

はじめに

## 序章　地域協働の時代とまちづくり ……………………佐藤　滋…*1*
　1　はじめに――まちづくりの現代的意味 ……………………*1*
　2　これからのまちづくりに問われる課題 ……………………*2*
　3　まちづくりが経てきた歴史 ……………………………………*4*
　4　地域運営としてのまちづくりと研究課題 …………………*9*
　5　まちづくりの倫理―統治と市場主義を越えて …………*10*

## 1章　地域協働の基礎理論 ……………………………………*13*

### 1-1　地域協働へのアプローチ
　　　理論的背景と本書の対象 ……………………早田　宰…*14*
　1　地域協働論の登場 ……………………………………………*14*
　2　わが国における地域協働論の課題 ………………………*17*
　3　地域協働による地域マネジメントの技術 ………………*19*

### 1-2　ガバナンスのデザイン
　　　組織構成原理・組織化段階・対話 ……………長野　基…*27*
　1　ガバナンスの組織化 …………………………………………*27*
　2　ガバナンスのデザイン ………………………………………*37*

### 1-3　協働の計画の基礎理論 ……………………早田　宰・志村秀明…*44*
　1　協働の計画へ …………………………………………………*44*
　2　協働のまちづくりの体系 ……………………………………*44*
　3　協働の課題とマネジメント …………………………………*47*
　4　協働のまちづくりのポイント ………………………………*50*

## 2章　パートナーシップの構築原理 …………………………… 57

### 2-1　パートナーシップの導入の判断 …………………… 饗庭　伸… 58
- 1　ガバナンスシステムの類型 ……………………………………… 58
- 2　「4つのシステム」を選ぶためのフレーム ………………………… 60
- 3　「協働重視のシステム」はなぜ注目されるのか？ ………………… 64
- 4　ガバナンスシステムにおける制度や装置 ………………………… 65
- 5　ガバナンスシステムの使い分け …………………………………… 68

### 2-2　パートナーシップの形成力学 ………………… 饗庭　伸・早田　宰… 71
- 1　パートナーシップの形成力学とは何か …………………………… 71
- 2　パートナーシップの形成力学のイメージ ………………………… 75

### 2-3　地域協働にはたらく3つの因子 ………………………… 早田　宰… 81
- 1　パートナーシップの計画主体 ……………………………………… 81
- 2　3つの因子 …………………………………………………………… 82

### 2-4　パートナーシップの個別要素と布陣 …………………… 饗庭　伸… 87
- 1　パートナーシップの類型 …………………………………………… 87
- 2　パートナーシップの布陣 …………………………………………… 93
- 3　コートの役割 ………………………………………………………… 95

### 2-5　パートナーシップを支える信頼関係とアイデンティティ
　　　　　　　　　　　　　　　……………………… 饗庭　伸・長野　基… 98
- 1　パートナーシップの基礎となる信頼関係 ………………………… 98
- 2　現代社会における信頼関係の形成の力学 ………………………… 99
- 3　アイデンティティの構造 …………………………………………… 101

### 2-6　パートナーシップの資源動員 ………………… 長野　基・早田　宰 105
- 1　地域協働の資源動員 ………………………………………………… 105
- 2　パートナーシップを支える資源 …………………………………… 105

3　資源循環過程の構造化 …………………………………………107
　　4　資源循環の戦略化 ………………………………………………109

　2-7　パートナーシップの基盤開拓
　　　　　　　　　　　　　　…………饗庭　伸・長野　基・早田　宰 115
　　1　豊かなパートナーシップを編む ………………………………115
　　2　強い関係と弱い関係 ……………………………………………115
　　3　「強い関係」「弱い関係」の切り替わり ………………………116
　　4　関係の「強さ」と「弱さ」の違い ……………………………118
　　5　ソーシャル・キャピタルと「強い関係」「弱い関係」………120
　　6　「強い関係」「弱い関係」の把握手法 …………………………121

3章　パートナーシップの運営技術 ……………………………………127

　3-1　パートナーシップを切り拓く仕組みづくり
　　　　　　　　　　　　　　………………………………………鈴木　進 128
　　1　限られた資源 ……………………………………………………128
　　2　中心市街地の課題状況 …………………………………………130
　　3　地域セクターを育てる …………………………………………131
　　4　パートナーシップを担うコミュニティ ………………………133
　　5　パートナーシップの土壌を育む ………………………………135
　　6　パートナーシップによるまちづくりを進める体制 …………136
　　7　フォーラムづくり ………………………………………………137
　　8　アリーナ組織と戦略的計画づくり ……………………………140
　　9　プロジェクト・パートナーシップの展開 ……………………141
　　10　地域マネージャーを育成する …………………………………144
　　　付図　パートナーシップ組織化のチェックリスト

### 3-2 協働のまちづくりのプロセスと手法

　　　　　　　　　　　　　　　　　　　　　　　　　志村秀明・早田　宰　147

1　協働の計画づくりの条件 ………………………………………………… 147
2　協働のまちづくりの体系 ………………………………………………… 148
3　地域協働における専門家や行政の位置 ………………………………… 157

### 3-3 多主体協働まちづくりのプロセスデザイン

　　　　　　　　　　　　　　　　　　　　　　　　　　　　真野洋介　160

1　多主体協働まちづくりのプロセスデザインとは …………………… 160
2　多主体協働まちづくりにおけるプロセスデザインの手法と役割 …… 165
3　プロセス運営をどのように進めるか ………………………………… 171
4　具体的なケースに見るプロセスデザイン―Ｙまちづくりの会の場合 172

### 3-4 政策化プロセス

　　　　　　　　　　　　　　　　　　　　　　　饗庭　伸・志村秀明　176

1　政策化プロセスとは …………………………………………………… 176
2　「決定」の４つの区別 …………………………………………………… 178
3　決定の相互補完性 ……………………………………………………… 180
4　決定の相互補完性をつくり出すプロセス …………………………… 182
5　パートナーシップの「社会的な力」の構成要素 …………………… 188

## 4章　パートナーシップをまちづくりへ展開する …………… 193

### 4-1 歴史都市におけるパートナーシップの基盤づくり

　　　　　　　　　　　　　　　　　　　　　　　　　　　　市川　均　194

1　秩父市の現況と背景 …………………………………………………… 194
2　多様なまちづくり活動の主体と活かされていないネットワーク …… 195
3　パートナーシップの基盤整備――まちの資源調査とまちづくりの場の構築 …………………………………………………………………… 196

  4　観光政策におけるプロジェクト・パートナーシップの構築 ……… *210*
  5　フォーラム、アリーナからプラット・フォームへ ……… *213*

## 4-2　地方港町における地域再生パートナーシップ
            ……………………………早田　宰 *216*
  1　油津地区の現況と背景 ……… *216*
  2　社会力の組織化プロセス ……… *217*
  3　政策連携体からパートナーシップへ ……… *220*
  4　まちづくりのシナリオと体制の準備 ……… *222*
  5　パートナーシップによる地域マネジメント ……… *225*

## 4-3　商店街の公共空間性とパートナーシップ
            ……………………………木村裕美 *233*
  1　公共空間としての商店街の役割 ……… *233*
  2　商店街に期待される異なるコミュニティをつなぐ２つの機能 ……… *234*
  3　商店街衰退化を誘発する機能不全の要因 ……… *235*
  4　ネットワークの核となる商店街 ……… *237*
  5　パートナーシップによる新たな価値創造 ……… *242*
  6　ナレッジマネジメントによる暗黙知の活用 ……… *244*
  7　地域資源活用による個店活性化への視点 ……… *255*

付　図
あとがき
索　引

# 序章
## 地域協働の時代とまちづくり

佐 藤 　滋

## 1　はじめに――まちづくりの現代的意味

　「まちづくり」という言葉は、我が国独自の文化的背景の中から生まれてきた。このように広い、そして特有の概念を表現する言葉は、他の国では見つけることができない。このような概念を育て上げてきた「まちづくり」を私たちは誇りにすると同時に、それが必要とされた固有の問題点も明らかにしなければならない。

　戦後の高度経済成長のひずみは、大都市圏から離れた中山間地域や、都市圏でも身近な住環境や地域コミュニティなど、相対的に「弱い地域」に様々な問題を引き起こした。それに対して社会が有効な政策・制度を設けられないでいるうちに、地域からの草の根レベルでの抵抗や問題提起、さらには運動が展開したのである。そしてその時、「住民の主体性」を基盤とした「参画の体制」の構築が大きな目標となった。あるいは、まちづくりの実践を通してそれを実現することが期待されたのである。

　こうした動きの当初のキーワードは「参加」であった。そしてその後に続く「協働」の形態への変化そのものが、まちづくりの実態の変遷・発展を体現してきた。そして現在の「まちづくり」では、まさに多様な実践が展開されている。

　今日の「まちづくり」には、「多様な主体の参画と協働」が基本概念として含まれる。今や「まちづくり」という言葉には、個別の課題を解決するだ

けではなく、地域社会運営そのものを多主体が協働して担うことが意味されているのである。

本書のテーマとする「地域協働のまちづくり」は、現代社会が目指すこのようなまちづくりの在り方を示しており[1]、本書は「地域協働のより組織化の進んだパートナーシップの体制を整えた総合的な地域社会運営とまちづくり」に関して、その理論と方法を論じようとするものである。

「まちづくり」は市民社会が主体的に計画や決定に参画する「参加のまちづくり」の時代を経て、多主体の協働による多様なプロジェクトへの取り組みを通して総合的な地域運営を目指す「パートナーシップのまちづくり・地域運営」へと展開してきた。本序ではここまでに至るまちづくりの歴史を概観し、特にその中で培われてきたまちづくり組織とその関係の分析から、本書が扱う課題を抽出する。

## 2　これからのまちづくりに問われる課題

さて、筆者は、まちづくりの発生から現在までの歴史を3つの世代の展開過程として説明している[2]。1970年代から80年代初頭に発生する「理念と抵抗の第1世代」、80年代中期から90年代の「実験とテーマの第2世代」、そして90年代後半以降に始まる「地域運営の第3世代」である。すなわち、この第3世代こそ「地域協働のまちづくり」が本格展開する時代である。第1世代、第2世代の成果を継承し、総合的な地域社会の運営が目指される。

こうした前提から、本書が扱う課題は以下の4点に集約することができる。

第1は、多様なまちづくり主体が登場した地域社会において、それぞれの組織がどのような形態を持ち、どのような役割を演ずるのか、特に市民セクターの組織論である。

ボランタリーな市民セクターは、NPOとしての法人格を持つものばかりでなく、任意組織や会社組織、第三セクター等の組織形態を取ることも可能で、通常のまちづくり活動を主とするものからコミュニティビジネスを展開

するものまで様々である。多様化するその組織形態、使命と役割、現代社会における意義について検討する必要がある。第1の課題は「まちづくり組織」に関する理論的な解明である。

　第2は、これらの「多様な主体」が地域社会において構成する関係と仕組みに関する検討である。多主体間の協働の関係、すなわち地域協働の段階が進み、多様なパートナーシップの関係が組み立てられて構成される地域社会における「まちづくり組織の布陣」についての検討である。

　かつての町内会の負の遺産を意識してか、我が国の現代社会は地域社会における自治組織を一律的なものとして制度化してこなかったこともあり、様々なまちづくりの実践の中で、多様な自治組織、まちづくり組織、ボランタリー組織が生まれてきた。この多様さがまちづくりの展開に支障を来すことがないとは言い切れないが、むしろそれよりもまちづくりの資源としての価値の方がはるかに高い。それぞれの演者がみずからの地域社会における位置を確認し、自覚的な行動と役割を果たすなら、この多様性は現代の地域社会へ大きく貢献する。ここで求められるのは、地域社会へ貢献する成果を生むような、多様な演者の位置と行動のより良い組み合わせの解明である。つまり、まちづくり課題に応じてパートナーシップの形態（布陣）を検討すること、さらに、より広範な地域運営の布陣をデザインすることが必要となる。地域社会における多様なパートナーシップの布陣、すなわち「まちづくり組織の布陣」に関する検討が第2の課題である。

　第3は、このパートナーシップの布陣によるまちづくりが「何を生み出すか」の検討である。

　意味のある成果に結びつくまちづくりは、単なる組織論だけではなく、「具体的な行動目標とプログラム」を、その組織形態やパートナーシップの布陣との関係で検討することが必要である。すなわち「まちづくりのプログラム」に関する設計論的課題である。これは「計画プロセス」のプログラムであり、まちづくりプロジェクト（事業や仕事、あるいは行政の用語なら事務などを含む）のプログラムであり、あるいは布陣や仕組みを構築するためのプログラムでもある。これらは、未だに方向性がはっきりせず、「まちづくりがここまでやるのか」と思われるかもしれないが、このような課題に明確

に答を用意できてこそ「まちづくり」が信頼を得ることができるのである。

　第4は、以上を総合して地域でのまちづくりを実行する方法であり、第3世代のまちづくりに求められる「地域社会運営」に関する検討である。

　これからのまちづくりでは、個別課題を突破するテーマ型のまちづくりを越え、それら個別課題への対応やその連携による相乗作用を生み出し、空間デザインに留まらない、福祉や地域経済、教育など、ソフト・ハードの成果を含めた総合的な地域社会の運営が目指される。これに関しては、本書をまとめる研究グループの共同研究においても成果はまだ入り口の仮説的な段階に留まっているが、本書ではその枠組みと実験的な取り組みに関して報告する。

　以上の4つの課題に関して、地域社会と協力して進めてきた共同研究の成果を基にして本書はまとめられている。様々なまちづくり組織、行政などと協働し、社会実験を繰り返しながら地域に働きかけ、その結果を分析して新しい方法を検討し、また地域にフィードバックするという「アクションリサーチの方法」であり、まちづくり支援をとおしての実践的な理論と方法論研究の成果である。

## 3　まちづくりが経てきた歴史

　1960年代後半から70年代にかけて身近な生活環境の問題に対する意識が高まるなか、まちづくりは広範な運動と学問領域の関心の下でその姿を現してきた。高度経済成長期に噴出した社会的な矛盾を身近な地域社会の中で解決しようと、地域住民や自治体が立ち上がったのがその発祥である。また同時期、伝統的地域社会からの個人の解放と自立という近代社会における大きな目標の遂行によって「いえ」や地域社会は解体されたが、「地域」の旗の下にその解体された「個」の再結集が目指された。これも一方でのまちづくりの出発点であったといえる[3]。

### 1）第1世代がコミュニティ組織を生み出す

　まちづくりには大きな期待が込められていた。様々な問題を引き起こした

体制へ抵抗し、数少ない実践を基に想像力を駆使して高い理念を掲げ、豊かなまちづくりのイメージの下に結集したのが1970年前後から始まるまちづくりの第1世代である。地域社会における抵抗運動や革新自治体における直接的な市民参加の仕組みの制度化、コミュニティ運動など、参加のまちづくりの試行が進められた。この時期のまちづくりでは、対抗的にしろ協調的にしろ、行政との関係で住民組織は位置づけられていた。

抵抗運動や初期の住環境整備型のまちづくりをとおして多様なまちづくり組織が生み出され、コミュニティ運動としても、小学校区でのコミュニティ協議会など、町内会・自治会の発展形としての形態が整えられた。ここにおいては、伝統的な町内会、自治会などの組織形態を離れ、近代的な地域社会の統治・運営機構の確立が「参加」の名のもとで目指されたのである。この時代に現れたまちづくり組織は、以下の3つに類型化できる。

第1は、習志野市の地域会議、東京都中野区の住区協議会のような、住民が直接参加するまったく新しい組織を立ち上げたもの、第2は、町内会や自治会を再編成して、コミュニティ協議会や連合自治会のような「民主的な自治組織」を立ち上げたもの、そして若干遅れて、第3は、特定のまちづくり課題に対しての、地域の代表者によって構成されまちづくり協議会という名称が一般に用いられた、意志決定・運営組織である。

第1世代の初期、70年代初頭には「まちづくり」と同様な意味で「コミュニティづくり」という言葉が用いられていて、この時代のまちづくりの本質を端的に表現している。すなわち、まちづくりのために地域に唯一正統なまちづくり組織を設立し、まさに住民によるまちづくりへの直接参加を促し、民主的な地方自治への参画を実現しようとしたのである。この意味で「まちづくり」は、民主主義を自ら体験し実践し地域に密着させる「学校」であった。ここではまちづくりの公共性など「理念」が重んじられ、正当性の根拠として地域を代表する機関による決定と運営が必要とされ、神戸市の丸山地区、真野地区、東京都烏山寺町の環境保全運動、中野区の住区協議会制度、習志野市の地域会議制度、鶴岡市のコミュニティ協議会制度、墨田区京島地区の防災まちづくり、豊中市庄内の地区まちづくりなど、多様なまちづくり運動が実践された。

こうして「まちづくりの第1世代」では、初期まちづくりでの試みが様々に展開された。自治体や政府・企業への抵抗運動というそのほんのわずか前の時代の社会的なムーブメントと比べると、これらは「運動の沈静化」とも見えたが、その実、自治体や専門家との協働の回路を切り開き、内部にエネルギーを蓄え、地域づくりに結びつけていこうとする発想が見られた[4]。そして種々の先進的な取り組みにより成果を上げ、その基本理念と到達目標を明確にした。これらの成果はまちづくり条例などに結実し、条例により首長が「まちづくり団体」を認定し位置づけるという方法が、東京都世田谷区、神戸市などで編み出されている。また、歴史的町並み保全事業、改善型住環境整備事業など、まちづくり運動に対応した法制度も整えられた。

しかし、一部の先進事例を除けば（あるいは先進事例であっても）、その成果はソフトな仕組みや理念、方法論に終始し、具体的な「まちづくりの実績」は期待されたほど大きくはなかった。こうして80年代初頭には一時的な停滞期を迎えることとなる。多くのまちづくり活動は通常のコミュニティ運営の範囲から抜け出られず、課題解決と創造的なまちづくりへの展開のためには次への飛躍が必要とされた。

このような中で、1980年代の中頃から、より実践的機能的な体制でのまちづくり、第2世代の実験的なまちづくりが試行された。

### 2）第2世代が生み出した多様な組織形態と成果

停滞期にあったまちづくりだったが、1980年代の中頃から、より実践的機能的な体制による第2世代のまちづくりが試行されはじめる。

第2世代は、第1世代におけるまちづくりの公共性という「大義名分」や制度的な枠組みから一旦離れて、それぞれの関心領域での「個別テーマ追求」の実験的なまちづくりが展開され、その中から自律的な組織が生まれてきた。これまでの主流であった防災や地域経済の活性化という公共性の強い大テーマにこだわらず、子供の遊び場、環境、福祉、地域学習、住まいなどについての個別的なまちづくり活動が組み立てられた。もちろん、このようなテーマは第1世代において芽吹いていたものであるが、行政の関与のあるなしにはかかわらないワークホース的でボランタリーな「まちづくり組

織」が、地域社会の形式的な代表制の下での活動としてというよりも、具体的なテーマと獲得目標を見据えつつ、そしてワークショップのようなわかりやすい方法を用いることでモデル的な成果を上げていった。特定のテーマを追求するまちづくりの下に、地域社会のまちづくり活動が組織化される強い流れを形成していったことが、第2世代のまちづくりの特徴である。

　この時期には、地元住民、外部の市民、専門家など多様な参加者が水平的な関係で組織を運営するなど、新しい運営形態も模索された。段階的に住環境整備を進めた「仲町愛宕地区」(上尾市)、身近な防災まちづくりを実践した「一寺言問防災まちづくり」(墨田区)、歴史建築の保存からまちづくり会社による都市型観光の先鞭を付けた「黒壁のまちづくり」(長浜市)、グラウンドワーク運動による「源兵衛川の親水緑地の整備」(三島市)などでは、ユニークな組織による確実な成果が上げられた。

　このような先進事例に触発された様々なまちづくり活動が地域の中で展開し、それらが地域の内外でネットワークするようになり、水平的な協働の関係は地域社会の中で当たり前になってきた。ただしその反面、個別テーマばかりを追求することでテーマごとの縦割化も進むなど、第1世代の理念であったまちづくりが地域の中で一体として進むという方向からは離れていく傾向も現れるようになった。

　こうした組織形態は、単なる地縁的な組織を越えて外部の専門家や同志を糾合する傾向を持つなど、明確なテーマの下で活動する広域の市民活動団体という側面を持つ。ある意味では地縁組織とまったく異なる論理で運営される組織形態であったため、地域の中で軋轢を生むことにもなった。阪神・淡路大震災後の復旧・復興過程における市民活動団体のめざましい働きは、後に特定非営利活動促進法(NPO法、1998年)に結実するのであるが、それによるNPOの勃興は、既存の地縁的組織との関係を検討し、地域社会全体を見据える必要性が認識される契機となった。また、超高齢社会を眼前に控え、介護保険制度が導入される(2000年)など、地域福祉の分野が特に活発な活動を展開する状況の中で、まちづくりにおいてこれらとの連携の必要性が改めて問われるようになってきた。

　このような葛藤の中で、テーマごとの活動をひとつにまとめ、全体として

の地域社会の運営を試行する動きが現れてきた。その形態として「フォーラム」や「アリーナ」などが登場してきた。

### 3）地域運営の第3世代

　まちづくりの第3世代は、第1世代、第2世代で育ってきた多様なまちづくり組織がパートナーシップの関係を構築し、協働して地域社会を総合的に運営するまちづくりを指向する。シンプルな情報交換のネットワークから発展し、連携して仕事を進めるパートナーシップの関係を築く。形態の異なる多様な組織が、個々の達成目標を掲げながらそれぞれの役割を強化し、さらにパートナーシップに基づいて他組織と連携して計画を実行し、全般的な地域社会の運営に取り組むのである。言うまでもなく阪神・淡路大震災の復興まちづくりにおける経験と教訓がこの原動力になっているし、その後のNPOの法人化、介護保険制度の導入などがその動きを加速している。

　地域社会の中ではまちづくりの多様なテーマと多様な主体がすでに生まれていたが、これらをいかに関係づけパートナーシップの体制を組むかが次の課題となった。そこでは当然のことながら、地域社会の運営・組織論、多主体のパートナーシップの方法論が重要になる。その制度資本としての組織形態も一様ではなく、多様な文化的・社会的な背景のもとで、地域性に応じたパートナーシップの形態を組み立てる試みが進められている。

　多様な組織形態や実践の展開の一例として、第1世代で誕生した東京都中野区の住区協議会を見てみよう。協議会は区の住区センターを拠点に活動しているが、その展開は個々の協議会によって様々である。地域の中で自治会、商店会と並列的な「まちづくりの課題認識組織」としての役割を担っているものや、自治会と部分的に重なり合って地域社会の運営母体として力を付けているものなど、それぞれが固有の活動をしている。第3世代の地域運営のまちづくりにとって、伝統的な町内会・自治会と異なるこうした住民組織が厳然と歴史を重ねている意味はきわめて大きく、パートナーシップの水平的な関係の構築において重要な位置を占めるだろう。

　このような基盤の下で、多主体を関係づけるフォーラムやアリーナなどの新しい組織形態が生み出されつつある。これらによる地域社会のパートナー

シップの布陣が機能すれば、多様なまちづくりの主題が関係づけられ、総合的な地域運営に進むことが可能になる。これこそが第1世代のまちづくりが目指したまちづくりの理念の実現であり、まちづくりの本質である。

ここで肝要なのは、これまで各地の実験的な試みの中で見えてきた多様な制度・仕組みを検討して地域社会運営の布陣をデザインすることであり、その方法論を構築することである。もちろんそれは本書の主要な課題の一つである。

## 4　地域運営としてのまちづくりと研究課題

第3世代のまちづくりが、阪神大震災の復興まちづくりやNPOの勃興を経てたどり着いた、パートナーシップによるまちづくりの像を以下で検討しよう。

テーマ追求の第2世代が残したものは、内部的に力を付けた多様なまちづくりの主体である。しかしこれらの多様なテーマ追求の主体の登場は、ややもすると住民のまちづくり組織を主題ごとに縦割化する傾向があった。そのようななかで、まちづくりを支援し、これらを総合化しようとする組織が現れてきた。本書第4章で紹介する「NPO秩父まちづくり工房」はその典型であるし、千葉を拠点とする「ボーンセンター」、あるいは各地の「市民活動支援センター」などもその機能を果たしている。組織形態もボランタリーなものからNPO法人、行政が仕掛けている第3セクターや会社組織まで様々である。さらに介護保険制度が制度化されると、介護ビジネスにワーカーズコレクティブや生活協同組合などが関わるようになり、まちづくりにコミュニティビジネスを導入する可能性が示されている。既存の社会福祉協議会やこれを構成する法人との関係も生まれ、高齢社会に対応する「地域福祉」をキーワードにしての地域運営イメージが見え始めている。このような展開の中で地域社会の新しい運営モデルの構築、すなわち冒頭に述べたように、力量を持った多様なまちづくり組織の連携としての「パートナーシップ」と、全般的にまちづくりが推進されるようこれらを組み立てた「パートナーシップの布陣」が、極めて重要な検討課題となっているのである。

また、こうした多様な課題を総合的に解決するまちづくりを目指すとなれば、地域産業や地域福祉との連携など、従来にない複雑な地域社会運営が必要とされ、このような枠組みに適した地域マネジメント、そしてそれを押しすすめる（プロデューサーとは異なる）編集者的なリーダーが要請されよう。一点突破的に取り組まれ多くの芽を出しかけているまちづくりの取り組みを、編集的デザイン手法等によって、それぞれの個性的な成果の質を高めつつ、総合的なまちづくりの成果に結びつける方法が必要とされる。さらには、社会制度や技術に結実させるとともに「地域運営とそのプロセスのマネジメントに関わる方法の理論化」が要請されている。

## 5　まちづくりの倫理——統治と市場主義を越えて

　さて、まちづくりの本格展開はパートナーシップとその布陣を基礎に築かれるとしたが、さらに本質的に問われなければならない課題がまだ残っている。パートナーシップによる協働のまちづくりにおいては、地域社会をベースに、行政という統治機構の倫理とも、経済社会の運営における市場原理主義の倫理とも異なる、倫理的な枠組みが必要となろう。すなわち、「まちづくりの倫理」に関する課題である。

　この課題に関しては、本書は十分に答えられたとはいえない。しかし、本書の全体を通しての基本となる態度が、「市場の倫理」と「統治の倫理」をこえたものを基礎として成り立っていることは、一読してご理解いただけると思う。

　統治・計画の倫理と市場経済の倫理[5]、グローバリズムとローカリズム、目的合理的世界観と存在論的世界観[6]、これらの対立を媒介する第三の倫理の可能性は、市民社会が主導するパートナーシップによる地域社会運営の中で見えてきている。それは、多主体の連携、多様な倫理の共存、価値観の違いを認め合い連携する地域社会の在り方である。

　市民組織や営利セクターのガバナンスへの取り込みやチェック機能の付与によって、「本来の統治」の在り方が、そして、共同体や組合などの自律可能な市場の構成要素の制度化によって、ブラックボックスではない「本来の

市場」の在り方が見えてくる。そのためには、例えば公営住宅の運営管理を住民組織にゆだねるときに政府と非営利セクター間でその位置づけを明らかにした協定を締結したり、双方の役割分担を明確にしたりする必要があろう。そうした社会においては、地域共同体のアクティブな活動により地域社会が運営され、セーフティネットも機能しよう。ワーカーズコレクティブなど協同組合型主体の存在が、企業のソーシャルリスポンシビリティなどを高める社会の像も見えてくる。

　パートナーシップのまちづくりが拓く社会では、多様性、多主体協働、地域主権制度の確立などにより、画一的な「統治システム」と狭い意味での「市場システム」という旧来の論理を越えた、これらを止揚する社会のすがたが描かれる。そうした社会は、これまでの二項対立の20世紀から、第三の選択肢が存在する21世紀への転換を促す力を持っている。

　パートナーシップのまちづくりの先にこのような大きな筋書きが見えてくる。第三の選択肢[7]の存在により調和と協働の価値観が存在感を増すのか、あるいは20世紀型の統治・市場システムが徹底する新保守主義のような道なのか。別次元の価値観、倫理が登場しないと、コミュニティやボランタリーセクターが主導する世界は実現しない。地域社会をベースとした「共治」の時代、これが様々な21世紀社会を描き出す基礎となるであろう。

　市場の倫理や統治の倫理の限界から出発した我が国の「まちづくり」は、「まちづくりの倫理」という新しい倫理観を必要としており、固有の文化的風土に根付いた共同体の倫理の再構築が求められているのである。

注
(1) 　日本建築学会編（佐藤滋他、2004）『まちづくり教科書第1巻・まちづくりの方法』（丸善）に定義している。ここには、現代のまちづくりの理念と目標、豊富な事例研究が盛られている。
(2) 　前掲書(1)に詳しい。
(3) 　吉阪隆正は、座談会「現代とまちづくり——転換期ということ」（『都市住宅』1975年12月号「特集：まちづくり入門」）において、「古い絆ではなく、新しい組織方法を発見することが必要だ。100年かかってばらしたわけです。だからこれから100年かかってもう一度、もう少し新しい組織を組み直せばいいのじゃないかという気がします。」このような主旨の発言をしている。

(4) 「まちづくりの現況と展望」(『全国まちづくり集覧』有斐閣、1977) における奥田道大の発言。
(5) 例えば、Jacobs, J. (1993), *Systems of Survival*, Hodder & Stoughton (ジェイン・ジェイコブス『市場の倫理 統治の倫理』[香西泰訳、日本経済新聞社、1998]) は両者の倫理について述べ、自発性・多様性に基づく社会の本質について論じている。
(6) 佐藤滋 (2000)「21世紀の都市計画の枠組みと都市像の生成」蓑原敬編著『都市計画の挑戦』(学芸出版社)
(7) 例えば、Anthony Giddens (1998), *The Third Way : The Renewal of Social Democracy*, Polity Press (アンソニー・ギデンズ『第三の道——効率と公正の新たな同盟』[佐和隆光訳、日本経済新聞社、1999])

# 1章
## 地域協働の基礎理論

　地域協働は現代公共政策の重要な概念である。各地で導入・展開されているが、概念、制度設計やその運用は多様である。本章では、国際比較を通じて地域協働の政策背景を明らかにし日本における定義を行う。基礎理論の系譜を整理し、協働によるガバナンスの枠組み、段階、基本的な条件を整理する。その上で、地域協働のもっとも組織化段階が進んだ状態である「パートナーシップ」による地域の計画づくりの基本的考え方を整理する。

## 1-1
## 地域協働へのアプローチ
理論的背景と本書の対象

早 田 宰

### 1　地域協働論の登場

　本節では、地域協働をめぐる国際比較の議論状況を踏まえ、その対話を通じて形成されてきた地域協働（local partnerships）論の概念、各論の整理を試みつつ、本書の課題を位置づける。

　パートナーシップという用語は、今日先進国各国で普及した公共政策上の重要概念である。序で論じたように、1960年代から公共政策やまちづくりへの住民参加[1]のなかで育てられてきた。それゆえ、国や背景となる公共政策のコンテクストによって用法や定義が異なる。

**1）　アメリカにおける背景**

　地域協働が重要な概念となって登場したのは、1990年のアメリカで生まれた官民パートナーシップ（Public-Private Partnerships）の影響が大きい[2][3]。アメリカは、地方自治体が連邦政府に依存する割合が他国と比べると低く、自治体の独自財源比率が高い。80年代の景気後退は民間企業から自治体への税収減をもたらし、地方自治体財政に深刻な影響を与えた。それゆえ自治体政府の行政サービス維持のため、いわば"運命共同体"としての民間企業の支援、地域活性化、都市開発の後押し等のため官民パートナーシップが重要な概念となった。その後は、地域の都市コミュニティ再生にむけた中心的な政策的キーワードに位置づけられている。

## 2) ヨーロッパにおける背景

　一方、EU 諸国、とくにイギリス、デンマーク、オランダ、スウェーデン、アイスランドなどでは歴史的な福祉国家路線の修正、転換が求められ、行政サービス再編・民営化の流れからパートナーシップが提案されてきた。したがって、その議論の焦点はパートナーシップでいかにサービスの質を維持しつつ行政コストを削減するかである。

　またヨーロッパの社会政策、とくに EU[4]では、社会的排除と地域コミュニティ開発促進の両者に取り組むための基本的かつ統合的なメカニズムに位置づけられている。たとえばイギリスでは、現労働党政権が社会開発、都市再生を推進するための基本的アプローチとして位置づけられている[5]。とくに 1998 年、政府とボランタリーセクター、コミュニティセクターの三者間で締結した「コンパクト」[6]で、協働のあり方、相互補完性、価値の共有促進などを定めている。

## 3) 日本における背景

　日本の公共政策や都市計画は中央集権的な基準行政から地方分権による個性豊かなまちづくりへのシフトを模索する中で、地域に根ざした協働が登場してきた。それにポストバブル期の長引く不況の影響が加わっている。議論の焦点は協働による市民の政策への参加促進、市民ニーズへの対応、多様な政策の選択肢、NPO の協力等である。

　日本では、「地域協働」あるいはカタカナでパートナーシップと呼ばれている。90 年代後半（平成 7 年以後）、阪神淡路大震災の影響で、先進自治体の中にボランティア活動推進や NPO 支援等の政策フレームを設けるところが出現しはじめた。日本型パートナーシップ論とは、従来の「市民参加」や「パブリック・イレボルヴメント」の蓄積の上に、市民社会の力を引き出すことで行政コストを削減しつつ、市民自身の満足度を高めていくものである。パートナーシップや地域協働に重点を置いた取り組み[7]は、平成 10 年（1998）以後、三重県、釧路市、横浜市、横須賀市などで推進された。そして、平成 12 年（2000）には国（自治省）の基本施策が提起され、平成 13 年（2001）には、東京都、大阪府でも枠組みが整った。

東京都では、協働を定義し[8]、「相互の立場や特性を認め、共通する課題の解決や社会的目的の実現に向け、サービスを提供するなどの協力関係」としている。東京都では協働は「事業を行う手法の一つ」として位置づけられており、協働事業の検討・実施・評価それぞれの場面で「可能なところから」、事業の実態に即して「弾力的に」取り組むことにしている。協働の効果について東京都は、行政にとっては、多様なニーズへの対応、行政の体質改善、さらに行政の効率化等の利益があり、NPO（特定非営利活動法人、ボランティア団体など）にとっては、理念や使命の効果的実現、レスポンシビリティの確立、新しい活動の確保等のメリットがあり、都民にとっては、きめ細かで柔軟なサービス向上、身近な政策、雇用機会確保をメリットとしてあげている。大阪府でも協働を定義し[9]、「それぞれの主体性・自発性のもとに、共通の領域において、互いの特性を認識・尊重しあいながら、共通の目的を達成するため、課題解決に向けて協力・協調する」こととしている。

### 4） 本書での地域協働の定義

これらの流れがミックスし、市民のコスト意識、生活者主権意識を重視した地域経営、公共サービスの質と多様性の維持、それを実現するための地方分権などが地域協働へ期待されてきた。また現在、パートナーシップとは企業、NPO、政府の協働でリスク、資源、技術がプロジェクトの中で共有され、個人あるいは組織に利益をもたらすもの[10]といえる。地域協働のまちづくりに求められるのは、これら主体の可能性を引き出すしくみを社会システムの全体プロセスに組み込むことである。

それらを踏まえて本書でパートナーシップという場合は、一般的な「協働」よりも限定し、「多セクターの参画による可視性の高いフォーマルな組織構造で形成された単一組織あるいは複数組織の連携組織で、参画アクターの協調により資源と戦略を動員することで組織間の創発の創出及びリスク回避を可能にし、共同による決定および事業を推進するもの」と定義することとし、さらにその類型を試みている (2-1)。本書ではそれも含めたより広義の「地域協働」と使い分ける。

## 2　わが国における地域協働論の課題

### 1) 地域・地区の多様な価値と政策

2000年代以後の日本では、以下の2つの変化が顕著である。

第一は、地域・地区といった身近かな生活圏内部で多様な市民が共棲し、関心・利害の多様化が一層進展したことである。ここでいう利害とは経済的利害のみならず、社会的、政治的、環境的利害を含む。従来まちづくりは地域共有の価値を明確化し実現することを主要課題として追及してきた[11]。現代の地域社会はもはや一枚岩ではなく、多様な立場を承認し、少数価値が埋没しないプロセスが求められている。これは東京のような大都市ばかりではない。小学校の開放の是非をめぐる議論に象徴されるように、いままでどちらかといえば平和な地域と看做されてきた場所でも地域社会は複雑な問題にぶつかり、コミュニティ自身が問題解決に取り組み、進むべき道を選択し、自己決定する政策課題に直面している。

ここでいう「政策」とは、「問題についての目標志向的行動のパターンないし方針」[12]というもっとも基本的な意味である。従来は、政策は政府や国、自治体といった伝統的な統治者が納税者に提示するものと考えることが通例であった。しかし、協働のまちづくりでは、多主体で選択する協働の行動計画や方針が政策となり、政策は行政の専売特許ではなくなる。例えば地域が独自に「ごみゼロタウン宣言」「花いっぱいのまち」などを掲げて地域にめざすべき途を独自に選択すれば、それも地域の政策というべきである。協働のまちづくりのパラダイムでは、政策は地域ごとに成立し、地域をベースにした政策コミュニティによってかたちづくられることになる。それゆえ、公共政策はすべて全体としての社会の利益を反映するものであるとは限らず、地域固有の価値にも新しい公共性を認めることになる。地域ごとに「新しい公共性」が定立され、政策に正統性が認められるようになる。

### 2) 地縁組織とNPOの政策連携への期待

第二は、コミュニティの政策提言、政策推進、地域運営・管理機能などを

支える機能の構造変化である。コミュニティレベルの政策体制づくりへの支援は、従来は伝統的地域リーダーと行政の信頼関係の中で行政から一定の地域経営の資源供与（職員・専門家派遣、補助金や物財の給付）をおこなうことで達成されてきた。伝統的地域リーダーの代表が町内会、商店、地元中核企業などである。古い地域では伝統的宗教セクター（氏子会、檀家、地蔵会、講など）上での関係も深い。

　しかし、伝統的産業・伝統的社会は弱体化し、社会の既存秩序をリードしたメンバーの交代は激化している。その一方で、NPO等が地域の運営・管理機能などを支えるようになった。伝統的地域リーダーや地縁組織とNPOが連携し、市民的公共性の政策を担うネットワークの基盤をつくり、新しい地域安定化の体制をどう実現していくかが問われるようになってきた。

### 3） 自律した社会運営と制御の技術

　パートナーシップには地域内の合意形成とともに、地域外との調整が不可欠となる。これらに対応できる自律性が地域に求められる。その反面、地域力の両極化がめだってきており、大きな転換期を迎えている。

　ここでいう自律とは、外からのインパクトに対し自ら安定させる耐性をもつ力のことであり、社会的自律（多様な価値が内在しつつ尊重しあえる信頼できる社会）、政治的自律（ここでいう政治とは既存の政党政治や議会を指すものではなく、社会集団の秩序形成のための統治という原義で使っている。地域が独自に価値の優先順位を決定し、独自のまちづくりの計画を準備、推進する政策力のことを意味する）、環境的自律（資源循環からコミュニティのバランス回復までの、資源や人の地域内循環を含む）、経済的自律（コミュニティビジネスなどによる経済・財政自立など）などの概念を含む。

　地域の自律への期待の半面、前述したように価値観の多様化や既存秩序の構造転換が進んでおり、この2つの潮流はそのまま自然には整合しない。そこに協働のしくみをデザインする必要性がある。

## 3 地域協働による地域マネジメントの技術

地域協働によって地域をマネジメントするために本書で論じる理論の位置づけを俯瞰しておきたい。図1-1-1に示す。

### 1) 主体構築の技術

1960年代後半の都市紛争、既存エリート中心の制度批判などを経て、立場を超えた対話の重要性、コミュニケーションの重要性[13]が提起されてきた。同時に、地域固有の計画文化への理解が深まり、伝統的規範的文化の中に隠されていた繊細な地域固有の合理性が再解釈され、それを理解し支援することが求められるようになってきた。オストロム（Ostrom［1991］）[14]は、

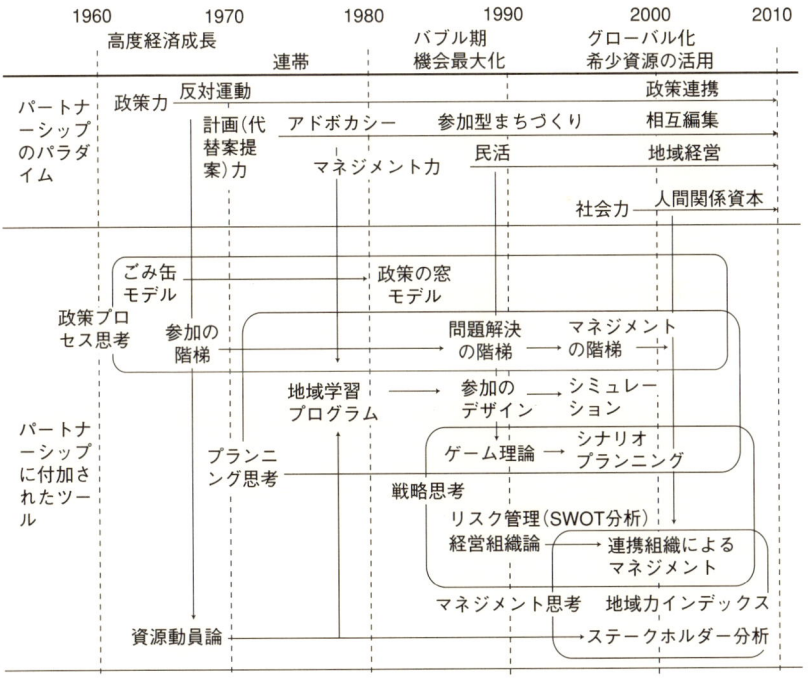

図1-1-1　パートナーシップを構築する諸理論の系譜と技術

合理的選択論と規範的文化論の対立から対話（関係づけ）の流れが加速してきたと指摘した。

今日重要なのは、NPO、地縁組織、企業、行政、議会などの主体によるコミュニケーション手段やプロセスの選択の差異を調整することである。多主体の信頼関係、互酬性を基調とした自律・分散・協調の社会運営・制御メカニズムについて、1-2で長野が論じる。

また、そもそも共感と合意の可能性は主体の能力によって差がある。そこで現在問われているのが、主体の計画能力開発である[15]。さらに主体の参画や連帯を決定する要因は、主体に内在する契機よりも外部資源（人材、物財、予算、時間、組織、ネットワーク、空間、知識、技術等）の影響が大きく、計画主体のキャパシティ構築支援という観点から、主体への資源動員が重要である[16]。その主体と外部資源の応答については、3-2で早田（・志村）が論じる。

主体の能力開発によってコミュニティが地域力を高めるステップについては、統治力を獲得するプロセス[17]、市民が計画に関与し計画をコントロールする合理的計画プロセス[18]、さらにコミュニティが独自に問題を発見・解決するプロセス[19]の考察が進んできた。これらを受けて、本書では社会力の組織化プロセスを提起している。とくにネットワークの質的変化については2-6で饗庭が、また暗黙知の共有については4-3で木村が論じる。

### 2） 地域協働構築の技術

計画の諸要因と結果の関係をある一時点で考察することには限界があり、時間軸をもったプロセスとして展開するなかで、はじめて主体の行為に最適な機会があたえられる。計画主体はいわば全体像の見えない障害物競走に参加している主体[20]といえる。実は政策担当者や専門家は結果の落としどころを先回りして想定しており、問題定立と協議、解決策、政策の担い手の三条件が揃う場合、はじめて問題と位置づけて解決に着手する。それゆえ、計画プロセスと政策上の意思決定プロセスを区別し、全体プロセスをどうマネジメントするかという問題意識が重要となる。

キングドン（Kingdon［1984］）[21]は、問題、政策代替案、市民の政治的関

心、政策連携体の結合度などは独立した変数として動いており、状況変動によってある瞬間に結合し政策が実現するのであり、政策担当者は提言の準備をあらかじめ終えて待ち、その三者の条件が有利となる瞬間、いわば「政策の窓」が開かれる機会を待って実現に動くというプロセス論を提示した。この政策の窓モデルによれば、ある程度の政策連携体はすでに存在しているが、それをとりまく外在的な情勢の不確定要素が高い状況が協働を流動的な状態に置き、問題、問題解決手法、政策（計画）推進主体が結合できないでいると考えることが重要である。課題因子、主体（組織内因子）、環境因子の3つの関係から地域協働の構築を捉える枠組みについて、2-3で早田が確認する。

　主体サイドから見れば、この「窓」を機会ととらえ、それを逃さずに飛び込めるためには、協働による政策や計画の世界をどこまで事前に主体がイメージできるかが鍵となる。ある局面で協働を導入すべきかの判断においては、課題解決のためにパートナーシップという装置や制度を導入したシステムを事前にイメージしておくことが重要であり、2-1で饗庭が4つのシステムを提起する。

　さらに、外在的な情勢の不確定要素が減ることで、問題解決に対してどのようなシステムを構築すれば良いかがイメージできるようになり、それと同時に、資源を動員しながら主体を形成し、問題解決のニーズと結合させるための具体的なプロセスの検討が重要となる。この本の基本スタンスとして、地域協働を具体的に形成するためには、主体と制度を媒介する実体となるプログラムの検討（相互作用アプローチ）が重要であると考え、そこで働くメカニズムをパートナーシップの形成力学と呼び、2-2で饗庭・早田が基礎的な考え方を確認する。さらに、パートナーシップ構築による計画主体間の関係及びアイデンティティの変化については、2-5で饗庭・長野が論じる。

### 3）地域協働による計画と戦略化の技術

　多主体の計画を、主体の解体に向かわせることなく、自律・分散・協調に誘う地域協働のため、計画主体像の構築プロセスのみならず社会に開かれた計画プロセスと政策意思決定プロセスの連携・統合するあたらしいプロセス

理論が必要である。

　地域協働による計画技術は、60年代の地域学習プログラムやワークショップ、80年代の地域に根ざした参加型まちづくりにおける官民協働の経験蓄積、90年代の多様な参加のデザイン手法、シミュレーション技法の導入などが基盤となっている。その上で現在のパートナーシップの計画は、多主体の参加するゲーミング（戦略的相互交渉）の結果表現形態としてあり、参加主体の態度や行為を規定する上での相互不信を実行主体の相互作用プロセスが取り除き、win-win関係（参加主体いずれにとっても有益となる関係）が成立することが重要である。そこでは、集団の機能を高めるためのルール[22]や、同一目的を共有していない主体同士が競争する場面で集団の力を向上させる原理をうまく活用することも重要である[23]。価値観の差異を含む主体同士であっても学習を経ることで望ましい協働プロセスを実現できるという考え方が鍵になり、そのためゲーミングや不確実性をへの先回りした対応をめざすシナリオプランニングを含むプロセスデザインが重要である。

　これらの理論的系譜については1-3で早田・志村が整理する。それを踏まえた地域協働を切り開く仕組みづくりの実際について、とくに主体の育成と場づくりについては3-1で鈴木が整理する。そのなかでの協働の計画の具体像、とくに計画と政策の関係、計画づくりと合意形成の手法や相互編集の詳細については3-2で志村・早田が論じる。また、多主体協働のまちづくりのプロセスデザインと運営について、とくにプロセスにおける時間軸のデザインについては3-3で真野が論じる。これらを経たまちづくりにおける決定のデザインと計画後の世界については3-4で饗庭・志村が論じる。

### 4）　社会力のマネジメントの技術

　地域力向上とはコミュニティがマネジメント組織を実体化するプロセスであり[24][25]、コミュニティの政策力、政策参画力、問題解決力などの力は、コミュニティの組織整備が進んで初めて発揮されるものといえる。また、地域力向上はステップの上を目指して登るのみならず、レベルの違うアクターが個々の立場、役割を踏まえて協力し合うことで全体の力が発揮される[26]。その組織化のレベルに応じて適切な形を整えるための制度のデザインが重要

である[27]。ブライソンとクロスビー（Bryson and Crosby［1992］）[28]は、フォーラム、アリーナ、コートなどのパートナーシップによる協議の場を整理した。本書はこれらの延長にあり、社会力の組織化は地域力を高めるプロセスととらえ、それによって政策力、政策参画力、問題解決力、計画力を高めるプロセスを牽引するものと考えるものである。パートナーシップの個別要素、とくにアリーナ、フォーラム、プラットフォーム、プロジェクト・パートナーシップ、コートなどの基本概念と具体的な布陣については 2-4 で饗庭が論じる。その具体的な展開は、4-1 市川、4-2 早田、4-3 木村で論じることにしたい。

## 5） 次世代のパートナーシップ論へ

以上の技術の展開は世界的な規模で進んできたものである。とくに 90 年代後半以後はグローバル化の進展で世界が同調しており、日本国内でもほぼ対応する日本型のパートナーシップに関する議論の系譜を見出すことができる。ミレニアム以後は、グローバル、地域間競争を背景に希少資源の活用が要請され、政策連携、相互編集、地域経営、人間関係資本などがキーワードとして現れている。

欧米ではこれらの技術がコミュニティ開発分野で早くからゆるやかにつながり、成熟したパートナーシップの世界を構築してきた。一方、日本においては分野別の議論が個別化するきらいがあり、地域協働に関するこれらの議論が総合的に体系化されてきたとはいえず、まちづくりにおいてパートナーシップや協働が理論的に豊かな広がりをもって展開するための課題はまだまだ多いであろう。とくにパートナーシップの根幹のひとつであるマネジメント思考については、欧米では 80 年代後半の民活期に浸透したが、日本ではバブルに浮かれ沈んだ教訓コミュニティが活かし始めるのはマネジメント思考がより強く導入されて以後のことであり、日本でも各地の先進事例にあっては、この総合化と体系化の流れが看取でき、新しい時代に入りつつある。

本書は、これらの議論の蓄積をふまえつつ、パートナーシップの像を形成力学の観点から明確化し、それを軸にした連携組織によるマネジメントを具体化させることが狙いである。

## まとめ——突破すべき壁

　価値観多様化社会、協働型社会へ向けた社会の転換は、ある意味で着々と進められてきた。新しい公共の実現をめざすNPO法人は2万3千団体を超え（2005年6月30日内閣府発表）、NPOはたいへん身近に感じられるようになってきた。新たに若者、定年退職者、主婦らが、子育て支援やまちづくりなど身近な問題の解決をめざして新しいNPO団体をつくる動きが増えている。行政レベルでもこうしたNPOやコミュニティと連携をとるための準備として協働推進条例が各地で準備されてきた。個々の組織のプロフィールと最低限のコミュニケーションの制度環境整備は、おぼろげながら見えてきたといえる。

　一方、行政や民間企業、地域社会、NPOをはじめとする多様な主体がどう連携し、どう活動を展開していくかのまちづくりの運営像は、いまだその見取り図がうまく描かれていないというのが実態ではないだろうか。主体間のコミュニケーションでも意図や期待のすれちがいの問題が多く発生しているのも事実である。主体の対話を育み新しい地域のまちづくりのアイデンティティを生成させる場づくり、協働の広がりの理解、多様なパートナーシップの場や組織の使い分けや社会ツールの共有、その形成力学の透明性の高い政策連携を確立するノウハウや経験の蓄積、働きやすい環境づくり協働が効果的でなかった場合の紛争処理それらを踏まえた制度改革の再考——。こうしたことが現在の突破すべき課題である。

注
(1) 佐藤滋（2004）「まちづくりの生成と歴史」日本建築学会編『まちづくりの方法』（丸善）p.12
(2) Aspen Institute（1997）, *Voices from the Field*, Aspen Institute
(3) Podziba, S.（1998）, *Social Capital Formation, Public-Building and Public Mediation : the Chelsea Charter Consensus Process*, Kettering Foundation
(4) Jones, R.（1998）, 'The European Union as a Promoter of public-Private partnerships', in Montanheiro, L., Haigh, B., Morris, D. and Hrovatin, N.（eds）, *Public and Private Sector Partners : Fostering Enterprise*, Sheffield Hallam University Press, pp.183-94
(5) Falconer, P. and Ross, K.（1998）'Public-Private partnership and the "new" labour government in Britain', in *Public and Private Sector Partners : Fostering Enterprise*, pp.133

-148（前掲書(4)）
(6) Compact on Relations between Government and the Voluntary and Community Sector in England and Wales, *Compact-Getting it Right Together*, The National Council for Voluntary Organisations （NCVO） also, Home Office Voluntary and Community Unit, 1998
(7) 日本では90年代後半（平成7年以後）、阪神淡路大震災の影響で、鳥取市、新潟県、兵庫県など自治体の中にボランティア活動推進やNPO支援等の政策フレームを設けるところが出現しはじめた。それに続いて平成9年（1997）に（社）東京都社会福祉協議会、東京ボランティアセンター、広島市等で、さらに平成10年（1998）に京都市、三重県、仙台市、多摩市、横浜市、平成11年（1999）に愛知県、横須賀市などが政策の枠組みづくりに着手した。その中でパートナーシップや協働に重点を置いた施策や報告書としては、平成10年（1998）「みえパートナーシップ宣言（三重県）」、平成11年（1999）「市民と協働するまちづくり推進指針（釧路市）」、「市民協働型まちづくり推進指針（横須賀市）」などがある。さらに、平成12年（2000）「市民活動団体（NPO）と行政のパートナーシップの在り方に関する研究報告（自治省）」、平成13年（2001）「NPOとの協働のあり方報告（板橋区）」、「パートナーシップに基づく協働の推進に係る調査報告書（（財）滋賀総合研究所）」、「高松市市民活動団体と行政との協働に関する基本方針・基本計画（高松市）」、「東京都における社会貢献活動団体との協働（東京都）」「NPOとの協働を進めるためのガイドライン（大阪府）」、平成14年（2002）「社会貢献活動団体との協働マニュアル（東京都）」、「市民公益活動協働促進研究会報告書（吹田市）」などが策定されてきた。
(8) 「東京都における社会貢献活動団体との協働──協働の推進指針」（東京都、2001.8）
(9) 「NPOとの協働を進めるためのガイドライン」（大阪府、2001.9）
(10) Stratton, C.（1989）, Quoted in : OECD, *Mechanisms for job Creation*, OECD, p.81
(11) たとえば、都市計画家ケヴィン・リンチは、著書『都市のイメージ（1960）』において、パブリック・イメージの明確化とその実現がまちづくりの関心と課題であり、個人個人の差異はまちづくりの関心事ではなく、むしろ心理学の課題である」と述べている。
(12) 宮川公男（1995）『政策科学入門』（東洋経済新報社）
(13) Marcuse, H.（1955）, *Eros and Civilization*, Beacon Press
(14) Ostrom, E.（1991）, 'Rational Choice Theory and Industrial Analysis : Toward Complementarity', *American Political Science Review*, Vol.85, No.1
(15) 現代的な計画主体の役割を果たすためには、都市問題や環境問題の構造的な理解力に加えて、数量的判断力、対話能力が必要である。Hardin G.（1968）, 'The Tragedy of the commons', *Science*, 162

(16) Gamson, W.（1990）, *The Strategy of Social Protest*, 2nd ed., Wadsworth Publishing Company. また現代的な文脈での再解釈は以下が参考になる。佐藤嘉倫（1998）『意図的社会変動の論理』（東京大学出版会、1998）
(17) Arnstein, S. R.（1969）, 'A Ladder of Citizen Participation', *Journal of the American Institute of Planners*, 35（4）, 216-224
(18) Aggens, L.（1983）, 'Identifying Different Levels of Public Interest in Participation', Ft. Belvoir, Va.: The Institute for Water Resources, U.S. Army Corps of Engineers.
(19) Connor, D. M.（1988）, 'A new ladder of citizen participation', *National Civic Review*, 77（3）, pp. 249-257
(20) Olson, M.（1965）, *The logic of collective action*, Harvard University Press
(21) Kingdon, J.（1984）, *Alternatives, and Public Policies*, Little Brown
(22) 山岸俊男（1990）『社会的ジレンマのしくみ』（サイエンス社）
(23) Axelrod, R.（1984）, *The Evolution of Co-operation*, Basic Books Inc.（アクセルロッド『つきあい方の科学』[松田訳, HBJ 出版局]）
(24) Berkes, F., Peter G. and Richard J. P.（1991）, 'Co-management : the evolution in theory and practice of the joint administration of living resources', *Alternatives*, 18（2）: 12-18
(25) Thomas, J. C.（1995）, *Public participation in public decisions : new skills and strategies for public managers*（1st ed.）, Jossey-Bass Publishers
(26) Dorcey, A. H. J.,（1994）. *Public involvement in government decision-making : choosing the right model* : a report of the B.C. Round Table on the Environment and the Economy. Victoria, B.C.: The Round Table.
(27) Alexander E. R.（2000）, 'Inter-organizational Coordination and Strategic Planning : the Architecture of Institution Design', Salet, W. and Andreas, F.（ed）, The Revival of Strategic Spatial Planning, p.162
(28) Bryson J. and Crosby B.（1992）, *Leadership for the Common Good : Tackling Public Problems in a Shared-Power World*, Jossey Bass Wiley

# 1-2
## ガバナンスのデザイン
組織構成原理・組織化段階・対話

長 野  基

## 1 ガバナンスの組織化

　本書では「ガバナンス」を「多主体の信頼関係・互酬性を基調とした自律・分散・協調メカニズムによる問題解決（社会運営・制御）」と位置づける。「パートナーシップ」とは多様な主体が地域をベースに連携して地域社会を運営する「ガバナンス」としての「地域協働」を組織化し、推進する1つの社会的装置である。

### 1）相乗効果を生む仕組みづくり
　「地域協働」には、NPO・市民団体や地縁組織等で活動する「生活者」、地域と社会の発展に貢献しようと事業活動をする「企業（事業者）」、そして"市民"感覚を大切にし、行政・議会活動に反映させようとする「公務員」の各主体[1]がそれぞれの立場から役割を果たすことが期待される。しかし、これらの担い手はそれぞれに特性と逆機能を持つ（表1-2-1）。

#### (a) NPOセクター
　NPOは自発性に基づく柔軟で多様な活動を行う。しかし、寄付やボランティアに頼る面があるため、活動資源の獲得が不確実で、財・サービス提供が偏在してしまう危険を抱える。また、サービスを「ほどこし」として提供してしまう温情主義（パターナリズム）や、訓練を受けた専門家が担うことが望ましい活動を「非」専門家が担ってしまう過度のアマチュア主義を持つ場合もある。あるいは「利潤」等の明確な基準がないため、不必要なほどの華美・過大な設備を持ってしまうおそれ（X非効率）や、組織規模・予算の

大きさのみで活動を評価してしまうおそれもある<sup>(2)</sup>。

このような「ボランタリーの失敗」<sup>(3)</sup>に加え、理念上、多数派から不承認あるいは逸脱した活動も含まれることには注意が必要だ<sup>(4)</sup>。不法滞在となってしまった難民の人権擁護等、良い社会を目指そうとするものとはいえ、法律に反してしまう活動が含まれる場合がある。それはNPOが少数者の価値を代表しようとする場合には避けられない。

(b) 地縁組織

町内会・自治会等の地縁組織は一定区域の独占性が特徴である。提供する財・サービスは地域全体に便益を与えるが、対価を払うことなくそれらを一方的に消費するだけの「ただ乗り」(フリーライダー) 問題も招いてしまう。この問題はいわゆる「ムラ組織」としての「相互監視」で負担を強制することで解決が図られるが、同時に「排他性」の危険性も生んでしまう。一方、地域の独占性は「地域エゴ」(パロキアリズム) の問題を引き起こしかねない<sup>(5)</sup>。

(c) 企業セクター

企業は市場原理に基づく競争を基本とし、価格を媒介にした財・サービス提供を担う。近年ではISOシリーズの導入や社会的責任 (CSR) を重視した経営 (コラム参照) が投資家から資金を得るためにも重要となってきた<sup>(6)</sup>。しかし、市場価値では採算が取れない財・サービスの供給は制限せざるを得ず、選択を行う消費者が十分な情報を持つとも限らない (情報の非対称性)。また、生産・事業活動は環境への負荷 (外部不経済) 発生の危険を含む。

> ◆コラム◆ 期待される企業 (事業者)
> 
> (社)日本経済団体連合会 (経団連)「企業行動憲章」では「企業は、公正な競争を通じて利潤を追求するという経済的主体であると同時に、広く社会にとって有用な存在でなければならない。そのため企業は (中略) 国の内外を問わず、人権を尊重し、関係法令、国際ルールおよびその精神を遵守するとともに、社会的良識を持って、持続可能な社会の創造に向けて自主的に行動する」と謳い「『良き企業市民』として、積極的に社会貢献活動を行う」と定めている。

従来、企業（事業者）の貢献として期待されてきたのは「フィランソロピー」（慈善活動）として資金・物品・サービス・場所等の援助を行うことであった（従業員が支出する寄付金に対して企業側が一定額を上乗せして寄付をする「マッチングファンド」も含まれる）。分野は異なるが、現在、最も洗練されたフィランソロピー事例の一つが、警備保障会社、車両機器メーカー、IT機器メーカー等が参加し、地雷探知装置の開発から海外現地事務所への人材派遣まで包括的な支援体制を構築している「人道目的の地雷除去支援の会（JAHDS）」（http://www.jahds.org/）の活動であろう。

　こうした活動に対して条例で責務を定めて企業（事業者）の力を活用する事例も出てきている。例えば、「大和市新しい公共を創造する市民活動推進条例」は第5条で「事業者は、新しい公共の創造に関する理解を深めて、積極的に社会資源の提供に努めるとともに、その社会的責任に基づいて市民活動を推進する」としている。

　もちろん、企業（事業者）市民には日常の事業活動において法令遵守（コンプライアンス）に則り、環境負荷の低い財・サービスを開発・提供し、ビジネスチャンスを得てゆくことが第一に求められるが、今後は長期的視野に立った「コミュニティ投資」として、事業者側の事業目標と合致した形で地元地域社会と「win-win関係」（事業者側には良いイメージや売上の向上、新たなノウハウ獲得、地元地域社会には物的・社会的な環境改善や提携相手となるNPOの能力向上等）を創出する活動が期待される[7]。　　　　　　　　　　　　　　　　　　　　　　（長野基）

## (d) 行政セクター

　行政は定められた区域内に対して法令に基づく物理的強制力を担保として「公平・平等・効率」で均一的なサービス提供が期待されてきた。顧客主義・成果主義に基づき民間ビジネス手法の積極的導入と機構・制度改革を図るニュー・パブリック・マネジメント（NPM）の普及は、他の主体が果たそうとする社会貢献的活動の実現を支援する「実現支援者」[8]として、「政策の梃子効果」を求める潮流を生みつつある。しかし、組織の肥大化や特定の個人・集団への「利権」化の可能性（レントシーキング）、誰もが消費可能である公共財供給での「ただ乗り」（フリーライダー）の問題、それら結果から生

表 1-2-1　「地域協働」に関わるセクターの特性 [11]

| | NPO | 地縁組織 | 企業 | 行政 | 議会 |
|---|---|---|---|---|---|
| 組織原理 | 必要性 | 負担の公平性 | 利潤の最適化 | 公平・平等・効率 | 代表性 |
| 活動規範 | 共感 | 慣習法 | 採算性 | 法律・条例 | 再選可能性 |
| 活動源泉 | 自発性 | 相互監視 | 利潤欲求 | 権限（強制力） | 権限（議決権） |
| 活動特性 | 柔軟・多様 | 集合的 | 価格競争 | 均一・画一 | 会派間競争 |
| 受益範囲 | 部分的 | 全体的 | 選択的 | 全体的 | 全体的 |
| 活動範囲 | 地域・海外（非限定） | 町内・近隣 | 国内外（非限定） | 行政区域 | 行政区域 |
| 活動資金 | 事業収益・寄付・会費・補助・助成金 | 会費・寄付 | 事業収益 | 税 | 税・寄付（政治資金） |
| 失敗 | ボランタリーの失敗 | コミュニティの失敗 | 市場の失敗 | 政府の失敗 | 議会の失敗 |
| 逆機能 | サービスの偏在　パターナリズム　アマチュエリズム・X非効率　多数派価値との衝突 | フリーライダー　排他性　パロキアリズム（地域エゴ） | 公共財の不供給　情報の非対称性　外部不経済 | 組織の肥大化・官僚制化　フリーライダー　レントシーキング　赤字公債 | パロキアリズム（地域エゴ）　クライエンティリズム（縁故関係）　少数派の抑圧 |

じる「赤字公債」等の逆機能の危険性を常に持っている[9]。

　このように「地域協働」の担い手たちは異なった組織構成原理を持つために、それぞれ特有の「強みと弱み（構造的脆弱性）」を持つ。コミュニティの複雑な課題の解決に向けて、各主体の「弱み」を乗り越え、「強み」を相乗させるには、「社会力」の組織化に基づく「ガバナンス」の構築が必要である[10]。

## 2）社会力の組織化

　「地域協働」を担う NPO・市民団体や地縁組織、企業、自治体等が保有する資源の交換・活用を行い、協働による決定と事業の推進を通じたボトムアップでの課題解決を図ろうとするとき、「ガバナンス」の枠組み[12]は資源の交換・結合度に比例した「市民社会」「ガバナンスへの参画ネットワーク」「レジーム（政策連携体）」「パートナーシップ」の各層に「社会力」が組織

化され、それぞれが機能を果たし、かつ応答し合うことで成立する（図1-2-1）。

「地域協働」においては、「社会力」に基づく「ガバナンス」の枠組みを地域ごとに成立させ、機能させる営為が鍵となるのであり、その中核となるものが「パートナーシップ」である。そして、市民は「地域協働」に参画してゆくとき、あたかもエレベーターで移動するかのごとく各層を移動し、各層で期待される役割を果たす。その内容には各層ごとに異なる「倫理・行動規範」の発現も含まれる。

(a) 市民社会

「市民社会」は、市民が日常生活を営む生活文化の圏域である（「市民」とは「生活者市民」だけではなく、「企業（事業者）」「公務員」を含む）。ここでは市民間の競争や自然な協力関係がある。ただし原則的には相互に自律した関係であり、必ずしも政策実施第一に形成された目的志向の組織ではない。対話や相互承認を目的とした周縁的であいまいなコミュニケーション集団であり、生活意識や日常的な市民文化を共有する存在である。

競争関係も協調関係も包含する「市民社会」から、第2章で論じる「形成力学」や第3章での「プロセス」を駆使して「パートナーシップ」を組み上げてゆくこととなる。

(b) ガバナンスへの参画ネットワーク

「ガバナンスへの参画ネットワーク」は「市民的公共性」を担う政策志向の文化を持ち、「パートナーシップ」の芽を育てる「苗床」となる。

主体間の水平的なネットワークは、参加主体間で①資源交換の相互依存による継続的な相互作用、②互報性に根ざしたボランタリーな目的の調整と相互作用から、「ゲームのルール」[13]が形成されることで生成される。

しかし、「市民社会」段階から「ガバナンスへの参画ネットワーク」段階に移行するには、政府（行政）に過度に依存することなく、自ら「治め（＝公共性）」の一部を担う意識（規範）が生まれ、共有される必要がある。これはネットワークの成員間に、単なる交流を超えた信頼関係が醸成され、一定の利害関心を意識しつつ政策実現への協力を生む「政策志向の文化」が「ゲームのルール」として形成された場合に可能となる。

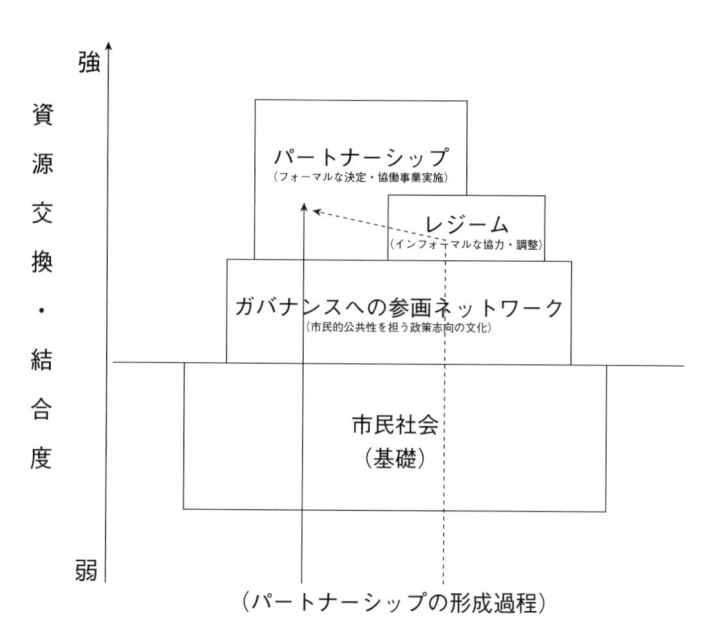

図 1-2-1 社会力の組織化

図の縦軸：資源交換・結合度（強〜弱）
横軸：（パートナーシップの形成過程）

- パートナーシップ（フォーマルな決定・協働事業実施）
- レジーム（インフォーマルな協力・調整）
- ガバナンスへの参画ネットワーク（市民的公共性を担う政策志向の文化）
- 市民社会（基礎）

　「パートナーシップ」はそれ独自に価値があるのではなく、それによって課題解決を達成することで価値を生む。「政策達成」に高い価値を置き、何らかの政策を有効に達成することに利害関心を持つ「文化」がなければ、「パートナーシップ」は成立しえない。そうした「文化」が成立し、育まれるのが、この段階である。ただし、「政策志向の文化」を支える信頼関係——人間関係資本（social capital）——の醸成には時間と労力を要する。

(c) レジーム（政策連携体）

　「レジーム（政策連携体）」は、官民のセクターを越えて特定の政策志向性を持った組織リーダー・中核メンバーにより構成される比較的安定的でインフォーマルな協力関係[14]である。

　「レジーム」は「パートナーシップ」と並列的に存在し、資源を調整・結合して一定のアジェンダに沿って政策を形成するリーダーシップを担う。こうした「レジーム」の力は構成メンバーが保有し、動員する地位や権能、そして各種の社会的資源の量により担保される。この際、「レジーム」は政策

のアウトプットやアウトカムを出すことを前提とした結合であるので、その利害意識が一致していれば、他の側面での多少の差異を意識させない寛容性や包括性を持つ。

「レジーム」の調整・リーダーシップ機能は「ガバナンス」に常に必要というわけでは必ずしもない。しかし、運営・制御を図ろうとする対象地域の複雑性が大きい場合（都市レベル等）では、「レジーム」が持つインフォーマルな調整機能とリーダーシップの力を活用し、「レジーム」を経由する形で「パートナーシップ」形成を図ることも必要となる。ただし、本質的に不可視性を持つ「レジーム」に「ガバナンス」における決定が一定程度依存することには注意を要する。

なお、インフォーマルな協力関係であるため、「レジーム」は同時期・地域内に複数存在し、「レジーム」間での対立・競争が生じる場合もある。

◆コラム◆「レジーム（政策連携体）」研究の歩み

「レジーム」概念は都市政治研究領域では1980年代後半から用いられ始め、研究対象も地域資本からの地方自治の独立、経済発展と資本移動の関係分析、「レジーム」における地域専門家の役割などについて分析したエルキン（Elkin［1987］）[15]のダラス研究を嚆矢として単独の都市研究から国際都市間比較研究へと広がっている[16]。

「レジーム」分析はポリティカルエコノミーアプローチとネオ・プルーラリストアプローチの2つの理論的背景を持つ[17]。また、ハンター（Hunter［1953］）[18]とダール（Dahl［1961］）[19]を中心とした地域権力構造（CPS）論争以後の「非決定」等の新たな概念提起や、集合的行為問題研究から従来の支配・従属概念では説明できない現象への注目を通じて進んだ「パワー」概念の研究にも支えられている。加えて、「イネーブラー（実現支援者）としての政府」の標語が示す、官民セクターを越えた協力を唱える政府政策の登場という現実の変化からも影響を受けている[20]。

この中で最も影響を与えているのがストーン（Stone）のアトランタ研究（1989）とその一連の研究である[21]。ストーンは地域権力論研究を踏まえ、「レジーム」の力は地域の社会経済的システムの特徴が政府公職者

> の決定を通じて一定のグループに有利に変換されるバイアスである「システミック・パワー」[22]と、戦略的な地位を保持し、活用する能力から派生するリーダーシップとしての「先占パワー（Preemptive Power）」[23]により担保されると定式化し、それを踏まえたアトランタ市研究で黒人エリートの結束が都市ビジネスを加速することを論じた。　（長野基）

### (d)　パートナーシップ

「パートナーシップ」は、「社会力」の組織化が進み、高い問題解決力を発揮するレベルに達した「地域協働」の段階であり、「ガバナンスへの参画ネットワーク」を形成する主体の関係が可視的でフォーマルな状態となる。この段階で具体的な政策達成を目的に「パートナーシップ組織」が形成され、「ガバナンス」におけるフォーマルな決定と協働事業の実施が担われる。

「パートナーシップ組織」では組織の輪郭が明確で「目に見える形」となるため、外部からアプローチして安定した関係を構築できる可能性が高いと判断される。このため、社会的に承認されて活動が正統化される。例えば、協働事業実施のための「パートナーシップ組織」が行政から社会サービスの供給先として判断され、契約に基づき、サービス供給機能が委譲されることもある。

「パートナーシップ組織」は、必ずしも主体・組織間で深い信頼関係を必要とせずに成立する場合がある。極端なケースでは、状況や制度の採択用件が「パートナーシップ組織」を求めているゆえに、「パートナーシップ組織」をプロジェクト推進期間中に限り設立する、ということもある。また、基盤となる「ガバナンスへの参画ネットワーク」が力不足のために、それを育成する目的で、先導的な役割を担って政策的に投入される場合もある。

1-1で定義したように「パートナーシップ組織」とは「多セクターの参画によりフォーマルな組織構造で形成された単一組織あるいは複数連携組織で、参画アクターの協調により資源と戦略を動員することで組織間の創発を生み出し、協働による決定および事業実施を推進する組織」である。よって、異なる構成原理・規範の主体との協働作業であり、ゴール・イメージの共有が難しい。「パートナーシップ組織」の構築には新たな目標イメージの

レベルの高い合意形成技術とプロセスが求められる（第3章参照）。

　また、導入コストの問題もある。例えば行政とNPOによる「パートナーシップ組織」の場合を想定してみると、相互の職員に新しい仕事の技術や仕事を進めるための作法への習熟が求められる。その習熟のための学習コストの負担が新たに必要となろう。これらの弊害要因は絡み合いながら相互に契機となって、いわば悪循環する構造を構築していることがしばしばある。「パートナーシップ組織」構築を失敗に向かわせる構造がある場合、個別の問題を解くのみならず、その全体を再編する努力が必要である。

　なお、第2章で詳述するように「パートナーシップ組織」は協議・論点形成を担う「フォーラム」、意思決定を担う「アリーナ」、そして協働事業推進を担う「プロジェクト・パートナーシップ」などに機能分化し、「ガバナンス」を支える。このため、同時に複数の種類の組織が存在することがあり、適切な選択と使い分け・組み合わせが必要となる。また、各組織はそれぞれに誕生・成長・衰退のライフサイクルを経る。機能的に消滅していても、法制度等の「外枠」のために存続する場合があるが、そうした場合には形式上も消滅（解消）させることが必要となる。

◇事例◇ 「地域協働」の障害要因とその構造把握

　障害要因が相互に絡み合い、いわば構造化して「地域協働」を妨げていることがある。「地域協働」構築の障害について、現実的によくあげられる理由には、「地域協働」の「習慣」がない、可能性が未知数である、「地域協働」の「像」が見えない、パートナーが不在、組織的ネットワークが弱い、職員の意識が低い、役割分担が不明確、運営・調整キーマンが不在、ルール枠組みが不在、ノウハウ・スキルが不足、トップの政策判断が消極的、「推進フレーム」が不明確、そして「地域協働」への移行（業務）が大変、などがある。

　早稲田大学都市・地域研究所[24]では、多変量解析の一手法であるDEMATELを使って主要な障害要因を抽出後、それらの因果関係と関連度をもとに計量的に階層構造化する分析を行った。その内容を用いて、複数の自治体、第三セクターの職員等と合同ワークショップを行った。いずれもプロジェクトチームは「地域協働」の必要性を実感しつつも、

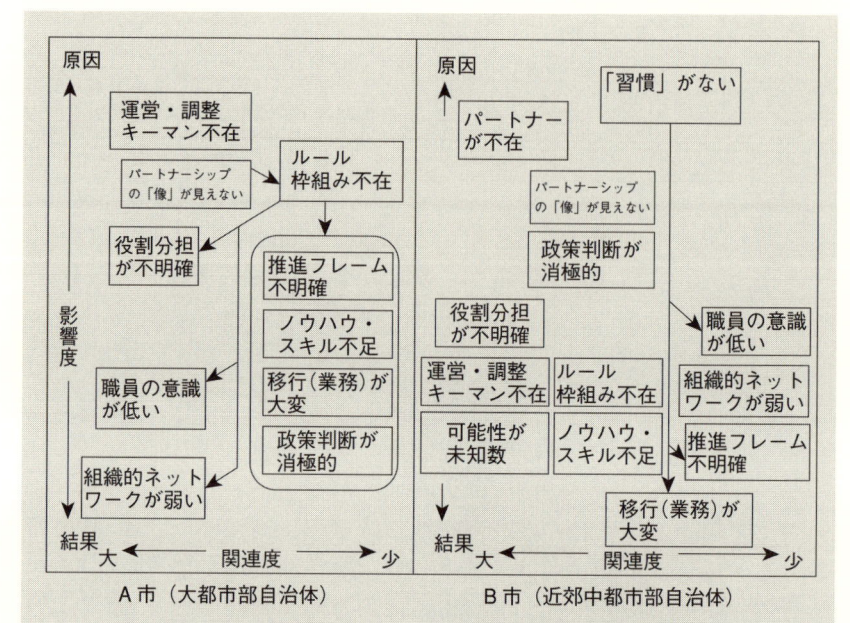

図 1-2-2　DEMATEL による「地域協働」の阻害要因の分析結果

まだ庁内全体では政策の導入検討段階にある自治体である。このワークショップでは自治体・団体ごとで複数の参加者が回答し、結果を平均化して分析を行った（図1-2-2）。

その結果、都市部大規模自治体 A 市（人口約 45 万人）では、行政から見てパートナーは多く資源には不足はないが、庁内に運営・調整キーマンが不在であることが根源的にあげられ、さらにより直接の契機として「地域協働」の具体像がよく見えず、その結果、ルール枠組みが不在のままとなり、役割分担が不明確となっている、そのことが諸要因の根源であるという仮説が得られた。A 市では導入戦略として、条例などルールづくりの検討を柱として推進しながら、「地域協働」の具体像をキーメンバーで研究していくとするプログラムを仮定した。

一方、都市近郊の小規模自治体 B 市（人口約 6 万人）では、官民協働・連携で業務をする「習慣」が庁内にないことが最も根源的であり、それゆえ職員の意識が低く、結果として「推進フレーム」が不明確なままでいることが問題の中枢であり、それに関連してパートナーが不在で

あることや具体像が見えないことが強く関連しているという仮説を得た。B市では、小さい実行可能なプログラムを実験的に推進することから、自分の自治体に合った「地域協働」の像を模索することが重要であり、また首長のリーダーシップも重要であると考えた。

A市、B市の2つの自治体では、その人口規模、職員規模による違いが、プログラムの戦略に大きな差をもたらしている。

この手法は、「地域協働」を推進する委員会などで相互の立場を超えて推進プログラムを合意する場合、有効である。　　　　　　　　（長野基）

## 2　ガバナンスのデザイン

多主体による「地域協働」を構築して「ガバナンス」を稼動させてゆくには、課題解決への集合的行動が構造化される「政策ツール」と環境変化に対応した戦略が適切に選択される必要がある。

良い「ガバナンス」に「パートナーシップ」のみが貢献するのではない。「パートナーシップ」の構築と運営は時間と労力を必要とする。「パートナーシップ」による達成のメリットが、煩雑さなどデメリットと比べて想像以上に低い場合もある。とくに移行プロセスの失敗は予想以上の痛みをもたらすかもしれない。また、「レジーム」によるインフォーマルな調整のみで解決される課題もある。あるいは、慎重に判断した結果、個人や組織単体とその競争関係で単純によりよく達成できる状況も多いであろう。課題の解決方法として能率や競争が重視されるならば「市場」が適合的であり、物理的強制力が必要な場合は「政府」の発動が選択されるべきである。

「パートナーシップ」が適切とされるのは、①「パートナーシップ」によって各主体それぞれの取り組みを超えた相乗効果を発揮できる場合、②今まで獲得を願いつつも実現が難しかった資源が自分の外に存在し、「パートナーシップ」を組むことでその発掘や獲得が可能になるか、よりアクセスしやすくなると予想される場合などだ（地域外への競争力獲得等は好例である）。

これらの場合でも機能不全への配慮は必要だ。参加主体間の対話と信頼関

係の構築ができず、課題解決のために必要な資源の動員・確保ができない場合に「ガバナンスの失敗」が生じる。第2章では主に以下の論点から「ガバナンスの失敗」を回避しつつ「パートナーシップ」を形成するあり方について考察する。

### 1)「主体（誰が参加するか）」の選択

「ガバナンス」ではセクターを越えた協働事業により社会的成果を生み出す。しかし、成果の配分をめぐって競合関係が生じる可能性がある。逆に協調とコンセンサスを過剰に重視すると、変化への対応を可能にする学習や創造的な緊張感を阻害するおそれがある。また、説明責任に時間と費用をかけてオープンな決定をしていかなければ新たな主体の参加や信頼を獲得することは難しいが、これは迅速な決定・実行を抑制してしまう側面を持つ。

以上は協働事業運営で避けがたいジレンマである[25]。できる限り広い主体の参加を求め、様々な資源をまちづくりへ動員しなければならないが、決定と事業実施に責任を備えるには、目的とそれを担うパートナーシップ組織の内容に応じて適切な参加主体の限定・設定が求められる。

### 2)「プロセス（決定方法）」の選択

「ガバナンス」の合意形成には参画主体に場面に対応して異なった行動規範が求められる。それを可能にするためは適切な決定方法が選択されなければならない。例えば、実験的事業実施など一部の関係者のみを拘束する決定を行う場面では、個別交渉による契約締結が用いられる。しかし、自治体などの全体を拘束する決定では、代議制や直接民主制も重要だ。現在用いられている決定方式には以下がある。

（a）官僚制

法令・規則に基づく官僚的合理性による決定であり、その派生形として専門家による専門的合理性による決定が存在する。一般的に決定過程は政府セクター内のみで行われるため、共有性は低い。

（b）司法型

特別の権能が与えられた独任者の裁定による決定。プロセスの公開性は高

いが、参加主体間での調整は原理的には存在しない。
　(c)　市場
　経済的合理性に基づく決定。個別利潤の最大化から環境等に配慮した社会的責任投資の考え方まで合理性の基準には幅があるが、基本的には価格により決定される。参加条件は開放的だが、資力の有無に依存する。
　(d)　コーポラティズム
　利害関係者間での交渉・調整による独占的決定。参加メンバーシップは利害関心に比例し限定的となる。
　(e)　代議制
　選挙等により授権された少数の代表者（代議員）による政治的合理性に基づく決定。政治的共同体全体の利益追求から縁故関係（クライエンティリズム）による利益配分による決定まで合理性の基準には幅がある。
　(f)　直接民主制
　一定地区内に限定された有権者による直接投票。原則的に区域内のメンバーには全員に参加が保障されるが、区域外メンバーは排除される。

　司法型には英国の計画決定におけるインスペクターの事例も含まれる[26]。また、タウンセンターマネジャーなど授権された専門家が決定を行う場合では、官僚制・司法型決定と「ガバナンス」の結節点に位置していると考えられる。専門性に基づく決定が法令・規則により独任的に担保されている一方で、「指示・命令」よりも「交渉」を行動原理として持つからだ（表1-2-2）。
　「社会力」の組織化による「ガバナンス」では「コーポラティズム」型決

表 1-2-2　決定メカニズム比較

|  | ガバナンス | 官僚制 | 司法 | 代議制 |
|---|---|---|---|---|
| 決定を担保するもの | 社会的・政治的パワー | 法令・規則 | 法令・規則 | 政治的パワー |
| 専門家・技術合理性に対する信頼 | どちらともいえない | 高 | 高 | どちらともいえない |
| 決定過程の公開・共有性 | 高 | 低 | 高 | どちらともいえない |

定が基本である。互報性と信頼関係を基調とする調整のため、決定の担保は参画主体の「社会的・政治的パワー」となる。技術合理性が必ずしも重視されるとは限らない。ただし、決定過程の共有性は重視される。資源の動員・交換からも適切な資源の保有主体から参画が確保されなければならないからである。

### 3) コミュニケーション手法の選択

開放型ワークショップ等、「その場の参加者間」での相互の「信頼醸成」「アイデア交換」「能力の認知」の各場面では、結果を問われないブレーンストーミングの採用が適切である。一方、全体を拘束する決定を行うためには発言の責任を追及しなければならない。求める結果に対応したコミュニケーション手法を選択する必要がある。

これは「アカウンタビリティ（説明責任）」の問題にもつながる。局面ごとの絶対量で見れば、「地域協働」に参画する市民は少数派であり[27]、資源交換面でも提供・交換可能な資源を持たない主体が生じることは避けられない。社会的適切性を確保するためにも、的確なコミュニケーション（アカウンタビリティ）が求められる。

アカウンタビリティには資金・人員等の具体的な資源利用についての公開・説明から、プロセスや関係性、そして「ガバナンス」の成果に対する広義のアカウンタビリティまで考えられる。とくに最後のものについては、「地域協働」を通じた社会経済情況の改善度合いを定性的・定量的指標から測定し、地域の問題解決能力を把握して育ててゆく手法の開発が期待される。

注
(1) 寄本勝美編著（2001）『公共を支える民』（コモンズ）pp.251-259
(2) ドラッカー、P.F.（1979）『マネジメント』（ダイヤモンド社）、同（1991）『非営利組織の経営』（ダイヤモンド社）、山内直人（1997）『ノンプロフィットエコノミー —— NPOとフィランソロピーの経済学』（日本評論社）
(3) Salamon, Lester M.（1995）, *Partners in Public Service : Government-Nonprofit Relations in the Modern Welfare State*, The Johns Hopkins University Press

(4) Smith, David Horton (1997), "Grassroots Associations Are Important : Some Theory and a Review of the Impact Literature", *Nonprofit and Voluntary Sector Quarterly*, Vol.26 No.3, SAGE Periodicals Press
(5) 日高昭夫（2004）「都市ガバナンスの手法」武智秀之編著『都市政府とガバナンス』（中央大学出版部）pp.51-78
(6) 水口剛ほか（1998）『ソーシャル・インベストメントとは何か』（日本経済評論社）、谷本寛治編著（2003）『SRI 社会的責任投資入門』（日本経済新聞社）
(7) サステイナビリティ社、ケーブル・アンド・ワイヤレス、CAC―社会企業家研究グループ（2003）『Corporate Community Investment in Japan 企業のコミュニティ投資──市民のニーズに応える社会貢献へ』（サステイナビリティ社）
(8) オズボーン & ゲーブラー（1995）『行政革命』（総合行政研究会海外調査部会監修、（社）日本能率協会自治体経営革新研究会訳、日本能率協会マネジメントセンター）
(9) 自治体を行政と並び構成する議会には①まちづくりの「現場の声」を自治体政策の議題とさせる代弁機能、②行政等の各主体に対する監視機能、③熟議に基づく決定・裁定機能が期待される。しかし、域代表機関の議会が適切に機能を発揮するには「多数派による少数派の抑圧」や「クライエンティリズム（縁故主義）」の危険性に自覚的でならなければならないであろう。
(10) 宮川公男・山本清編著（2002）『パブリック・ガバナンス──改革と戦略』（日本経済評論社）、Taylor, Marilyn (2002), *Public Policy in the Community*, Palgrave Macmillan
(11) 日高昭夫（2003）「『第三層の地方政府』としての地域自治会―コミュニティ・ガバナンス論の構築に向けて」『季刊行政管理研究』No.103、pp.70-77、同（2004）（前掲書）森脇俊雅（2000）『集団・組織』（東京大学出版会）pp. 55-68、Salamon (1995)（前掲書）を参考に作成。
(12) Kooiman, Jan (2000), "Societal Governance : Level, Modes, and Orders of Social-Political Interaction" in Pierre, Jon ed., *Debating Governance : Authority, Steering, and Democracy*, Oxford University Press
(13) Rhodes, R.A.W. (1997), *Understanding Governance*, Open University Press
(14) Stone, Clarence N. (2001), "The Atlanta Experience Re-examined : The Link between Agenda and Regime Change", *International Journal of Urban and Regional Research*, Vol.25, No.1, March, 2001 pp.20-34
(15) Elkin, Stephen L. (1987), *City and regime in the American republic*, University of Chicago Press
(16) Davis, Jonathan S. (2001), *Partnerships and Regimes : The Politics of urban regeneration in the UK*, Ashgate ; DiGaetano, Alan and Klemanski, John S. (1999), *Power*

*and City Governance : Comparative Perspective on Urban Development*, University of Minnesota Press
(17) Stone, Clarence N. (1993) "Urban Regimes and the Capacity to Govern : A Political Economy Approach", *Journal of Urban Affairs*, Vol.15, No.1, pp.1-28 ; Dowding, Keith (2001), "Explaining Urban Regimes", *International Journal of Urban and Regional Research*, Vol.25, No.1, March, 2001 pp.7-19
(18) Hunter, Floyd (1953), *Community power structure : a study of decision makers*, University of North Carolina Press
(19) Dahl, Robert A. (1961), *Who Governs?*, Yale University Press
(20) Stoker, Gerry (1995), "Regime Theory and Urban Politics" in Judge, David, Stoker, Gerry, and Wolman, Harold, ed., Theories of Urban Politics, SAGE Publications, pp.54-71
(21) Stone, Clarence N. (1989), *Regime Politics : Governing Atlanta, 1946-1988*, University Press of Kansas ; Stone, Clarence N. (2001), "The Atlanta Experience Reexamined : The Link between Agenda and Regime Change", *International Journal of Urban and Regional Research*, Vol.25, No.1, March, 2001, pp.20-34
(22) Stone, Clarence N. (1980), "Systemic Power in Community Decision Making : A Restatement of Stratification Theory", *The American Political Science Review*, Vol.74, pp.978-990
(23) Stone, Clarence N. (1988) "Preemptive Power : Floyd Hunter's Community Power Structure Reconsidered", *American Journal of Political Science*, Vol.32, No.1, February 1988, pp.82-104
(24) 早稲田大学都市・地域研究所 (2002)『分権型社会の都市・地域ビジョン研究協議会パートナーシップによる地域マネジメント 2001 年度報告書』(早稲田大学都市・地域研究所)
(25) Jessop, Bob (2000), "Governance Failure" in Stoker, Gerry, *The new politics of British Local Governance*, Macmillan Press Ltd.、新川達郎 (2004)「パートナーシップの失敗——ガバナンス論の展開可能性」日本行政学会編『ガバナンス論と行政学』(ぎょうせい) pp.26-47
(26) 谷口守 (2004)「話し合いの限界と専門家機関への期待」木下栄蔵・高野伸栄共編『参加型社会の決め方——公共事業における集団意思決定』(近代科学社) pp. 82-95
(27) 「地域協働」の成果は集合的便益のため、フリーライダー問題が避けられない。大規模・潜在的集団における集合財獲得とフリーライダー問題を論じたオルソン (1983) は、合理的個人へ「強制」と「非集合的便益 (経済・社交機能)」が選択的誘引として供給されることで動員が可能となると論じたが、これらの問題へは「人間関係資本 (social capital)」等の社会的規範形成が課題となる。オルソン、M.

(1983)『集合行為論——公共財と集団理論』(依田博・森脇俊雅訳、ミネルヴァ書房)

# 1-3
# 協働の計画の基礎理論

早田 宰
志村 秀明

## 1 協働の計画へ

本書の狙いは、地域協働の基本的なしくみと、協働によるまちづくりの推進に関する基本的な考え方を整理することにある。前節までで述べたように、1)相乗効果を生む仕組みづくり、2)社会力の組織化、3)ガバナンスのデザインの結果、結合した組織力を活かす体制がパートナー間に確立される。本節では、複数アクター下の意思決定において、最善の結果を導く計画とそのプロセスについて論じる。

## 2 協働のまちづくりの体系

まず協働のまちづくりの体系を俯瞰してみたい。その概念図を以下に示す(図1-3-1)。協働のまちづくりでは、プランニングとマネジメントのプロセスを分離・併進するものと考え、前者を支援する専門家をプランナー、後者を主導する立場をマネージャーと呼ぶことにする。さらに、社会力の組織化を支援する役割をコミュニティ・オーガナイザーと呼ぶこともできる(現実のまちづくりでは、その三役をまちづくりの専門家が兼ねることも多い)。多様なステークホルダーが個々の計画をもち、プランナーは多計画を調整し、創発性が生じる協働の計画を策定することになる。

### 1) 協働のまちづくりのフレームワーク

まちづくりは将来ビジョンの計画化が重要である。いうまでもないが、ま

ちづくりの世界は、一度計画が実行されれば取り返しがつかず、失敗は将来に禍根を残す。その点で、失敗したら陳列棚から商品を引き上げれば済む企業の商品開発や販売戦略の世界と根本的に異なる。それゆえ、仮に協働という中長期の将来が観念しにくい体制での取り組みであっても、将来計画を介在させずに活動に取り組むことは推奨されるべきではない。じっくりと考え将来を合意する態度と取り組みがなければ、協働のまちづくりは非常に不安定なものとなってしまう。その一方で、協働のまちづくりが志向するダイナミックなプロセスとそのスピードに対応するため、プランナーは、多主体協働による局面ごとの選択の結果、現在のまちづくりの展開がどういう意味をもつかを先回りして分析し、プランスタディを先行させることが求められる。必要があれば、その理解と経験蓄積のために多アクター参加による社会実験を行うことになる。マネージャーは新しい計画コンテクストの理解をアクターが共有できるように支援しつつ、目標イメージの実現のための次の局面に向けたシナリオづくりを準備する。それを切り開く多様な仕組みづくりとまちづくりのプロセスの関係の全体像について、中心市街地の事例をもとに、3-1で鈴木が論じる。

　協働のまちづくり計画は、計画のコンテクストの解釈、タイムリーな戦略的選択、計画の軌道修正の自由裁量などの行為を包摂しうるフレームワーク（大枠）となる必要がある。おおむね、①まちに対する共通認識を育む段階、②まちづくりの目標イメージを共有する段階、③具体的なまちづくりの目標に向かって活動推進する段階、④計画後（ローリング）という段階を踏む。協働のまちづくりのプロセスと手法については、3-2で志村・早田が論じる。

### 2）多局面でのマネジメント

　まちづくりは問題解決プロセスであり、それを継続的にマネジメントする仕組みが重要である。局面ごとの資源制約下で計画の最大効用とアクターの最大満足の両方を実現するために、次の活動が戦略的に選択され、その選択の積み重ねの結果が「まちづくりの展開」の経路となる。

　推進するステークホルダーは当初の設定とほぼ変わらないが、局面ごとに

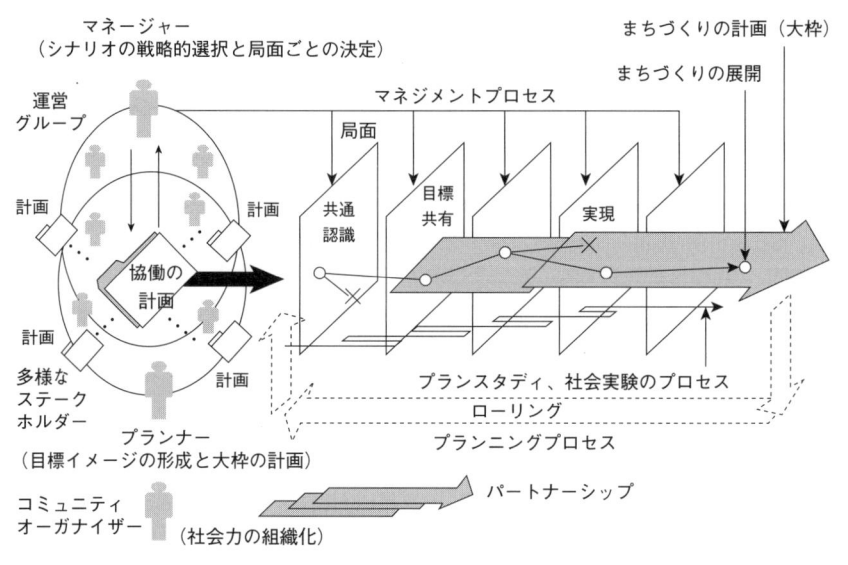

図 1-3-1　協働のまちづくりの体系とそのプロセス

　必要な新しい資源が随時動員され、協働の組織形態も微妙に変化していく。ここで重要なのは、単なる複数アクター間の協力ゲームではなく、そのゲームの情勢の結果が特定のシナリオを選択的に引き寄せるという考え方である。プランナーが示した将来の目標イメージを踏まえつつ、マネージャーはそれに向かって進むためのシナリオを提示する。まちづくりの展開は、過去の経緯と将来のシナリオに導かれて経路を選択していくし、またまちづくりの計画も、複数アクターの反応や全体の進捗を見ながら再解釈され、成熟していくことになる。従来は専門家からの代替案の提示を受けて計画を選ぶ客体的立場に置かれていたアクターは、政策を書く作業のマネジメント主体の立場に立つ。選択は SWOT 分析（4-2 で例証）などを導入し、最上の選択肢を採択すべく努力されるが、それでも行き止まりなど選択の失敗を含む場合があり、しばしば前のプロセスに戻って出直すこともある。この時間と局面のデザインを本書では「協働まちづくりのプロセスデザイン」と呼び、3-3 で真野が論じる。とくに決定のデザインについは 3-4 で饗庭・志村が論じる。

## 3　協働の課題とマネジメント

### 1)　協働の計画パラダイムとその課題

　階層関係にない対等な関係の複数アクター=「多セクター」が、個々に独自の計画をもっている「多計画」の状態を前提にした自律・分散・協調システムによる計画のパラダイムを、「協働の計画」と呼ぶことにする。欧米では collaborative planning の測定があり、そこでの議論とも共通点が多い。協働の計画では、従来の中央集権的な仕組みとは異なる原理、ルールが適用される。

　多アクターの調整でひとつの計画を推進し、決定の正統性の確保、拘束力の発揮にまで至らしめるかが鍵となる。そこで問題となるのは、計画の分裂の防止と多主体に適切な計画システムのデザインという 2 つの根本的課題である。

　第一に「計画の分裂」の問題である。

　協働するアクターが硬直的なプランを採用した場合、その推進プロセスにおいて次第にプランの意味や位置づけが個々のアクターの運用上で乖離しはじめ、自己修正する契機をもてずに、プランが分裂、インフォーマルに独自進化してフォーマルな文脈での乖離が大きくなってしまうことがある[1]。協働の計画では、他のパートナー組織の予想外の理由により、パートナーシップ全体の、さらには自組織の計画の修正が迫られることが多い。それはしばしば計画の根本条件にまで及ぶ。パートナーシップに参加した組織の担当者は、自分の出身母体組織および協働の組織それぞれから要請を受け、その間でジレンマに陥ることになる。

　プランと現実のプロセスの整合性を確保するためには、主体の直截的な判断に大部分の要素が依存しはじめる。担当者は 2 つの決定――出資母体組織の決定および協働の組織の決定――の溝を埋めるべく最大限の裁量を行使することで、このジレンマを切り抜けようとする。こうした独走をいかに防止するかが「協働の計画」の基本的な問題といえる。つまり、多主体間の計画の整合性を管理する仕組みを計画体系の中にどうビルトインするかが鍵と

なる。

　パートナーシップ組織が協働の計画を運営するためには、①パートナーシップの決定コンテクストが個々の構成組織の主要な運営メンバーの間で共有できること、②個々の構成組織の主要な意向がパートナーシップの運営メンバーの間で共有できること、の双方向性が重要である。

　第二に「多主体の計画システム」の問題である。

　古典的な公共計画は、技術的経済的な環境を定める内容が多く、導入する技術や施策は単一システムの中で整合性をもって合理的に位置づけられるのが通常であった。これに対し、現代のプランニングにおいては社会的政治的な問題がより重要な要素となっており、伝統的な総合計画（comprehensive planning）の体系としてこれらの複雑な問題のすべてを単一の仕組み内に押し込めてしまうことがもはや不可能となっている。その結果、いくつかのゆるやかな計画システムの組み合わせを連動させる計画体系へと分解再編することが求められてくる[2]。協働で計画を実践するためには、これまであった中央集権型の単一のプランニングシステムに加えて、意思決定過程に調整型の戦略を導入する必要がある[3]。

　従来の総合計画では、計画を年次にブレイクダウンし、詳細化した実施計画を用意することが「運営」を意味していた。協働の計画パラダイムではこれはまったく別なものとなる。協働の計画の運営には、マスタープランをいかに協働で分担し現実化するか、過去の個々の蓄積を踏まえ次にどこから誰が着手するか、新しい資源動員を行う必要があるか、それらを最適化していかに将来の可能性を最大化するか、などという戦略的思考を含んだフレームワークが求められる。ここでのフレームワークとは、もはや予測や将来の制御のための道具ではなく、多主体の学習プロセスを含み、変化や不確実性を取り扱うためのものである[4]。いわば協働の計画は、広義の計画マネジメントという包括的なフレームワークに包摂されるようになり、そこには伝統的な計画をコアに据えつつも、新しい計画の文脈の相互編集、他段階多局面による調整、マネジメント上の判断と計画論上の位置づけの再解釈の相互調整、メンバーの相互学習等々を含んだ計画システムへの編成が求められるようになってくるのである。

## 2) 戦略的マネジメントプロセスの確立へ

「協働の計画」パラダイムに復活してきたのが「戦略的計画（strategic planning）」である。複雑で重要な問題を扱うためのマネジメントツール[5]であり、意思決定者や政策マネージャーなどの戦略的思考を助ける道具である。

戦略的計画ではマスタープランのような目標の設定は含まず、それは別な文書で設定されることを前提にしており、計画の序列も明確でない。計画における総合性は重視されず、むしろ目の前のニーズに対応することを重視して展開され、戦略的に選択された活動に焦点が当てられる傾向がある。政治・経済的要因を重視し、短期的（計画のスパンは1〜5年程度）に見直しを加える。計画のフォーマットは問題に応じて地域ごとにも異なるが、予測不可能な影響へも柔軟に対処することを重視するため、効果的で重点的な情報収集、利害関係者の参加、多様な利害の調整、将来予測、精細分析、代替案の検討、適正な意思決定、効果的な推進、モニタリング、評価などのプロセスが重要な仕組みとして組み込まれる。また、複雑な問題を取り扱うために自由裁量の余地が残されるのが通例である。計画は運用の中で、裁量を通じて確定され、同時に、相互の役割定義、達成原則などを生み出すことになる。

戦略的計画は、多主体の積極的できめの細かい参加が欠かせない分野、例えば都市計画においても、成長管理政策、環境管理計画、などで導入されてきた。いくつかの都市では総合計画型のマスタープランにおいて戦略的計画を補助的なプログラムとして組み込んだ体系を構築している[6]。地域に根ざしたまちづくり計画でも実現支援のフレームとして導入されてきた。現在の課題は、この戦略的計画の考え方を開発しつつ、どう地域協働の仕組みに組み込むかである。そこでは新たに独立した地域マネジメントプロセスを確立し、そのなかで戦略的思考が担保されるというシステムのデザインが求められている。

古典的な戦略的計画は、上述したように伝統的マスタープランを補完するもので、あくまで総合計画体系の一部として構想されたものである。しかし多主体による「協働の計画」の場合、もはや共同でマスタープランを採択す

るという行為が観念しにくくなり、行為自体が無意味となることも多い。例えばNPOと地縁組織が協働で数年間にわたるまちづくり活動を地域で展開する場合、その活動は必ずしも行政が地域別に定めるまちづくりの推進計画などを考慮して策定されるとは限らない。そこでは公益団体間同士の政策利害にもとづく直接の関係こそが協定であり、その協定の目標はあくまでも現在のプロジェクトの達成がゴールであって、それ以上のものではないのである。行政の定める計画（伝統的都市計画など）が、あるべき未来への接近をプログラミングし、決定するプロセスを経て採択されるものであるとすれば、協働の計画づくりにおいて採択される「計画」（あるいは計画というともすると静的なイメージの言葉すら使われず活動指針などの場合もある）は、いわゆるプランニングプロセスを経ず、未来を観念せず、公定化のプロセスを経ずに、むしろ協働の事業推進プロセスの中で同時的に導かれる傾向がある。この意志決定と併進する局面を舵取りしている専門家は、もはやプランナーではなく、マネージャーと呼ぶべき存在である[7]。複数アクターにその選択を託すには、実際にはマネージャーのコーディネートが非常に重要な役割を果たす。

このような協働の計画パラダイムの方向性を踏まえると、もはや古典的な戦略的計画のように、伝統的な総合計画を補完するツールを付加し、そこに戦略的思考が働くという仕組みを整えることは不可能となるのである。

## 4　協働のまちづくりのポイント

ここで強調すべき協働の計画の重要な特徴、とくにマネジメンプロセスに期待される働きを整理しておきたい。それは、①プランニングプロセスにおける相互編集、②主体の育成、③社会との開かれた対話プロセス、④不確実性への対応、⑤シナリオ重視の調整プロセスの5点である。

### 1）相互編集

相互編集[8]とは、複数の主体（地域協働を形成する市民）の関係を促進（facilitate）し、それぞれの情報とイメージが組み替えられることによって新

たなイメージが創造される過程である。相互編集は「主体間に関係領域」を生むことであり、この関係領域はパートナーシップという組織形成でもあり、ワークショップなどの技術支援の手法によって一時的に設定される「協議の場」でもある。

　松岡ら[9]は「相互関係を求める自発性」に注目し、「自分から進んで関係を求める時に発生するある種の『弱さ（fragility）』をはらんだ自発性を重視する」と述べている。まちづくりのガバナンスを地域に定着させることには一定の困難が伴うが、その根本要因には、市民ひとりひとりのなかに、自覚的な社会構成員としてアクションするための能力の欠如と成功への自信のなさが多く存在していることがある。またこのような状況では、一人一人の市民がもつ情報や情報に基づいて描かれるイメージも「あいまい」で「弱い」ものである。しかし、市民の自発的なネットワークへの参画意思があれば、インフォーマルな政策連携体（レジーム）の段階的支援によってパートナーシップが形成されることがわかってきた。それとともにまちづくりの協議の場でも、参加する市民のイメージ自体も自然と関係性を求めており、ワークショップなどの技術支援によってプロセスのなかで参加者のイメージが連関しながら組み立てられていくことがわかってきた[10]。パートナーシップを形成する多様な主体が提示するイメージの連関によって「協働の計画」が育まれ、同時に自発的合意形成が進む。

　また、松岡ら[11]は、「相互編集性がかつての歴史の知や政治の知や市場の知を組み替え、新たなコモンズとしての『共同知』をつくる」と述べている。これは既存のインフォーマルなレジームを乗り越え、フォーマルなパートナーシップの形成を指摘しており、また協働による計画づくりと計画の公共性の必要性を指摘している。

　市民の自発的な合意形成を盛り込んだ協働の計画づくりは、相互編集性による主体間の関係促進、それぞれの主体が提示するイメージの関係促進によって実現するのである。

### 2）不確実性への対応

　協働のまちづくりにおけるプロセスは、学習的なプログラム、すなわちプ

ロセスのあらかじめ定められた手順から循環的連続性が発揮できるプログラムであり、プロセスの管理運営とは、固定化されたスケジュール管理ではなく、フィードバック・ループ化をプログラムすることである。これらの複雑なプロセスの働きを可能にするため、意思決定主体のコミュニケーション原則の変更、計画のコンテクストのアクター全員での共有、組織の意思決定システムの柔軟化などへの対応が重要である。

ここで問題になるのは、不確実性をいかにマネジメントするかである。相互作用が複雑化しても不確実性が低ければ、アクターは自律的にプロセスを相互調整できる。しかし、能力を超えるほど不確実性が高い場合、システム全体が機能不全となってしまう。古典的な戦略的計画における基本的考え方[12]は、環境の不確実性を明らかにするための再調査、価値の不確実性を固定化するための政策誘導（実現すべき価値の明確化）、関連する意思決定の不確実性解消のための関連組織との再調整などを重視し、これを段階的に行うのが原則である。しかし、これら不確実性の検討に踏み込むことは膨大な作業・調整の難関に入り込むことになってしまうので、できるだけ避けて通ろうとする傾向——探索はスキップし、政策判断に委ねてしまう——があった。

しかし、協働のまちづくりは必ずしも結果すべてというわけではなく、むしろ対話の中で近隣のコミュニティを育むなど、調整プロセスそのものに価値があるという面もある。調整に多少の不確実性要素があったとしても、迂回すればよいという世界ではない。そこで協働のまちづくりは、関連組織との調整の実効性を高める相互編集や多段階決定を重視するが、それが有効に機能するために、新たな調整のための場（フォーラムやアリーナ）をパートナーシップの中に適切に設け、意思決定の不確実性についての予見性をマネジメントの中で高めることを目指すことになる。

### 3）シナリオ重視の調整プロセス

協働のまちづくりは、その多価値、多意思を積極的に調整するためビジョンによる誘導を必要とする。そのために過去、現在、将来の道筋を明確なシナリオとして描くことが重要である。そのためにまちづくり、ビジネスある

いは公共経営の分野で提起されてきたのがシナリオプランニング（scenario planning）である[13]。未来のシナリオを描き、その望ましい共有が可能か、価値観や態度をそれに向けて変えることができるか、実現可能にするため別な戦略や資源を動員できるか等々を考えるプロセス論である。現在の価値観にもとづいて現在の選択肢の中から最適な選択をしながら障害物競争を進む、という古典的な戦略的プロセス論は拒否される。

　通常の計画は、現状分析、目標設定、変更の度合い（例えば整備量）の設定、そのための資源調達などが主たる手順である。しかし資源活用と目標との乖離があり、それを解決する計画、戦略がみつからない場合は、計画の推進を断念せざるをえないことになる。また、現在のステークホルダー分析の結果、現在のアクターの情勢では計画が推進できない場合も同様である。しかも協働のまちづくりには暗礁に乗り上げる契機が多箇所に潜んでいる。シナリオプランニングは先回りしてその暗礁を迂回する道筋を提示するものである。最適な戦略を選択しながらゴールへ進むという、いわばゲームの結果を左右する条件自体を先にフィックスするという考え方といえる。

　まちづくりの話をしていると、「そういう話に展開していく可能性があるなら乗った」ということがある。ステークホルダーのみの膝をつきあわせた対話では出てこなかったインスピレーションを、コーディネートする専門家が提案することに成功し、ステークホルダーの態度や関係がシナリオの力によって変容した瞬間といえる。また、最悪のシナリオを危機感として共有し、それを避けるために説得するという逆の方法もある[14]。

### 4）　段階的な主体の育成

　協働のまちづくりは学習を経て認識や政策への態度が変わることを重視している。「雨降って地固まる」という、閉塞状況での危機や紛争経験の蓄積、その先をともに進む知恵の共有やパートナーシップの開拓プロセスが重要である。

　すべてシナリオから逆算し、現在の進む道を選択できると考えるのはユートピアであるが、目の前の壁にぶつかったとき、これさえ越えれば解決策が向こうにあると予感させ、あえてその壁が困難でもぶつかってみよう、パー

トナーと仮に緊迫した議論になってでも腹を割って話してみようという決意を誘う可能性は、シナリオによって生まれるのである。

協働のまちづくりでは主体の育成と、段階にふさわしいシナリオの提示の適切な組み合わせがマネジメントプロセスに求められることが特徴的である。主体の育成に社会実験が重要な役割を果たす。

### 5） 社会との開かれた対話プロセス

協働のまちづくりプロセスは、それ自体が、「ガバナンスへの参画ネットワーク」（1-2参照）を育てるプロセスであることが望まれる[15]。ガバナンスを安定させる装置としてパートナーシップをフォーマルに設立することが中心となる。それはプロジェクトを推進するのみならず、その実現に必要な社会の制度（ルールなど社会文化的な要素も含む）や習慣道徳のあり方を提案する際に、ステークホルダーの立場別の利害関心に配慮し、きめ細かな対応が求められるという面がある。パートナーシップは裾野を広げた組織であるがゆえ、計画の理解度、戦略の共有度、それを受け止める素地の調整や、世論形成、社会への浸透によって強みを発揮する。その強固な基盤によって、協働のシステムは、社会との開かれた対話プロセスを主導することができる。

さらに、パートナーシップという限定された装置における問題の自律的解決が最適でないとなった場合、より広義での協働によるシステムは、社会において正しいと思われる解決と専門的な判断との対話を幅広いステークホルダーとの間に用意することができる。それは協働の計画づくりの体系が、計画の中に多主体が包摂され、多主体の媒介として計画が位置づけられるという相互関係をつくっているからである。正当性が衝突した場合でも、どちらが正しいのかを判断するために専門家と市民が共通の土俵に立つことで、大きな社会のコンセンサスをつくることができる。

また、パートナーシップの活動中に組織内部の調整の困難が高まった場合、基盤となる「ガバナンスへの参画ネットワーク」や政策連携体がフォーマル、インフォーマルに軌道修正をうながすなど、不確実性を縮減することができる。さらに、パートナーシップが晴れて役割を終えた場合、速やかに次のステップへ向けて解消に向かうためのイニシアチブを基盤となる政策連

携体がとることも期待でき、組織の形骸化防止の機能をももちあわせるという特色もある。

## 6) 次世代のまちづくりへ

　従来のまちづくりでいう「計画」とは、プランメイキングの作業であり、計画図書としてアウトプットされる内容は、方針、対象地区、全体計画図、まちづくりプロジェクトの計画図などであった。協働の計画づくりにおける「計画」は、それらに加え、社会力の組織化とまちづくり計画のマネジメントプロセスを含む幅の広い体系になり、アウトプットされる内容も、多アクターの対話の活動指針や意思決定手続、まちづくり戦略、計画の中間評価スキーム、計画修正条項などを含むことになってこよう。

　協働の計画の体系は、次世代のまちづくりにとって重要な推進フレームとなってくるはずである。分権型社会をめざす地域から、この取り組みがすでにはじまっている。その具体的な事例について、4-1 市川、4-2 早田、4-3 木村が本書の視点から検証したい。

注
(1) Quinn, J. B. (1978), "Strategic Choice : 'Logical incrementalism'", *Sloan Management Review*, 20, MIT Sloan School of Management, pp.7-21
(2) Ansoff, H. Igor (1977), "The state of practice in planning system", *Sloan Management Review*, 18, MIT Sloan School of Management, Cambridge, Mass., pp.1-24 ; and *Strategic Management*, Halsted Press (1978)
(3) Pondinelli, D. A. (1976), "Public planning and political strategy", *Long Range Planning*, 9, Journal of the Society for Long Range Planning, pp.75-82
(4) Taylor, Bernard (1976), "New dimension in corporate planning", *Long Range Planning*, 9, Journal of the Society for Long Range Planning, pp.80-106
(5) Rider, R. W. (1999), "Making Strategic Planning Work in Local Government", Bryson, J. M. (ed), *Strategic Management in Public and Voluntary Service : A Reader*, Pergamon Press
(6) アトランタでは、総合計画（CDP ; The City's Comprehensive Development Plan）の体系に 1 年、5 年、15 年の 3 つの計画スパンの内容を含んでいる。それをサポートするために、「資本改善プログラム（CIP ; The Capital Improvement Program）」と呼ばれる戦略的計画が政策達成へのガイド（policy guide）という位置づけで策定されて

いる。
(7) Mintzberg, H.（1994）, "The Fall and Rise of Strategic Planning", *Harvard Business Review*, pp.107-114
(8) 松岡正剛（1996）『知の編集工学』（朝日新聞社）、松岡正剛他（1997）『ボランタリー経済の誕生』（実業之日本社）
(9) 松岡正剛（1995）『フラジャイル――弱さからの出発』（筑摩書房）
(10) 深沢一繁他（2000）「建替えデザインゲームの分析による目標空間イメージの相互編集プロセスの解明」『日本都市計画学会学術研究論文集』第35号（2000.11）
(11) 松岡正剛（1996）前掲書（8）
(12) Friend, J.（1987）, *The Strategic Choice Approach*, Pergamon Press.
(13) Ogilvy J.（2002）, *Creating Better Futures : Scenario Planning As a Tool for Social Creativity*, Oxford Univ Press
(14) 典型的には以下。ドネラ・H・メドウズ（1972）『成長の限界――ローマ・クラブ人類の危機レポート』（ダイヤモンド社）
(15) ジッテルとバイダル（Gittell and Vidal［1998］）は、コミュニティ参加のまちづくりの系譜を整理した上で、社会資本を成長させる計画論について考察した。Gittell, R. and Vidal, A.（1998）, *Community Organizing : Building Social Capital as a Development Strategy*, Sage Publications

# 2章
## パートナーシップの構築原理

　地域協働のもっとも組織化段階が進んだ状態である「パートナーシップ」をいかに選択的に構成するか、その条件とメカニズムを考察する。とくにパートナーシップの「類型」と「布陣」について述べる。また、構成上重要となる「信頼」と「資源」をいかに成立させ、結合するかについて考察する。さらに、構成されたパートナーシップによる地域協働の基盤開拓、とくにネットワークづくりとそれを分析する手法について述べる。

# 2-1
## パートナーシップの導入の判断

饗 庭 　 伸

### 1　ガバナンスシステムの類型

　パートナーシップは、「これまでのシステム」で解けなくなった政策課題を解くためにつくられるガバナンスのシステム、つまり市民社会の中で、議論を行い、意思を決定し、事業を実行する一連のシステムである。「これまでのシステム」とは、「意思決定」について見れば地方議会であったり、「事業」について見れば縦割りで機能しなくなった行政組織であったりする。もちろん、議会や行政組織のすべてが機能不全なわけではなく、パートナーシップは、既存のこれらのシステムも含めた、ガバナンスのシステムの選択肢の一つである。また、もちろんまったくの白紙から組み立てられるシステムでもなく、既存のシステムの蓄積を踏まえた上で、そのシステムを部分的に書き換えたり、新たな仕組みを付加することによって成立するシステムである。

　では、どのような状況で、どのような条件があるときに、パートナーシップは選択されるべきなのだろうか。本節では、新しい課題がもたらされたとき、あるいは地域の組織的な状況がかわってしまったときに、どうパートナーシップの導入を判断するか、その基礎的な考え方を述べたい。

　具体的には、「意思決定」と「事業」がなされるシステムの類型を「ガバナンスシステムの類型」と名付け、その中で、「パートナーシップ」が必要な類型はどこか、どういう状況に対して類型を適用していくか、という考え方を述べる。

　ガバナンスを構成する主要な主体は、地方自治体と市民であり、その二者にNPOや企業を加えた多主体の関係が形成され、ガバナンスシステムがつ

くられている。そして、その中の「議論」や「意思決定」などの機能を果たすため様々な「制度や装置」がつくられている。こういった制度や装置の古典的なものとしては、議会がある。議会は、言うまでもなく市民の代表がそのメンバーに選ばれ、地方自治体の事業執行にかかる意思決定を行う装置である。また、環境アセスメントやまちづくり条例等、議会を仲介させずに自治体と市民が直接関係をつくる制度もつくられてきた。「パートナーシップ」も、こういった制度や装置の一つのバリエーションである。

　第1章などでも繰り返し述べられているように、まちづくりの課題は多様化し、関連する主体も多様化している。そのため、ある特定の主体、特定の制度や装置がすべての課題の解決に関わることは、現実的には不可能な状況となっている。そのため、様々な地域で形成されている制度や装置の組み立て、つまりガバナンスシステムを見ると、議会を中心に据えたシステム、パートナーシップを中心に据えたシステム、市民の直接参加を中心に据えたシステムなどの多様さが見られ、かつそれらが一つの地域の中に重層的に存在している。このような、ガバナンスシステムの中で中心的に影響力を持つ制度や装置に注目して、そのシステムについて次の4つの類型を考えてみる（図2-1-1）。

① **多元主義重視の立場に立つシステム**——多元社会を前提に、公共政策の意思決定の過程に対して、個別のセクターが等しく意見を表明することができる計画プロセスづくりに重点をおくシステム。

② **代議制重視の立場に立つシステム**——地域社会は代議制システムにより代表されるという原則的な考え方に基づき、コミュニティの意思をくみ取る代議制システム（議会）づくりに重点をおくシステム。

③ **自由競争重視の立場に立つシステム**——自治体の役割を縮小し、NPOや市場セクターが競争しながら公共サービスに取り組める環境づくりに重点をおくシステム。

④ **協働重視の立場に立つシステム**——地域社会の中に戦略的にパートナーを見つけ、パートナーを中心としたシステムを構築し、計画の作成から事業の実現までをパートナーと協働で取り組むことに重点をおくシステム。

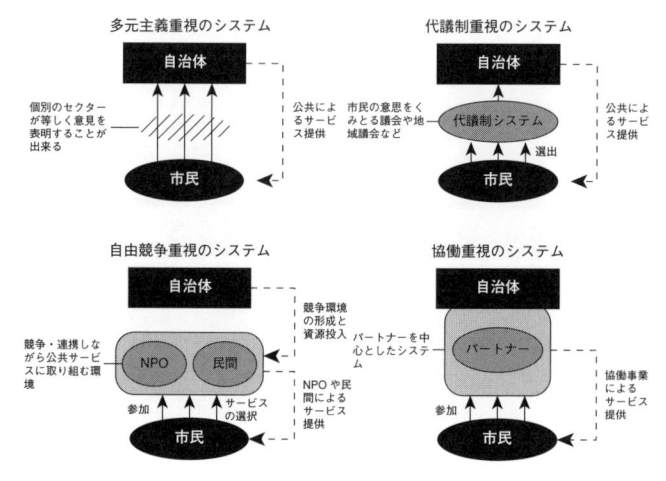

図 2-1-1　ガバナンスシステムの4類型

　本書で主題としている「パートナーシップ」は、④の協働重視のシステムを構成する主要な装置である。ちなみに、先ほど例示した「議会」は②の代議制重視のシステムの、「直接参加」は①の多元主義重視のシステムの主要な装置である。むろん、ここで「主要な」と断っているとおり、それぞれのシステムにおいて、主要な装置以外の装置も意味を持って存在しうる。本書ではそれらを主要な装置を支えるサブの装置として位置づけるが、その内容については 2-4 で改めて述べる。

## 2　「4つのシステム」を選ぶためのフレーム

　では、ある地域に、あるまちづくりの課題があったとして、それを解決するためには、「協働重視のシステム」が常に導入されるべきなのであろうか。ケースによっては代議制システムが適していることがあるのではないか、直接参加を行った方が合意形成のコストが低く押さえられるのではないか、という疑問が次に生まれてくる。パートナーシップをつくるにも議会を動かすにもコストがかかり、さらにその成果は異なる。ただ闇雲に「パートナーシップ」をつくるのではなく、解決が必要とされているまちづくりの課題、そ

```
               まちづくりの課題の状況
               まちづくりの課題は自治体
               の手によって解決が可能
                      ▲
       ┌──────────────┼──────────────┐
       │ Ⅰ．課題は自治  │ Ⅱ．課題は自治 │
       │ 体の手で解決可 │ 体の手で解決可 │
       │ 能であり、市民 │ 能であり、市民 │ 市民サイドの
       │ サイドに多くの │ サイドに主体が │ 主体の状況
       │ 主体が存在する │ 存在しない    │
市民サイド │              │              │ 市民サイド
に主体が存 ◄──────────────┼──────────────► に主体が存
在する    │              │              │ 在しない
       │ Ⅳ．課題は自治  │ Ⅲ．課題は自治 │
       │ 体のみの解決が │ 体のみの解決が │
       │ 難しく、市民サ │ 難しく、市民サ │
       │ イドに多くの主 │ イドに主体が存 │
       │ 体が存在する   │ 在しない      │
       └──────────────┼──────────────┘
                      ▼
               まちづくりの課題は自治体
               のみで解決できない
```

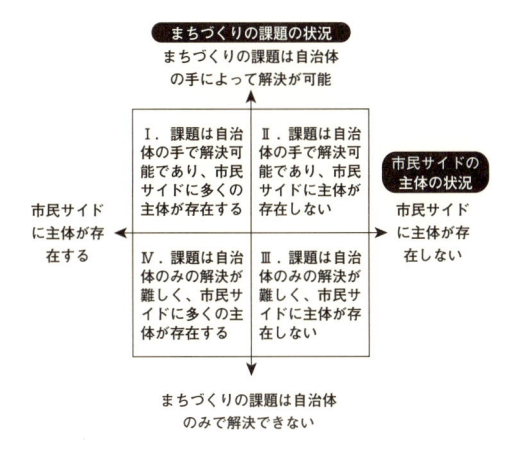

図 2-1-2　まちづくりの状況の 4 類型

して既存の主体の状況を勘案して、戦略的にガバナンスシステム類型を選択していくことが重要なのである。

　このような合理的な判断を助けるために、簡単な構図を描いてまちづくりの状況を整理してみたい。「まちづくりの課題の状況（課題因子／縦軸）」と「市民サイドの主体の状況（組織因子／横軸）」の 2 つの軸を用いて状況を類型化してみる。

　図 2-1-2 の縦軸では、自治体が課題解決のための「強み」とそこに投入できる十分な資源をもち、公共のサービスとして実現・解決可能な課題と、そうではない課題との 2 つに類型化している。道路や公園といった公共空間の整備や、水道、教育といった公共サービスは「自治体が公共のサービスとして実現・解決可能な課題」と位置づけられ、先鋭的で複雑な問題であれば「実現・解決不可能な課題」として位置づけられる。例えば、ホームレスの問題、ドメスティックバイオレンスの問題などは、今でこそ自治体が取り組むべき政策課題としての認識が一般化しつつあり、法制度も整備されつつあるが、問題が先鋭化した当初は、「自治体が取り組むべき課題ではない」と考えられていた。実現・解決可能として例示した公共空間の整備や、水道、教育などの政策課題であっても、つねに「公共サービスとして取り組むべきか」という議論がなされており、自治体が公共のサービスとして実現可

能かどうかについての判断は絶えず変動している。

　横軸では、市民サイドのNPOや市民組織にその課題について活動し、課題解決のための「強み」と、そこに投入できる十分な資源をもち、課題解決の十分な担い手となりうる主体が存在する／しない、の2つに類型化している。これは「存在する」「存在しない」の単純な状況からの判断であり、地域によってその状況は当然異なる。伝統的に環境に関する運動が根を張っている地域もあれば、ごく少数の優れたリーダーによってある特定の課題についての市民運動が活動している地域もある。横軸を読み取るには地域の市民運動史などの深い理解が必要であろう。

　2つの軸により、「(Ⅰ)まちづくりの課題は自治体の手で解決が可能であり、市民サイドに多くの主体が存在する場合」、「(Ⅱ)まちづくりの課題は自治体の手で解決が可能であり、市民サイドに主体が存在しない場合」「(Ⅲ)まちづくりの課題は自治体のみの解決が難しく、市民サイドに主体が存在しない場合」「(Ⅳ)まちづくりの課題は自治体のみの解決が難しく、市民サイドに多くの主体が存在する場合」の4つの状況が定義される。

　「ガバナンスシステムの類型」は、この4つの状況に対応したものである（図2-1-3）。

|  | まちづくりの課題の状況<br>まちづくりの課題は自治体の手によって解決が可能 |  |  |
|---|---|---|---|
| 市民サイド<br>に主体が存<br>在する | 多元主義重視<br>のシステム | 代議制重視<br>のシステム | 市民サイドの<br>主体の状況<br>市民サイド<br>に主体が存<br>在しない |
|  | 自由競争重視<br>のシステム | 協働重視<br>のシステム |  |
|  | まちづくりの課題は自治体のみで解決できない |  |  |

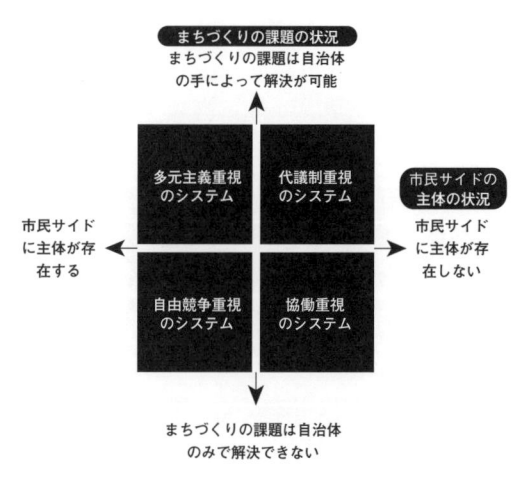

図2-1-3　4つのシステムを選ぶためのフレーム

「多元主義重視のシステム」は、「まちづくりの課題は自治体の手で解決が可能であり、市民サイドに多くの主体が存在する場合」において有効なシステムである。自治体は課題解決のための「強み」を持ち、投入できる資源も豊富であり、まちづくりの課題は自治体の手で解決が可能である。そのため、自治体に必要なのは質の高い意思決定であるが、地域には多くの主体が存在する。そのため、個別のセクターが等しく意見を表明することができる計画プロセスを充実させることが合理的な選択となる。

　「代議制重視のシステム」は、「まちづくりの課題は自治体の手で解決が可能であり、市民サイドに主体が存在しない場合」において有効なシステムである。自治体は課題解決のための「強み」を持ち、投入できる資源も豊富にあり、まちづくりの課題は自治体の手で解決が可能である。そこで自治体に求められるのは質の高い意思決定であるが、地域の市民運動にその問題はあまり興味を持ってもらえそうにない。そのため、コミュニティの意思をくみ取る代議制システム（議会）における議論を充実させることが合理的な選択となる。

　「自由競争重視のシステム」は、「まちづくりの課題は自治体のみの解決が難しく、市民サイドに主体が存在しない場合」において有効なシステムである。自治体が課題解決のための「強み」を持たず、課題解決に投入できる資源が豊富でなく、まちづくりの課題は自治体の手で解決が不可能である。一方で地域には多くの組織があり、課題を解決するための「強み」も資源も多く持っている。そのため、自治体の役割を縮小し、NPOや市場セクターが競争しながら公共サービスに取り組めるような環境づくりに専念する、ということが合理的な選択となる。

　「協働重視のシステム」は、「まちづくりの課題は自治体のみの解決が難しく、市民サイドの主体だけでも課題の解決が難しい場合」において有効なシステムである。自治体が課題解決のための「強み」を持たず、投入できる資源も豊富でなく、まちづくりの課題は自治体の手で解決が不可能である。一方で地域にもその問題に対して「強み」を持ち、十分な資源を投入して独自に課題解決に取り組む組織は見あたらない。そのため、地域社会の中に戦略的にパートナーを見つけ、主体を育成しながら、計画づくりからまちづくり

の実現まで協働で取り組む、ということが合理的な選択となる。

## 3 「協働重視のシステム」はなぜ注目されるのか？

　ここで、本書で対象としている「協働重視のシステム」がなぜ注目されているのか、図2-1-1に対応させながら簡単に解説しておく。

　第1章などで整理したとおり、現在は、大局的には「自治体単独では解決できない課題が増え」、「その担い手となるべく新しい主体が台頭している」状況にある。すなわち、かつての「まちづくりの課題は自治体の手で解決が可能であり、市民サイドに主体が存在しない」と考えられた状況から、「まちづくりの課題は自治体のみの解決が難しく、市民サイドに多くの主体が存在する」状況へと変化しつつあると整理される。それに対応して、図2-1-1で示したガバナンスシステムの類型も、「代議制重視のシステム」から「自由競争重視のシステム」へと変化していく状況であると整理される。

　ここで再び図2-1-3にもどり、やや強引に図式的な整理をしてみたい。図2-1-3は、「まちづくりの課題の状況」と「市民サイドの主体の状況」の2つの軸で整理されている。今後、地域に多くの市民組織が自治体の予想を上回って設立され、十分な活動を展開する場合、つまり「市民サイドの主体の状況」が急速に変化する場合には、システムは、「代議制重視のシステム」から、「多元主義重視のシステム」を過渡的なシステムとして、「自由競争重視のシステム」へと展開する。一方で、市民組織はそれほど急速には増えず、自治体側の課題認識が先行する場合、つまり「まちづくりの課題の状況」が急速に変化する場合には、「代議制重視のシステム」から、「協働重視のシステム」を過渡的なシステムとして、「自由競争重視のシステム」へと展開する。

　「市民サイドの主体の状況」をNPO法人の動向に、「自治体側の課題認識の状況」を地方分権の動向に重ね合わせて、本書の執筆時点の状況を簡単に整理しておく。

　まずNPO法人の動向であるが2005年6月30日現在のNPO法人数は全国で2万3千法人を超えている。98年に特定非営利活動促進法（NPO法）

が成立して以来、多くの人が法成立前には想定していなかったスピードで法人数が増加していると言われている。ただし、人口以上にNPO法人は東京一極集中であり、ほぼ2割のNPO法人が東京に集中している。認証数が100団体に満たない県もあり、市町村の単位で見ると、格差が大きいことが想定される。

　ついで地方分権の動向である。ここでは行政の課題認識能力、提案能力をはかるために「構造改革特区」の認定状況を見てみよう。構造改革特区は、2002年の7月に第一次の提案募集がなされ、これまで6次にわたる提案募集（2004年11月）と特区の認定が終了している。これまでの累計で2600に及ぶ構想が提案され、うち500に及ぶ特区が認定されているが、NPO法人の認証状況と同様に、多くの特区が認定されている自治体と、まったく認定されておらず、提案すら行っていない自治体の格差が見られる。

　むろん、NPO法人と構造改革特区の動向で状況が十分に測れるわけではないが、二つの状況それぞれにおいて自治体間の格差があり、「市民サイドの主体が活発でなく、自治体側の課題認識も進まない」自治体から、「市民サイドの主体が活発であり、自治体側もそれに応えるように課題を認識し、施策を展開している」自治体までがある、という状況が整理される。

　「多元主義重視のシステム」と「協働重視のシステム」のどちらが過渡的なシステムとなるかは、このようなNPOの状況や、自治体の現在の力量にかかってくる。いずれにせよ、大きな社会の変化の中で、新しい社会に対応するための何らかの期待感を持たれて、「協働」が取り組まれていることは間違いない。

## 4　ガバナンスシステムにおける制度や装置

　ここまで、それぞれのシステムにおける主要な制度や装置のおぼろげなイメージを示してきた。以下、それぞれを詳しく見ていきたい。
　制度や装置は政策のためのツールであるから、必然的に政策ツールをどう適切に用いるかが課題となる。ここまで示してきた通り、4つのシステム、4つのまちづくりの状況はそれぞれ違うものであり、それにそぐわない誤っ

表 2-1-1　4つのシステムごとの主要な制度と装置

| | 主要な制度や装置 | | メンバーシップ | 議論の方法 | 決定の方法 |
|---|---|---|---|---|---|
| ① 多元主義重視の立場に立つシステム | 個別のセクターが等しく意見を表明することができる計画プロセス | 直接参加の場／アセスメント／オンブズマン／アドボケートプランナー | 区域内の個人・法人であれば参加が保障される | 行政の広報などを用いた広く浅い情報伝達と、対話集会等における討議的なコミュニケーション | 直接民主制 |
| ② 代議制重視の立場に立つシステム | コミュニティの意志をくみ取る代議制システム | 地域レベルの議会組織／議員立法 | 個人が公選される | 行政の議会メンバーへの情報提供と、議場における討議的なコミュニケーション | 代議制 |
| ③ 自由競争重視の立場に立つシステム | NPOや市場セクターが競争しながら公共サービスに取り組めるような環境 | まちづくりファンド（融資中心）／まちづくり会社（行政の出資が低い）／市民活動センター（行政のイニシアティブが弱い）／自治体とNPO・民間企業との契約のシステム | NPOや市場セクターなど、法人であれば参加できるが、資力や事業力の有無で自然淘汰される | NPOや市場セクターの組織内部や外部に対する協議的なコミュニケーション | 市場 |
| ④ 協働重視の立場に立つシステム | パートナーの選定と育成システム、パートナーと計画の作成から事業の実現までを協働で取り組むシステム | まちづくり協議会など、組織の認定の仕組み／まちづくりファンド、専門家派遣、市民活動センターなど支援の仕組み | 特定の条件を持つ、法人や個人＝パートナーに限定される | ワークショップなどにおける参加者を絞った協議的なコミュニケーション | コーポラティズム |

た政策ツールを用いることは、システムに混乱を生み出すことにもつながる。これまでのシステムにおける政策ツールの蓄積を理解し、これからの目指すべきシステムを描いて、装置や制度を組み立てていくことが重要である。

表 2-1-1 に、4つのシステムごとの主要な制度と装置をまとめておく。

(a) 多元主義重視のシステム

多元主義重視のシステムを形成するときは、行政と市民の間に特別な中間

的な装置が構築されることはない。重点的に充実されるのが、自治体の政策形成、意思決定のプロセスである。この場合の具体的な政策ツールとしては、自治体の政策立案、決定にいたるプロセスを様々な段階でチェックする制度（環境アセスメントなど）や、それらへの実質的な市民参加を支援するための仕組み（アドヴォケートプランナーの仕組み）などが挙げられる。

これらの政策ツールは、すでに法の中に整備されていることも少なくない。例えば、都市計画法においては、都市計画の決定を行う際の案の縦覧や公聴会の設置が、1968年より明記されている。問題となっているのは、これらの政策ツールが、行政にとってだけではなく、市民の側からも十分に活用されていないことである。

多元主義重視の立場をとるときは、これら既存の政策ツールの再確認、再活性化をはかることが出発点となるであろう。

(b) 代議制重視のシステム

代議制重視のシステムを形成するときは、既存の地方議会を中心に政策ツールを組み立てていくこととなる。議会の政策立案能力、立法能力を強化するために、議会事務局を強化する、議員の調査費を充実させる、などがまず挙げられる。加えて合意形成や意思決定のプロセスを強化するツールとしては、議会内部の委員会や公聴会を充実させることや、地域ごとに地域協議会を設立するなどが挙げられる。

70年代の革新自治体では、首長や行政当局の意向で既存の議会の対抗勢力的な位置づけをもって地域協議会が組織されるなどしたが、上記の政策ツールは議会のイニシアティブで設けられることがのぞましい。

(c) 自由競争重視のシステム

自由競争重視のシステムを形成するときは、NPOや市場セクターが競争しながら公共サービスに取り組める環境が構築される。自治体側は、自治体とNPO・市場セクターとの契約のシステム（入札など）を通じて、NPOと市場セクターが適正に競争できるようにチェックをする。他の3つのシステムでは、まがりなりにも自治体内部に「計画」のようなものが存在するが、このシステムでは、自治体の役割はもはや「関所守」程度でしかなく、効果的に資源を投入し、おおまかな政策目標を決め、事業の実現はNPOな

どの自由競争、あるいはNPO同士や民間企業とのパートナーシップに委ねることとなる。

我が国においては、このシステムの事例は散見されるが、政策ツールをどこまで使い込むのか、やや定まっていないように思われる。政策ツールを使い込みすぎると、参入障壁の高い「閉鎖的な市場」を形成してしまうことになる。一方で政策ツールをまったく使わないとなると、「誰も取引をしない市場」や「倫理のない市場」になりかねない。NPO組織が多く育ち、営利セクターと競争や協働を展開しつつある現在、この立場における政策ツールはこれからの課題として議論されるべきであろう。

(d) 協働重視のシステム

協働重視のシステムを形成するときは、「パートナーシップ」が構築される。パートナーシップの組み方は本書の主題であり、詳細については以降の論述にゆだねたい。このシステムでの具体的な政策ツールとしては、まちづくり協議会などの協議の場から、市民サイドのパートナーから出される提言や提案を行政施策に位置づけ、それを実現につなげる仕組み、パートナーとなる市民組織の認定や行政との契約の仕組み、協働でなされた事業の評価の仕組み、協議の場やパートナーとなる市民組織に対する支援（資金的支援、人的支援、物的支援、情報支援）の仕組み等が挙げられる。

## 5　ガバナンスシステムの使い分け

本書は「パートナーシップ」に焦点をあてているため、次章以降は「協働重視のシステム」における具体的な方法を述べていくことになる。しかし、現実には、「協働重視」のみがシステムではなく、「代議制重視」の立場に立って地方議会を中心にしたシステムを組み立てようという取り組みや、「多元主義重視の立場」の政策ツールも充実されつつある。4つのシステムは自治体や市民によって選択されるものであり、システムを選択することに地方自治の意義がある。また、一つの市区町村においても、課題により複数のシステムを選択しうる。つまり、ある課題については「多元主義重視」のシステムをとり、別の課題については「自由競争重視」のシステムを取るなど、

課題ごとにこれらのシステムを細かく使い分けることが現実的である。

では、これらの「使い分け」を上手にするためには、どのようなことに留意する必要があるだろうか。

ガバナンスシステムの設計過程において問題となるのは、市民と行政組織、そして市民組織同士、行政セクション同士によって、それぞれがイメージするシステムが異なることであり、その立場の違いを共有することがまず重要である。例えば、行政側は「パートナー」のつもりで関係を形成していた市民団体が、時間の経過とともに「議会」のように振る舞ってしまう問題、多くの市民組織が活動するという現状があるにもかかわらず、特定の組織と「パートナー」の関係を築いてしまう問題等々である。これらはそれぞれの立場の違いが障害となっている。

また、これらの背景には、「市場の倫理」と「統治の倫理」という2つの価値体系の「混同」の問題がある[1]。まちづくりにおいて、基本的には「統治の倫理」が重視されるべきであり、「代議制重視のシステム」は4つの中でも最も制度による「統治の倫理」に依存したシステムである。一方、「協働重視のシステム」や「自由競争重視のシステム」においては、そこに「市場の倫理」も重視されることとなり、二つの倫理の混合が課題となる。

特に「協働重視のシステム」や「自由競争重視のシステム」をとる場合に、二つの倫理をどのように混合させるかという、その「さじ加減」については、その地域の合意形成の気質も大きな規定要因となる。つまり、まったく同じまちづくりの課題であっても、地域によって「市場の倫理」が優先されることも「統治の倫理」が優先されることもある。筆者の観察によると、伝統的に「商業都市」と呼ばれる都市であれば、まちづくりの様々な場面において「市場の倫理」が強くはたらく。逆に、政（まつりごと）の中心地がおかれた都市、例えば新旧の県庁所在地にあたるような都市であれば、「統治の倫理」が強くはたらく。商店街でまちづくりを行う場合は「市場の倫理」が、住宅街の場合は「統治の倫理」が強くはたらく。このような地域の気質を丁寧に読み取ることも重要である。

注
(1) Jacobs, J.（1993）, *Systems of Survival*, Hodder & Stoughton（ジェイン・ジェイコブス『市場の倫理 統治の倫理』[香西泰訳、日本経済新聞社、1998]）

## 2-2
# パートナーシップの形成力学

饗 庭　伸
早 田　宰

## 1　パートナーシップの形成力学とは何か

　本節以降は、「パートナーシップの形成力学」と題して、前節で整理した「協働重視の立場」における具体的な制度や装置のつくり方を述べていく。そのためにまず、「パートナーシップの形成力学」とはどのような計画論なのか、イメージを共有しておこう。
　ここで、あなたがまちづくりのコンサルタントであり、とあるまちから「環境にやさしいまちづくり」の相談を受けている、というシーンを想像していただこう。そこであなたがまちづくりのリーダーに対して行うアドバイスには、大きく次の3つの要素が含まれているはずだ。
① 住民の意向を把握し、環境に対する価値観や行動力を分析し、環境まちづくりの実践に向けてそれらを高めること
② 環境まちづくりの多様な制度を熟知し、それを十全に活用すること
③ 環境まちづくりに対する地域住民等の活動展開イメージを検討し、地域にふさわしい仕組みを構想すること

「環境にやさしいまちづくり」を地域協働の計画やそのシステムづくりのアプローチに置き換えて考えると、①は「対話的アプローチ(communicative)」、②は「制度的アプローチ（institutional）」、③は「相互作用的アプローチ(interactive)」と呼ぶことができる[1]。
　「対話的アプローチ」とは、社会の仕組みづくりは、現場の課題と当事者をよく理解しそれを仲介することが中心になる、という政策や計画の考え方である。「制度的アプローチ」とは、大局的な観点から検討し、制度を社会

に相応しい形で適応あるいは修正して組み立てようとする考え方である。「相互作用的アプローチ」とは、これら二つのアプローチの中間にあり、実体と方法をイメージしながら組み立てるという政策や計画の考え方である。本章でこれから述べる「パートナーシップの形成力学」は、この相互作用アプローチに立つ計画論を基本とする。

具体的な議論に入る前に、以下にまず3つのアプローチの系譜を整理し、「パートナーシップの形成力学」のイメージを明らかにしておこう。

### 1) 対話的パートナーシップ計画論

「対話的アプローチ」による協働の計画論は、市民意識や社会関係における価値の掘り起こしや意味づけを行うことを重視する。コーポラティブ住宅の建設など、コミュニティの生活空間を多主体で計画するという場面で登場することも多い。そこにおける計画主体の関係は、企業と企業の提携のような、明確な目標と利害をめぐる機械的な関係では必ずしもない。むしろ、生活感覚レベルの共有と、日常の行為レベルの相互依存を媒介にした社会関係が基本となっている。「対話的アプローチ」は、これらの価値の掘り起こしや意味づけを行うことを重視する。

対話的パートナーシップ計画論の詳細を見てみよう。

地域社会においても、自立した個人の協働によるコミュニティビジネスへの期待が象徴するように、伝統的な地縁的共同体概念による互助という概念は後退しつつあり、地域で住み働くためのメリットを協力して高める利害共同体という視点が次第に強くなり、今日まちづくりの計画主体間にかなりそういう意識をもつ者も多い。しかし、そうであっても、コミュニティを結合させるアライアンス（同盟的な連帯）と企業のコアリション（経済利害による合同）とは基本的に質が異なり、まちづくり活動への参加の動機のベースとなっているのは、地域への愛着やそれを共有する生活者の意識である。そこには、意識レベル、無意識レベルでの集合意識が根源的に働いている。

この集合意識は都市と都市生活者の文化レベルに浸透し、下部構造となって社会のさまざまな表層的活動を規定している。それゆえ軽率に破壊されるべきものではない。ただし、それは不変であるというわけではなく、逆にコ

ミュニティ成員自らも気づかないうちに風化したり、意味が遷移したりしている。そもそもまちづくりとはそれが危機に瀕したがゆえに生じる社会の転換や紛争に端を発したアクションであることが多い。

対話的パートナーシップ計画論では、この地域で共有されている／されていた公的イメージを再抽出し、主体と環境の関係に新たな意味づけを与えることで、その継承、発展にアプローチすることが主要課題となる。具体の現場では、地域の過去から現在、また将来像を示す写真やスケッチなどにより地域の生活シーンや空間イメージを顕在化させ、それらを協議の俎上にのせるためにワークショップのツールが用いられている。

対話的パートナーシップ計画論は、この方法論に対応した計画論の確立の考察と、それを現場で支える実践手法の提起によって進化している。

## 2) 制度的パートナーシップ計画論

制度的パートナーシップ計画論は、政策科学とくに法と経済学の影響を受けている。組織同士の利害関心の調整は、その合理的な駆け引きが働きそのまま結果となるわけではなく、少なからず組織や社会の中のさまざまな慣習や制度に影響を受ける。組織が大きくなれば関係団体も多くなり、その外部干渉が加わる。また計画対象とするコミュニティが大きくなればなるほど、それに付随して考慮すべき社会的規範の数も増える。それらとの調整が難しい場合は、たとえパートナーシップの当事者間で協議した提案の価値や合意のレベルが高くとも、制度や慣習レベルと不整合だからと組織や社会の側から否定されることになりやすい。したがってパートナーシップの当事者組織は、相手との関係のみならず、広く社会体制の情勢を考慮する必要がある。特に当事者が行政組織である場合は、その行政行為は公平性原理などの社会的規範の影響が加味されており、経済資源の動員（たとえば政策目的で給付されるインセンティブ）の判断であっても多様なバイアスが加えられる。

その一方で、そもそも社会的規範や制度は、「限定された合理性[2]」（例えば、一般市民は時間的能力的な制約から、専門家が親身になって提案してくれた案については、拒否する理由が見あたらなければ、さらにいい案がありえるかもしれないという探索はあまり行わず、それを受け入れてしまう傾向がある）とい

う主体の制約を暗黙に前提にして構築された枠組みであるともいえる。この前提となる制約を自覚的批判的にとらえることは難しく、それを超越するような判断はなおいっそう難しい。それゆえ、制度が想定した範囲（例えば専門家による案の修正提示は1回までなど）を超えることを主体が希望した場合（例えばより満足度の高い案を求めるため2回以上の修正提示を望むなど）、いかに主体の行為自体が現代社会の求める状況に照らしてそれ自体望ましいものであっても、既存制度がそれを拒否してしまうことがある（前例がないなど）。それゆえ社会的規範や制度を所与のものとして捉えるのではなく、むしろ変数とみなして、より包括的なメカニズム全体の合理性の中で再考する必要もある。

実際のまちづくりの現場では、社会的規範に従うのか、その修正を考えるのかは常に悩ましい問題である。制度論的パートナーシップ計画論は、この2つの態度をどう採用すべきかを考えながら、まちづくりの実体と制度の関係を整合させることを考えるものである。そのために、新しい正統性、新たな規範を提起し、社会の中にそれを埋め込みながら、多様な主体の役割をそれぞれに提起し、応答責任を課していくことが重要になる。同時に、その規範を軸にして機能する新しい制度を付加することも計画論の中に含まれ、専門家の職能には制度づくりまでが含まれ、社会的規範の発掘、制度との関係づけ、その対話の有効な手法や場の確立がそのエッセンスとなる。

### 3) 相互作用的パートナーシップ計画論

相互作用的パートナーシップ計画論は、まちづくりの主体をとらえる理論としては伝統的なアプローチであり、経営学や行政学の組織論が基本になっている。近年は新しい公共経営（NPM：New Public Management）の影響がある。

地域協働のまちづくりとは、個々の役割や機能を可能な限り発揮しつつ、多主体で新しい関係を構築し、まちの課題に対応するものである。相互作用的パートナーシップ計画論では、公共と市民社会の応答のしくみやコミュニティとNPOのネットワークなど、その相互関係、とくにポジショニング（位置づけ）の考察やパートナーシップ組織の能力など、組織の役割が重視

される。

　組織の役割や関係はかくあるべきという規範論の立場と、制度を活用するマネジメントの立場の中間に立ち、パートナーシップ組織のプロトタイプをイメージしながら現実上どう機能するかをシミュレーションし、主体のあり方や制度のあり方を逆に提示していくのが相互作用的パートナーシップの計画論である。

### 4）パートナーシップの形成力学とは

　これから述べるパートナーシップの形成力学は、「相互作用的パートナーシップ計画論」のアプローチを基本にしている。すなわち、パートナーシップの構成主体を「計画主体」と呼び、そのありかたに注目し、パートナーシップが計画主体間の関係の中から構築されているというモデルを描くことにする。そして、「計画主体」、計画主体をつなぐ「関係」、関係が結晶化した「制度や装置」の形態や機能、関係を経路として計画主体間で交換・流通される「資源」のそれぞれについて、計画論を展開していく。

## 2　パートナーシップの形成力学のイメージ

　以上の「計画主体」「関係」「制度や装置」「資源」といった主要概念は、現場ではどのように現れてきているのだろうか。抽象的な議論に入る前に、まず、ある架空の地方都市の中心市街地活性化の事例をもとに、どこからどこまでが「パートナーシップの形成力学」なのか、イメージを共有しておき、次節以降に備えたい（図2-2-1）。

### 1）パートナーシップの事例

　W市は、人口約15万人の都市で、S県北部の中心的都市としての位置づけにある。中心市街地は江戸時代の城下町を基盤としており、その周辺に昭和以降の新市街地が広がり、さらにその外側には農地と山林が広がる。中心市街地はかつてはS県北部の約30万人の商圏を抱えて隆盛を誇ったが、90年代に入って売り上げが急速に落ち、現在は3割程度の店舗が後継者もな

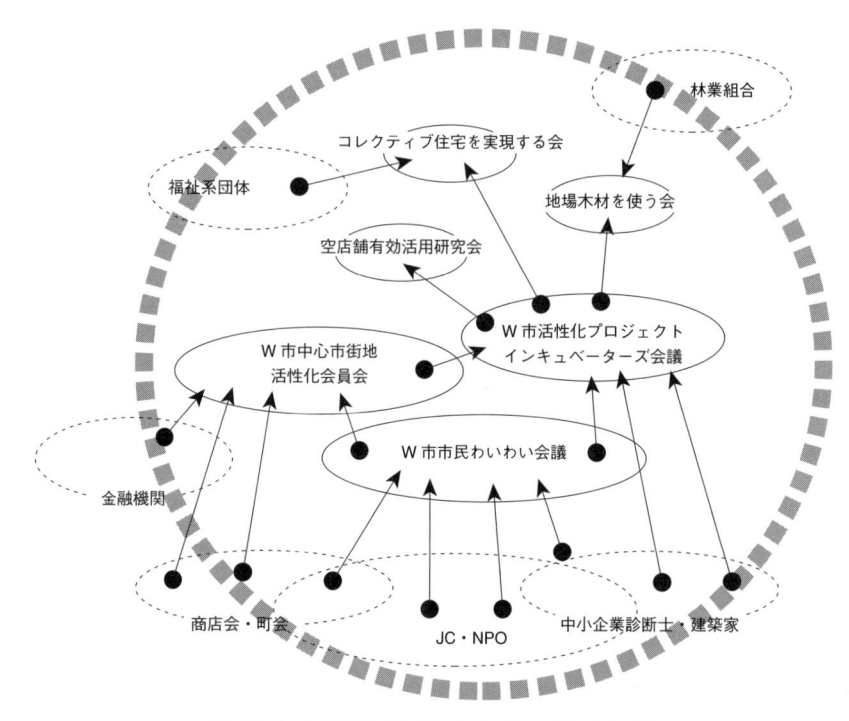

図 2-2-1　W市におけるパートナーシップのイメージ

くシャッターを降ろしたままとなっている。商工会議所はあるものの会員数は激減し、商工会議所が活性化のためのセミナーを開催しても商店街側からの参加者さえ集まらないという状況である。

　こうした状況に危機感を感じた市の商工課と企画課と都市計画課は、国土交通省が募集したモデル事業に手を挙げ、何とか 300 万円ほどの調査費を獲得して活性化に取り組むことになった。

　商工課長が最初に考えたことは、東京のコンサルタントを雇い、もう一度商店街の理事クラスを集め、活性化のためのプランを 1 年かけてじっくりと議論することだったが、これには企画課長が強硬に反対した。「わざわざ頭を下げてまで会議に出てもらうと、行政任せになってしまう。それよりも広く市民を公募して、中心市街地の可能性を議論する会議にしよう。」

企画課長は5年前まで青年会議所（JC）に入っており、商店主だけでなく、海外支援ボランティアに取り組む人物、フリーの中小企業診断士など、何人かの「元気な市民」の心当たりがあった。そこで、彼らにも事前に声をかけ、市民公募で誰でも参加することができる「W市市民わいわい会議（以下「わいわい会」）」を立ち上げた。企画課長の友人関係だけでなく、町場の主婦から高校生までが公募で集まった。加えて、商工課長が頭を下げて数人の若手商店主を商店街から推薦してもらい、会に参加をしてもらった。
　わいわい会は設立当初は商店主と市民の意識のギャップなどでぎくしゃくしたが、1年間の議論の末に、中心市街地を元気にする「100の提案」をまとめた。
　2年目は、「100の提案」を庁内外でオーソライズするために、庁内の部課長、商店街や商工会議所の理事クラス、地元の金融機関、学識経験者、そしてわいわい会からの代表メンバー数人から構成される「W市中心市街地活性化委員会（以下「活性化委員会」）」を設置した。
　わいわい会の活動を横目で眺めていた商店街の理事も、議論の中で積極的な意見を出すようになり、活性化委員会は100の提案に優先順位をつけ、商店街が取り組むこと、行政が取り組むこと、市民が取り組むことの3点に分けて整理をし、最後に「基本計画」をまとめた。「基本計画」は議会からも承認され、3年目の予算計画に大きく反映されることになった。
　3年目は、「基本計画」の重点プロジェクトの実現可能性を検討するために、金融機関や市内の企業、内外の専門家に加わってもらった「W市活性化プロジェクトインキュベーターズ会議（以下「インキュベーターズ会議」）」が発足した。活性化委員会の部会という位置づけを持ち、活性化委員会のメンバーも大半が参加している。
　インキュベーターズ会議は、重点プロジェクトの実現可能性を資金面、人材面で企業の視点から厳しく検討し、金融機関の担当者が事業への出資者や共同事業者探しを行った。結果的に、わいわい会で生まれた提案のうち「高齢者が生活するコレクティブ住宅の建設」が空閑地の地主と福祉系団体の協力により事業化され、「地場木材を活用した住宅材料供給システム」が建築士会と林業組合の協力により事業化され、「空き店舗を活用した若者向けの

起業支援プログラム」がJCと商店街の協力により事業化されることになった。それぞれに「コレクティブ住宅を実現する会」「地場木材を使う会」「空店舗有効活用研究会」という個別の会議が設立され、事業化に向かうこととなった。

### 2) パートナーシップの形成力学の構成

以上、ラフなイメージであるが、ここでのイメージをもとに、パートナーシップの形成力学の構成を見てみよう。

#### (a) パートナーシップにはたらく3つの因子

W市では、なぜパートナーシップがつくられたのだろうか。

まず第一には、90年代後半になって、「中心市街地活性化」が新たな都市の課題として浮上してきたことがある。いわゆる「商店街振興」は以前から行政の中で取り組みが行われていたが、この問題は90年代に入り、大きく都市の問題へと変化し、交通、土地利用、産業育成といった多様なテーマを含むものになった。

第二には、このような課題解決を担う計画主体がW市に見あたらなかったことが挙げられる。企画課長が実感していたように、この問題は従来の商店街組織では解くことができず、かといって、JCのネットワークの中にそのような計画主体が存在したわけでもない。行政組織にも当然力がない。しかし、複数の計画主体が手を組むことによって新しい力を持った計画主体が生まれれば、その主体が問題解決に力を発揮してくれるのではないかという期待感から、パートナーシップの形成が目指されたわけである。

第三には、このような課題や計画主体が生み出された社会背景が挙げられる。中心市街地の衰退化の背景としては、消費者の嗜好の変化などが理由として挙げられ、一方で、98年にNPO法が成立するなど、市民社会の側が活性化するような社会背景もあった。これらの背景が積み重なってパートナーシップの形成が目指されたわけである。

ここまでで大きく3つの理由を挙げたが、第一の理由を「課題因子」と、第二の理由を「組織内因子」と、第三の理由を「環境因子」と呼ぼう。

これら3つの因子が地域社会に存在する様々な計画主体に作用してパー

トナーシップが展開される。そして、3つの因子は、パートナーシップの形成時だけでなく、パートナーシップの運用時にもはたらき、パートナーシップの形態を状況にあわせて変化させていく。この3つの因子それぞれについては、2-3で詳しく述べることとしたい。

(b) パートナーシップの類型と布陣

この3つの因子の影響を受けて形成され変化していくパートナーシップを見てみよう。

W市の事例には、「わいわい会」にはじまり「コレクティブ住宅を実現する会」に至るまで、様々に展開された各種の場や組織がみられた。一般に「パートナーシップ」というと、「わいわい会」や「コレクティブ住宅を実現する会」のような個別的な場や組織それぞれを指す場合と、これらの全体（図2-2-1の破線の内側全体）を指す場合がある。混乱を避けるため本書では、個別要素を「パートナーシップ」と、その全体を「パートナーシップの布陣」として区別しておく。

個別のパートナーシップである「わいわい会」や「コレクティブ住宅を実現する会」を詳しく見てみると、「わいわい会」は参加者を市民より公募するというややオープンな関係であるが、「コレクティブ住宅を実現する会」は絞り込んだ目的のもとに結成されている。また、「わいわい会」では意見交換や議論といったことが主になされ、会の中では「情報」が交換されているが、「コレクティブ住宅を実現する会」では情報にとどまらず「資金」や「不動産」が交換されているなど、パートナーシップの中で交換されている「資源」も異なる。パートナーシップにおける関係には、いろいろな「パターン」、いろいろな「強さ」があり、いろいろな「資源」が循環し、そのことがパートナーシップの「機能」を規定していることがわかる。

そこで、まず2-4の前半部において、「わいわい会」「コレクティブ住宅を実現する会」などの個別の「パートナーシップ」について、そこでの「関係」や「機能」に着目して類型化を行ってみたい。そして、引き続き後半部において、これらの個別要素が組み合わされた「パートナーシップの布陣」について詳しく述べることとしたい。

### (c) パートナーシップの形成力学のメカニズム

ここまでで、パートナーシップにかかる3つの因子と、それらを受けて変化する個別要素としてパートナーシップを整理してきた。「形成力学」の言葉通り、力と要素からなるモデルをつくってきたわけである。しかし、そこにかかった物理的な力がそのままダイレクトに形態に現れてくるわけではない。

W市の事例では、中心市街地活性化という課題因子をはじめとする諸因子が計画主体に作用して様々なパートナーシップが設立され、NPOや商店街等との間に新しい関係が形成された。この「関係」には上述したように「いろいろなパターンや強さ」があり、その関係を通じて計画主体間で様々な資源が交換されて、まちづくりが取り組まれている。そして、この「関係」が結晶化したものがパートナーシップであり、「関係」の変化によって「わいわい会」から「コレクティブ住宅を実現する会」にいたるまでの様々なパートナーシップが誕生している。

つまり正確に言えば、3つの因子からもたらされる力は、パートナーシップに参画している計画主体間の「関係」に直接的にはたらき、「関係」を変化させている。2-5では、形成力学のメカニズムとして、このような「関係」に焦点をあて、その関係変化のモデルを描き、関係が変化していく様を詳しく述べていきたい。そして、続く2-7では、これら「関係」を介して循環される「資源」に焦点をあて、資源の動員、交換、結合、積み重ねのモデルを描き、形成力学のメカニズムを述べていきたい。

注

(1) March, J. G. and Simon, H. A.（1958）, *Organizations*, John Wiley（マーチ & サイモン『オーガニゼーションズ』[土屋守章訳、ダイヤモンド社、1977]）

(2) Salet, W. and Faludi, A.（2000）, 'Three Approaches to Strategic Spatial Planning', *The Revival of Strategic Spatial Planning*, Edita KNAW, pp.1-10

# 2-3
# 地域協働にはたらく3つの因子

早田 宰

## 1 パートナーシップの計画主体

　2-2におけるW市の架空事例に挙げたように、地域社会の中の様々な主体に3つの因子がはたらき、パートナーシップが形成される。このような地域社会における主体を、ここでは「パートナーシップの計画主体」と呼びたい。マスタープランなどの紙に描かれた計画図書を作成する計画主体という狭い意味ではなく、まちづくりの様々な課題に対して何らかの計画的な取り組みを行うという意味での「計画主体」であり、具体的な事業に取り組む主体も含む。

　このような計画主体として、行政や企業はイメージしやすいが、「市民の中の計画主体」となると、そのイメージは分かれる。自立した市民個々人が計画主体であるというイメージ、NPOのような組織が計画主体であるというイメージ、あるいはワークショップのような会合は計画主体と呼べるのか、などなど、様々なイメージが持たれるだろう。

　これらについて本書では、おおよそ考えられるものすべてが「計画主体」になりうると考えている。計画主体の最小単位としての「個人」、個人が集まり何らかの関係だけでつながっている「場」、場での関係が結晶化した「組織」、組織が集まってつくる「組織体」までを計画主体として考え、これらが関係を結ぶことによって「パートナーシップ」が形成されると考えている。

　「個人」や「場」のように法人格や会則を持たないような主体、あるいはゆるやかなつながりしか持たないような主体は、パートナーシップの計画主体に成り得ない、と考える向きもあるだろうが、現実社会を見てみると、例

えば、時限的なワークショップ（＝「場」）における決定事項が力を持つ場合がある。このような現実に即して、本書では「計画主体」という言葉を広い定義で用いることにする。

さらに、計画主体が集まってできる「協働のプロジェクト組織」それ自身が少なくとも「場」であり、ケースによってはその「場」が法人格を持った「組織」や「組織体」となることがあり、そしてその「組織体」が別の計画主体と関係をつくり、さらに新たなパートナーシップを形成することもある。

このように、個々の計画主体は常に変容し、それぞれがパートナーシップを形成する中で、さらに「場」「組織」「組織体」といった新たな計画主体が形成されていく。パートナーシップの形成や発展を理解するためには、このようなダイナミズムをイメージしておく必要がある。

## 2　3つの因子

このような計画主体がパートナーシップを形成し、変化させる過程において、2-2で述べたように①課題因子、②組織内因子、③環境因子、の3つの因子が影響する。木嶋・出口（1997）を踏まえ、これら3つの因子の関係を図2-3-1のように模式化しておく[1]。

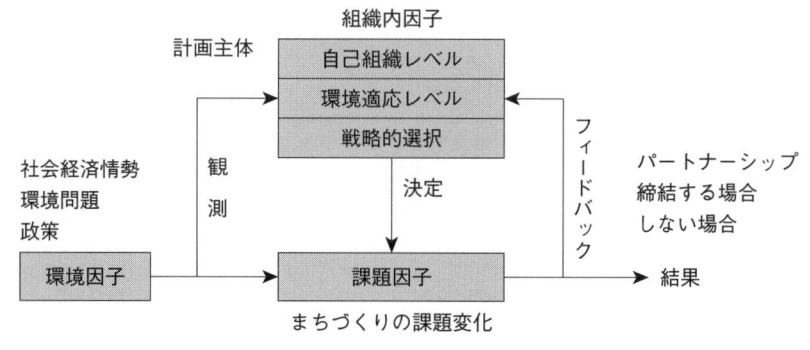

図 2-3-1　パートナーシップの形成要因

### 1) 課題因子

　社会、経済、空間は新しい時代の要請に従い刻々と変化し、地域協働が期待される状況がときどきに生まれてくる。既存の社会システムを織物にたとえれば、急に新しい圧力が加わり、縦横の糸が引き裂かれてしまうような状況である。組織単独の個々の問題解決では限界がある課題（群）を、パートナーシップの「領域」と呼ぶ。パートナーシップの領域は、社会システムの裂け目にぽっかり空いた穴といえる。まちづくりを取り巻く課題は近年急速に拡大、深化しているが、限界がきたときに亀裂が生じ、目の前に突然出現すると考えられる。パートナーシップは、その領域の出現を目の当たりにし、対応に迫られることが最大の契機となって形成される。

　ここで近年取り組まれているまちづくりのテーマをいくつかあげてみよう。

　○商店街を子育て支援の基盤と位置づけて集客する
　○住宅地の私有地の緑を開放し、公的組織とともに管理する
　○河川敷を利用したスポーツ施設を市民の自主管理にゆだねる
　○外国人とコミュニケートする媒体や場をつくる
　○障害のある人が自宅でパソコンを使って仕事ができる環境をつくる
　○学生・生徒の研究活動や視点をまちづくりの提案につなげる

　これらの取り組みは、どれも今日重要になりつつある成熟化社会ゆえの課題に対応したものである。いずれも新しい社会的状況や技術革新によって生み出された潮流であるが、主体の可能性と活動領域の関係が伝統的な想定をはるかに脱却しつつあり、既存のしくみではもはや対応できない。

　課題はその解決のために最適な戦略を求める。パートナーシップの領域という布の裂け目の話に戻れば、既存のほころびを修復するレベル（既存の社会システムによる解決）、新しいパッチワークを付加するレベル（結合の機能を果たす新たな社会システムの追加）、布自体を買い替えるレベル（新しい社会システムへの交換）があるといえる。どの戦略を採用するかは、修理のしやすさという面に加え、機能、コスト、時間などを加味したマクロな観点から決定される。

　ここで重要なのは、ただ裂け目を修復すればいいという発想では功を奏さ

ないことである。亀裂は、求められる機能やデザインがもはや変わってしまったことを示唆する予兆であるかもしれない。より上位レベルに目を向け、自らの限界を自覚することから新しいありかたを反射的に問い直すことが重要となる。

### 2） 組織内因子

パートナーシップの構築には、個人・組織のキャラクター（性格）や動機が重要である。パートナーシップへの取り組みを指向する基本的性格を、パートナーシップへの「親密性（closeness）」と呼んでおく。協働への親密性が高いアクターは、パートナーシップのプロジェクトに本質的に興味ややりがいを抱く。目の前に課題が登場したから動くのでなく、それよりも前に、いわば自分が内発的自発的に活動・進化成長するために、継続してパートナーシップ能力の開拓に努力する。それが自己のアイデンティティであり、それをいわば自己が環境に適応するための武器とし、平素からアンテナを張っている。それゆえ、協働への親密性が高いアクターは、パートナーシップのプロジェクトを招き寄せることになる。

アクターが組織であるならば、組織構成員個々のキャラクターが第一義的に重要であることはいうまでもない。協働に慣れている構成員が多くなれば、組織のパートナーシップの事業への取り組みに割く割合が大きくなっても、構成員の能力によって時間的、経済、人的なプロジェクトのコストを下げられるからである。

ただし、個々の人的資源もさることながら、組織としての協働への親密性も同じかそれ以上に重要である。例えば、職場ユニットがパートナーシップ事業のための時間やコストを組織としてどう評価するかによって、担当者の他組織との対話の活発さは違ってくる。外とのコラボレーションで生まれた新しい活動の方向性を組織に持ち帰り、それを組織内部の活動方針へ積極的に反映させるしくみが用意されているかどうかによって、担当者が内外へ提案できるカードの数は変わってくる。個人が組織の内外で動けるための組織内部における環境づくりが非常に重要なのである。

ところで、パートナーシップの領域は未知数であるがゆえにリスクも大き

い。そのプロジェクトの成否は担当者の責にのみ帰せられるものではなく、当然組織の責任や対応も問われることになる。それゆえパートナーシップへのとりくみに積極的な成員は、新奇的で挑戦嗜好の分子というレッテルを貼られやすい。慎重で周到な組織の成員であれば、パートナーシップへの組織内の評価が定まらないうちは、みだりにチャレンジしないのが賢い選択となってしまう。それゆえ、パートナーシップをつくることの第一歩は、自分の組織の中でパートナーシップ事業のために動ける条件を、トップレベルのマネジメント体制で整えることに他ならない。

行政の場合には、協働の条例[2]で応答の基本的立場を整備するようになってきたが、コミュニティの自治組織、民間組織、NPOなどではパートナーシップへの評価は千差万別である。行政と民間公益セクターの今後の協働の課題では、後者の内部処理ルーチン確立が重要である。

### 3) 環境因子

パートナーシップの締結に影響を与える第三の因子が、組織をとりまく社会情勢である。パートナーシップの「環境」と呼んでおく。経済環境、物的環境などと区別する必要がある場合は、「社会環境」と限定して使うことにする。

前述の課題因子（領域）と組織内因子（親密性）両者により、地域協働構築の基本的関係は定置される。しかし課題がパートナーシップを議論なく必要不可欠とする場合や、社会のすべてのメンバーシップがパートナーシップへの新密性が高く信頼しあえる状況などは、現実的には少ないだろう。そして、意思決定主体は、多くの場合地域協働という戦略をとるべきか否かの状況判断に迫られる。そのときに状況を左右するのが環境因子である。海の航海でいえば風向きに相当する。そして実は船の性能（組織内因子）など海の力に比べれば些細なものであるかもしれず、船頭の役割とは潮や風の流れを読み、それにうまく乗ることであるのだともいえる。

パートナーシップ締結にともなうリスクを最小化するための支援措置、ツール、資源などを調達できる環境が整っているかによって、計画主体の戦略は変わってくる。例えば、あらゆるアクターが対等な関係にあり、パートナ

ーシップの締結は早い者勝ちであるとすれば、出遅れたアクターは戦略として、構築中のパートナーシップに追随し途中参加して悪い待遇を受けるより、別なパートナーシップの構築という戦略に切り替える、あるいは当面協働という戦略をとらないほうが利益が大きい場合がある。パートナーシップには最適な規模があり、その棲み分けで情勢が安定する。パートナーシップが構築されるか否かは主体と課題のみの因子では決めることができず、むしろこの環境要因を読むことがマネジメントプロセス上重要である。

ここまでで、パートナーシップの計画主体と、そこにかかる3つの因子について述べてきた。この3つの因子の間で、図2-3-1に示した「課題への戦略的選択[3]」「組織内因子の自己組織レベル[4]」「環境適応レベルの作用[5]」の相互作用が生じる。次項でこれらの因子の相互作用を受け、形成され変化していくパートナーシップについて見てみたい。

注
(1) 木嶋恭一・出口弘（1997）『システム知の探求I・決定するシステム』（日科技連出版社）
(2) 典型的なものとしては、「大和市新しい公共を創造する市民活動推進条例」（平成14年7月1日施行）がある。
(3) 課題への戦略的選択については、3-1で協働の計画における相互編集プロセスでさらに論考する。
(4) 組織内因子の自己組織プロセスについては、4-3で暗黙知の表出プロセスでさらに詳述する。
(5) 環境適応レベルの作用については、3-2でプロセスにおける組織の変化をさらに詳述する。

## 2-4
# パートナーシップの個別要素と布陣

饗 庭 伸

## 1 パートナーシップの類型

2-2の架空事例でみた「わいわい会」「活性化会議」「インキュベーターズ会議」「コレクティブ住宅を実現する会」等は、それぞれ役割が異なっていた。「わいわい会」は様々な計画主体がそこでいろいろなアイデアを出し合うことが役割であったが、「活性化会議」はそれらを絞り込み活性化計画を決定することが、「インキュベーターズ会議」は事業の実現可能性を検討することが、「コレクティブ住宅を実現する会」は事業の実施を担うことが役割であった。このように通してみると、「議論や検討、発意」から「政策・施策化」「事業化」「事業実施」といった一連の機能があり、それぞれに対応したパートナーシップの類型を描くことができる。そこで、これらの機能を大きく4つにわけ、それぞれに対応する形でパートナーシップを分類してみよう（表2-4-1）。

表には、4つの機能「事業実施」「意思決定（公定化）」「意思決定（自己決定）」「論点形成（議論）」ごとに形成されるパートナーシップの類型と、あわせて「レジーム」を示し、それぞれについて目的・目標、全体像、外部からの可視性・透明性、参加への障壁、時限性について示した。各類型の名称については既存の用法や定義[1]を参照にしたが、既存の用法はやや混乱している向きもあるので、読者によっては違和感を覚えられるかもしれない。以下、それぞれ解説していく。

### 1) フォーラム

パートナーシップの類型の中でも一番弱い関係で結びついたものが「フォ

表 2-4-1 各機能に対応するパートナーシップの類型

| 機能 | | 名称 | 目的・目標 | 全体像 | 外部からの可視性・透明性 | メンバーシップ | 時限性 |
|---|---|---|---|---|---|---|---|
| 事業実施 | 事業レベルの意思決定、および公共的な事業の執行 | プロジェクト・パートナーシップ<br>パートナーとしての明確な責任分担のもとで事業を行う | 客観的な指標で評価されうる限定的かつ具体的な達成目的を持つ。 | 基本的な要素は固定しているが、細部は臨機応変に変化する。内部と外部の境界が明確。 | 必須。誰がどういった責任で参加しているか、外部に対する透明性を確保。事業の具体的内容については公開されない。全体像は外部から把握可能。 | メンバー限定的。能力があり、責任を分担する限定的なメンバーしか参加できない。 | 必須。パートナーシップ契約を結ぶ際に、時限明記の必要あり。 |
| 意思決定(公定化) | 行政組織の執行、および公的資源が導入されるパートナーシップによる執行を想定した、政策レベル、施策レベルの意思決定 | アリーナ(競技場)<br>アリーナでの試合のルールにのっとり、役割を行う | やや限定的、やや抽象的な目的を持つ。政策の基礎理念、方向、実践の準備意識を共有している。 | やや限定的、やや抽象的な目的を持つ。政策の基礎理念、方向、実践の準備意識を共有している。 | 必須。誰が、どういった議論を行っているか、外部に対する透明性を確保。全体像は外部から把握可能。 | 高い。メンバーは作った議論で資格を取る。 | 強い。しかし、目的や達成、担当者の変化等の表面的直接的な理由のみで解消するわけではなく、ある程度の継続性に対する自立化がある。 |
| 意思決定(自己決定) | 参加者自らによる執行を想定した、政策レベル、施策レベルの意思決定 | プラットフォーム(乗車場)<br>プラットフォームに乗り合わせた者がその方向性を共有して議論する | やや限定的、やや抽象的な事業の創造、新たな理念、参加意識、政策形成(現実的取り組み)の必要性を共有している。 | 基本的な要素は固定しているが、細部は臨機応変に変化する。内部と外部の境界は明確でない。 | 外部に対して存在感を示すために重要。全体像は外部から近似的に把握可能。視野の広がりは不可視。 | 誰でも参加できるが、内在的に把握が問われる場合がある。 | やや強い。基底文化への定着を重視する場合と、目的を限定して時限性を重視する場合がある。 |
| 論点形成(議論) | 政策、施策、事業形成につながるような議論 | フォーラム(会議)<br>フォーラム(会議)の参加者が対等に、フランクに議論をする | 包括的、抽象的な目標を持つ。新たな理念、意味形成、参加意識、政策形成(現実的取り組み)の必要性を共有している。 | 基本的な要素は固定しているが、細部は臨機応変に変化する。内部と外部の境界は明確でない。 | 外部に対して存在感を示すために重要。全体像は外部から近似的に把握可能。視野の広がりは不可視。 | 低い。誰でも参加できるが、実質的な発言・影響力が比例する。 | 弱い。基底文化に定着することを重視するが、その前提の上で中長期的な新たな潮流を生み出す。 |
| 情報収集・世論形成 | レジーム(政策連携体)・ガバナンス/市民社会<br>ネットワークの中で出会った者同士が情報を交換する | 目的や目標というものをそもそも持たない。 | 基礎的な要素も固定しておらず、常に変化する。内部と外部という関係性がそもそも明確でない。 | インターネットのウェブのように、全体を見渡すことが不可能。レジームの端緒をつかみ、そこからさらに式に全体を把握するしかない。 | なし。誰でも参加できるが、実質的な発言・影響力が比例する。 | なし。むしろ、どれほど長い期間、活性状態にあるレジームを維持できるかが課題。 |

88  2章 パートナーシップの構築原理

ーラム」である。政策、施策、事業形成につながるような議論と論点形成が行われる。W市の事例にあてはめると「わいわい会」が相当する。参加の障壁は低く、時限性もそれほど問われない。代表者やコアメンバーなどの基本的な要素は固定しているが、厳密な会則などを持たず、構成メンバーなどの細部は臨機応変に変化する。このような関係で結びつくのは、フォーラムにおいては、参加者が対等に、フランクに議論をし、多くのアイデアや論点を共有することが重視されるからである。

フォーラムとは、複数の組織や個人が、①自然発生的ではなく活動目的のために集まり、②組織成員間で情報や技術など資源の出会いや交換を求める場であり、③継続的な活動によって、④共有目的、相互依存などを発生させる機会供与のパートナーシップである。このように、ある程度の目的やルールがあるという点で、市民社会における自然発生的で場の条件がゆるやかなネットワークとは異なる。フォーラムは誰でも無前提に受け入れるのではなく、一定の条件を満たすことが前提となっている場合も多い（たとえば最低限住民票がある、自宅か職場・学校がある、趣旨に賛同するなど）。またその性格から、成員には自由な活動、自由な意見表明などが保障されていることが条件となる。

組織の構造は、外から中へは資源を動員し、中から外へは発信することに適した組織が求められる。具体的な活動としては、計画主体間の情報や技術の交換をめざすものから、データベースや人材バンクなどの共有・分有をめざすもの、さらに社会的な提言や働きかけを行う組織まである。逆に競争、共棲といった性格が強いフォーラムでは、親睦会的で最低限のルールを共有し、情報を相互に得るためだけの役割を果たすものまで様々である。

フォーラムは新しい資源を動員する装置として有効に機能することが多く、転換を模索する都市政策体制には欠かせないパートナーシップの基本形態である。次に述べるアリーナやプラットフォームとはまったく異なる場であり、双方並存しうる。大阪府八尾市のように、行政がその存在意義を積極的に認知して、条例などで公認、正統化することもある。

## 2) アリーナとプラットフォーム

「アリーナ」や「プラットフォーム」は、こういったフォーラムでの論点形成を受け、その論点を熟議した上で、具体の事業につながる政策（policy）・施策（program）レベルの「決定」を形成するパートナーシップである。具体的には、各種のマスタープランの決定から、複数の事業をどのように組み立てるかのプログラムの決定までを指す。

アリーナやプラットフォームは、地域マネジメントの決定・調整・推進の場であり、ステークホルダー（利害関係者）が集い、公共圏の計画や運営方針に際しての参加者の相互調整、取引、駆け引きを行い、その原則を構築する。複数の組織や個人が参加する、明確な活動目的を持つ継続的な場であることはフォーラムと変わらないが、こちらは政策効果を求める場であり、「決定」を形成する。メンバーに一定の拘束力や相互規律を提案、負荷し、従わないアクターに対して、フォーマル、インフォーマルに是正を求める活動をする場合もある。とくに公共団体ではないので強制力はないが、それゆえ信頼される組織であることが非常に重要である。

組織の構造は、コア的なメンバーを固めることを中心に、地域社会に影響力を与えることに比重を置く場合と、外部の上位組織などに力を伝えることに比重を置く場合がある。具体的な活動として、計画主体間で議論経緯や決定を共有し、計画主体間の合意や共棲（安定化）をめざすものが多い。

3-4で述べるように、「決定」には「契約的決定（＝決定者自らによる執行を想定した決定）」と「集合的決定（＝決定者以外による執行を想定した決定）」があり、契約的決定を形成するのがプラットフォーム、集合的決定を形成するのがアリーナであると、ここでは分けて整理しておく。W市の事例にあてはめると、「活性化会議」がアリーナに、「インキュベーターズ会議」がプラットフォームに相当する。

決定の種類によってパートナーシップの類型を分けているのは、あたかも議会のように公的な決定を形成する「アリーナ」と、自らのカードをどのように切っていくかという判断が問われる「プラットフォーム」における議論の方法が異なるからである。

全体像はアリーナが相対的にやや固い。それはアリーナが公的な決定を形

成するためにメンバーシップの正当性が問われるからである。プラットフォームはむしろ合理的な決定をするためにメンバーシップにはあまりこだわらない。同様の理由から、「外部からの可視性・透明性」はアリーナが相対的にやや高く、「時限性」もアリーナが相対的に強い。

　アリーナとプラットフォームは、行政や市場への従属や過度な依存から脱却し、公共性を担おうとする時につくられる。フォーラムとはまったく異なる場であり、双方並存しうる。まちづくり協議会など、条例などで公認、正統化することもある。

### 3）プロジェクト・パートナーシップ

　さて、アリーナやプラットフォームで形成される決定を踏まえて、実際の事業が執行される。事業は民間組織単独あるいは行政組織単独で執行される場合はもちろんあるが、事業の執行を複数の主体が共同で担うことがある。この「事業レベル」で形成されるパートナーシップが「プロジェクト・パートナーシップ」である。W市の事例における「コレクティブ住宅を実現する会」「地場木材を使う会」「空店舗有効活用研究会」が相当する。

　プロジェクト・パートナーシップは、複数の組織や個人の協働による、コスト（リスク）負担を承知で運営する・契約にもとづくプロジェクト推進組織であり、都市の課題を具体的に達成することを第一目的にする。限定的かつ具体的な目標を持ち、限定的なメンバーが責任を分担して参加する。「フォーラム」「アリーナ」「プラットフォーム」が、議論、論点形成、決定といった機能しか担っておらず、そのための調査の費用や人的資源だけが投入されるのに対し、「プロジェクト・パートナーシップ」には大きな資源（不動産など）が投入されることがある。また、不確実性や障害を乗り越え、短期的にプロジェクトを安定させることを最優先とするため、内部の規範が制度化されていく。同時に、外部との関係を重視するため、現実的な制度（とくに行財政制度）との整合性が重視される。逆に、目的が達成された場合は解消されることも多い。このような、外部からの可視性、透明性、時限性は必須である。

　組織の構造は成果を出すことに主眼を置いたものとなる。目標達成志向の

組織であるため、その最適な達成のため戦略が重要となる。外の組織との競争に備えたり、構成メンバー間で議論の経緯や「決定」を共有することを目指すことなどが組織化の中心となる。活動の規模が小さいときは法人化しない、あるいはネットワークで協働する関係もあるが、活動が大きくなるにつれパートナーシップをいかにフォーマルなものに置き換えるかが問題となる。

　構成員は活動を推進するメンバーのほかに出資者や支援者、債権者がいることが多い。支援者が活動の有限責任を負うか無限責任を負うかで組織形態に大きな差が出る。

　行政から条例などで公認されたり、登録団体や特定目的会社のように正当化されることもある。たとえば社会サービスの購入先として契約、委譲されるような場合である。

### 4) パートナーシップの類型の意味

　以上のような理論的なモデルを描いてみたが、現実にはどうだろうか。パートナーシップは、そもそもの性格上、地域の様々な計画主体と出会いながら、手探りで構築されていくことが多い。そのため、現実に多く見られるのはフォーラムとアリーナが一緒になったようなものであったり、アリーナとプロジェクト・パートナーシップが一緒になったようなものであったりする。そのようなパートナーシップを観察してみると、特に問題が起きないうちは、参加者が暗黙のうちに、例えば「フォーラム」的な機能と「アリーナ」的な機能を使い分けているという実態が見られる。

　しかし例えば、出入り自由の「フォーラム」と、本来は参加の障壁が高い「アリーナ」が一緒になっている場合は、特定の偏りのある参加者が、「アリーナ」を乗っ取ろうとする動きを排除できない。また例えば、「プロジェクト・パートナーシップ」と「アリーナ」が一緒になっている場合には、「プロジェクト・パートナーシップ」が失敗し巨額の負債を抱えたときに、「アリーナ」のメンバー全員が連座して責任をとらざるを得ないような事態になりかねない。

　まちづくりにとりくむ当初から、ここで示したような類型にそって厳密に

パートナーシップを組み立てる必要は、必ずしもないだろう。しかし一方で、パートナーシップに関する様々なリスクを回避するために、形成されつつあるパートナーシップに徐々に区別をつけ、個別のパートナーシップのルールとそれぞれの機能分担を決めていく必要は出てこよう。ここで示した類型は、そのような作業を行うときに指標になるものであると考えている。

## 2　パートナーシップの布陣

　ここまでで、「論点形成（議論）」を担う「フォーラム」、「意思決定（公定化）」を担う「アリーナ」、「意思決定（自己決定）」を担う「プラットフォーム」、「事業実施」を担う「プロジェクト・パートナーシップ」の違いを整理してきた。
　これらはどのような形で組み合わさり、パートナーシップの布陣を形成しているのであろうか。

### 1) パートナーシップの布陣の理論モデル

　パートナーシップの4つの類型の関係を階層的にまとめてみたものが図2-4-1である。フォーラム、アリーナ、プラットフォーム、プロジェクト・パートナーシップが階層的に組み立てられ、最下層に第1章で述べた「市民社会」や「ガバナンスへの参画ネットワーク」や「レジーム」を置いた。
　「階層」とは、上部のものが下部のものに支えられているという意味である。つまり、アリーナとプラットフォームはフォーラムを基礎としないとうまく機能しない。フォーラムにおける、やや自由な関係から紡ぎ出される「論点形成」を得ないと、アリーナやプラットフォームはそれ自体閉じたものになってしまう。同様に、プロジェクト・パートナーシップはアリーナやフォーラムが存在しないとうまく機能しない。アリーナやプラットフォームでの「決定」において位置づけを得ないと、プロジェクト・パートナーシップは正当性を持って成立しない。
　しかし、現実には、フォーラム→アリーナ→プラットフォーム→プロジェ

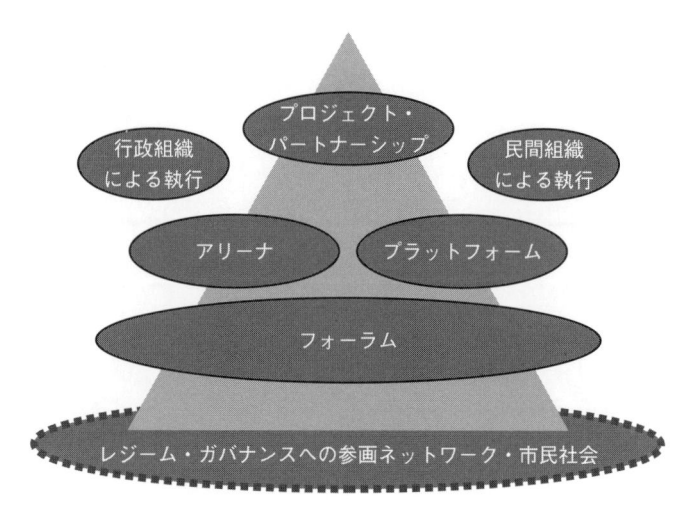

図 2-4-1 パートナーシップの布陣

クト・パートナーシップといった順番で、下の階層から順番にパートナーシップが形成される事例は少なく、また、4つの類型がすべて等しく地域社会の中に現れ、同じ関係を形成するということもあまりない（2-2で示したW市の事例は、筆者がいくつかの実体験をもとに、本章の内容を解説しやすいように架空の事例を示したものである）。地域によってはアリーナがパートナーシップの中心的組織として形成され、フォーラムがアリーナの中の一分科会として形成されることもある。モデル的なプロジェクト・パートナーシップの取り組みが先導し、それらの調整をとるためにプラットフォームが形成されることもある。パートナーシップの「形成の順序」や「組み合わせ」にはいくつかのパターンがあり、そのことにより「パートナーシップの布陣」の多様性が生まれることになる。

2) パートナーシップの布陣の類型

このような「形成の順序」や「組み合わせ」の違いに規定されて、地域社会の中には様々な「パートナーシップの布陣」が現れてくることになる。ここでは、布陣のバリエーションを、4つのパートナーシップの力関係に対応させつつ示しておきたい（図2-4-2）。

(a) フォーラムが中心になる布陣

　テーマに特化した多くの小さな計画主体が、「フォーラム」を通じて相互の情報交換をしながら、それぞれ行政の一部門と個別にプロジェクト・パートナーシップを形成し、個別の課題を実現しながらまちづくりを進める布陣である。地域に大きな課題がなく、かつ課題が多様化しているような状況において、小さな計画主体のフットワークの軽さが活かせる布陣である。

(b) アリーナが中心になる布陣

　町内会や市民活動など、地域の計画主体が結集するまちづくり協議会等の「アリーナ」をつくり、そこで地域の合意を形成してプロジェクト・パートナーシップを結成するなど、行政と関係を築きながらまちづくりを進める布陣である。地域で取り組む大きな課題があり、その解決のために地域の合意が必要な状況において形成される布陣である。

(c) プラットフォームが中心になる布陣

　地域に事業力のある NPO や企業などの計画主体が存在し、それぞれの連携によるまちづくりの実現を目指す場合は、それぞれの活動を調整しプロジェクト・パートナーシップを生み出すための「プラットフォーム」を中心にした布陣が形成される。「プラットフォーム」では、資金調達などのそれぞれの計画主体の共通の悩みの解決にむけた議論なども行われる。

(d) プロジェクト・パートナーシップが中心になる布陣

　地域に事業力のある NPO や企業などの計画主体が存在し、それぞれの機動力やフットワークの軽さを最大限に活かしてまちづくりを行う場合は、それぞれが形成する「プロジェクト・パートナーシップ」を中心とした布陣が形成される。この布陣におけるフォーラムは、お互いの活動調整のための最低限の緩やかなつながりとなる。

## 3　コートの役割

　ここまで述べてきた「パートナーシップ」は、2-1 で述べたように「協働重視のシステム」を構成する主要な装置である。「主要な」と述べている通り、「協働重視のシステム」において、パートナーシップ以外の装置、例え

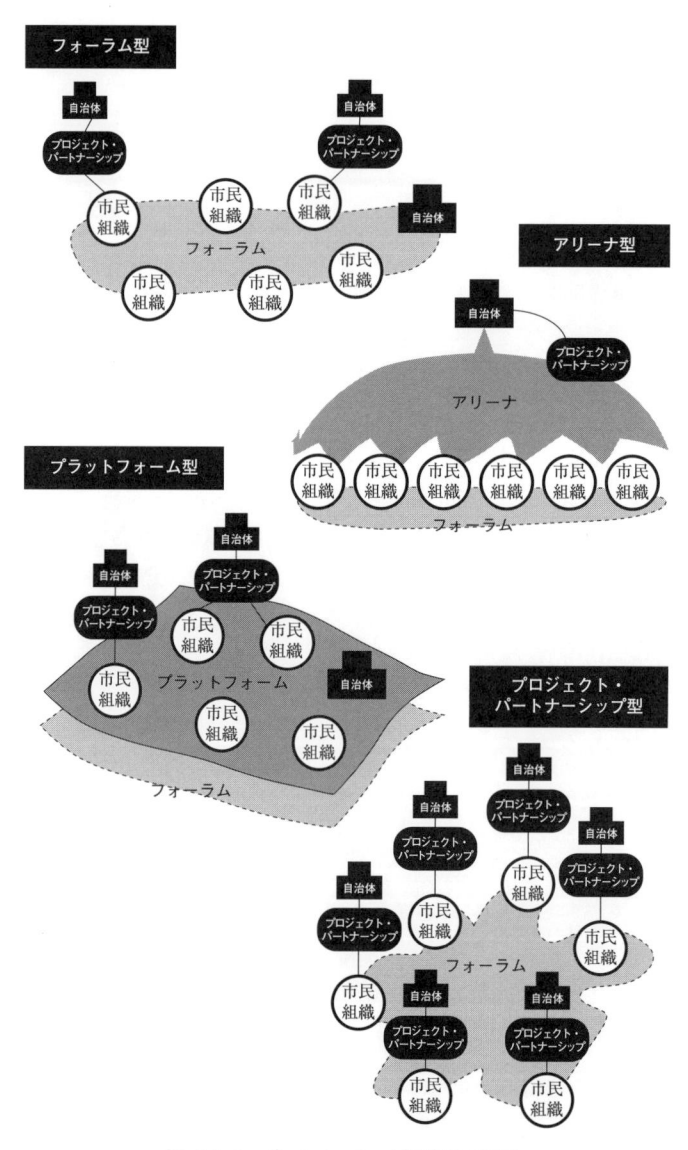

96　2章　パートナーシップの構築原理

図 2-4-2　パートナーシップの布陣の類型

ば議会や審議会が存在しないわけではなく、これらは主要な装置を支える装置として機能する。最後に、これら議会や審議会が果たす「コート」の機能について述べておきたい。

　パートナーシップの現場において、パートナーシップ内の議論が膠着することがある。表2-1-1で簡単に触れてあるが、討議的なコミュニケーションが重視され、最終的には多数決という決定手段を持つ「代議制重視システム」に比べると、「協働重視システム」は協議的なコミュニケーションを重視し、協議を尽くした上での決定を行う。しかし、協議を尽くすのみでは決定が容易でない場合もあり、また限られた計画主体で議論をするため、そこでの決定が独りよがりになってしまうこともある。現実的には、協議による決定を補佐する固有の仕組みを、それぞれのパートナーシップによってつくっておくことが考えられる。

　こういった固有の協議・決定手法の一つの選択肢として、議会や審議会が果たしうる「コート（court）」の機能を挙げておく。裁判所ではなく抽象的な意味でのコートであり、紛争を裁定するのみならず、紛争がおきないようにするために、また紛争がおきてしまった後の解決のために、その規範の定立と運用、とくに事前回避手続（和解・斡旋）を持つ。パートナーシップとコートの組み合わせ方としては、例えば、アリーナで議論をして選択肢を絞り込み、コートでの議論、結論を経て、最後の結論を決定するという方法があるだろう。

　コートは協議の当事者でない主体、例えば議会のメンバーや外部の審議会が担うものである。コートとパートナーシップの関係のつくり方によっては、コートが高圧的な振る舞いを持つこともある。パートナーシップでの協議のルールをしっかりと確立した上で、コートとの関係をいかにうまくつくっていくかが大きな課題であろう。

注
(1) Bryson J. and Crosby B. (1992), *Leadership for the Common Good : Tackling Public Problems in a Shared-Power World*, Jossey Bass Wiley

## 2-5
# パートナーシップを支える信頼関係とアイデンティティ

饗 庭 　 伸
長 野 　 基

## 1　パートナーシップの基礎となる信頼関係

　ここまでで、パートナーシップにかかる 3 つの因子と、それらを受けて変化する個別要素としてのパートナーシップの 2 点に注目して、パートナーシップの形成力学を整理してきた。ここでは、因子による力を受けて変化する計画主体間の関係に焦点をあて、形成力学をさらに精緻化してみたい。
　パートナーシップにおける諸計画主体間の関係の基礎に、信頼関係があることは言うまでもない。信頼関係は、計画主体間で形成された何らかの合意が、計画主体全体に拘束力を持つ状況、つまり、合意から逸脱しない／できない状況をつくる。合意が猜疑心から破綻することを回避するための措置であるとも考えられる。逆に、ゲーム論的にいえば、信頼のカードを不用意に切り続けていれば、信頼関係を押しつけ続けていくばかりとなり、しっぺがえしで大損をするという注意深い考え方も必要である。
　「信頼関係」をつくり出すということは、「適切な行動がほぼいつでも期待できるという安心感」(マーチ & サイモン［1994］[(1)])をつくり出すことである。そこでの「適切さ」の基準は相手の「意図（モチベーション）に対する期待」と「能力に対する期待」(山岸［1998］[(2)])により構成される。パートナーシップは、その「意図（モチベーション）」も「能力」も異なる計画主体同士で形成するものであり、そこにおける信頼関係は、お互いの異なるアイデンティティをまずは尊重することによって生まれる。そして、パートナーシップに取り組む過程の中で、お互いのアイデンティティの一部分が「交

換」され、「共有」されることにより、その関係はより強固なものとなる。以下では、これら「信頼関係」「アイデンティティ」「交換・共有」といった概念に着目して、「パートナーシップの形成力学」を描いてみたい。

## 2 現代社会における信頼関係の形成の力学

　民族、宗教、思想などの違いが顕在化している社会では、信頼関係の形成はこれらの強い規定を受けるが、現在の我が国においてこれらは顕在化しておらず、異なる計画主体のアイデンティティの交換と共有に際しては、何らかの手がかりや共通項が必要となる。明治期以降は「アイデンティティ」は、国家や会社といった大きなシステムとは切り離せないものであり、言い換えると、多くの個人は国家や会社といったシステムから、微分的に自己のアイデンティティを構造化していた。しかし、現代ではこのようなアイデンティティの構造化の様式は多様化し、様々な関係の中から、自らのアイデンティティを積分的に構造化していくことになった。このような中、手がかりを見つけ、信頼関係を形成する力学はどのように描けるだろうか。

　確かに佐伯（1997）[3]が指摘するように、まちづくりという社会的課題解決の場面に「私」の感情が持ち込まれ、「私」の世界とは異なる論理で解決が図られるべき利害関係を「感情のレベルで処理したり調整したりしようとする」現実は否定できない。本書での倫理的立場はこうしたメンタリティに由来する矛盾の存在を認めた上で、信頼関係の形成へ計画の世界からアプローチしようとするものである（これに関して、1-2で「パートナーシップ組織」は、必ずしも深い信頼関係を必要とせずに成立する場合があると述べた。これは、ここで見たような「ウェットな関係」のみでパートナーシップの信頼関係が成立するのではなく、「契約」的な「ドライな関係」で成立する場合もあり、パートナーシップによって達成しようとする目的によっては、それが重要になることに注意を喚起したいがためである。もちろん、「飲みニケーション」によって成り立つ信頼関係はまちづくりの推進力となるのであり、これが「ドライな契約的関係」と相補することが重要である）。

　さて、手がかりとして、マスロー[4]の欲求階層論を見ておきたい。マスロ

```
       /\
      /自己\
     /実現の\
    /  欲求  \
   /----------\
  / 尊重の欲求 \
 /--------------\
/ 所属と愛情の欲求 \
/------------------\
/    安全欲求       \
/--------------------\
/    生理的欲求       \
------------------------
```

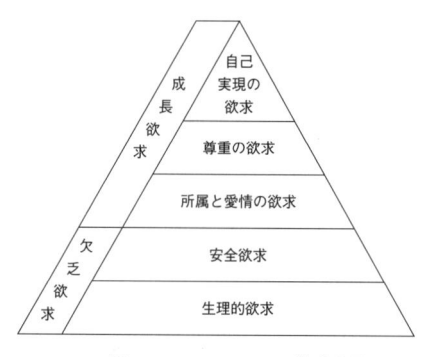

図 2-5-1 マスローの欲求階層

ーは人格が「欲求の階層組織」を中心として形成されているとした。その階層は大きくは「欠乏欲求」と「成長欲求」のレベルに整理され、さらに細かくは「欠乏欲求」が「生理的欲求」「安全欲求」の二つの階層に、「成長欲求」が「所属と愛情の欲求」「尊重の欲求」「自己実現の欲求」の三つの階層に分かれ、都合五つの階層からなると整理される（図2-5-1）。

我が国で行われているまちづくりや都市計画に参加している計画主体を見ると、多くは「成長欲求」のレベルの欲求＝動機に基づくアイデンティティを持っているもの、と言える（むろん、災害からの復旧復興、防災や防犯などの課題、あるいは路上生活者の問題など、「欠乏欲求」に基づく計画主体も、特に90年代後半からの10年で増えてきた。これらと「成長欲求」に基づく計画主体が、どのような関係をつくりだしていくかも今日的な課題である）。

この「成長欲求」のレベルにおけるアイデンティティをどのように交換し共有していくか。「欠乏要求」がいわば「自己の内部に足りないものを充足させる」ことを指向するのに対し、「成長要求」は「自己の外部に自己を拡張させる」ことを指向するものである。そこでここでは、自己が「自己に外在する新たな問題にどのように取り組むか」という「問題意識」と、その解決や実現のために「自己に外在する新たな役割をどう果たすか」という「役割意識」の二つから、その力学を説明してみたい[5]。

図2-5-2は、パートナーシップの取り組みを通じての、「問題意識」と「役割意識」の形成の力学を示したものである。地域には、課題因子が多様

## 2-5 パートナーシップを支える信頼関係とアイデンティティ

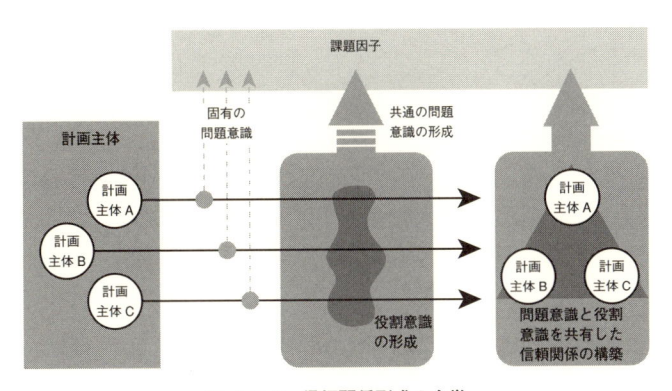

図 2-5-2 信頼関係形成の力学

に存在し、一方で「商業者」「地権者」等の異なる職業や立場から問題意識や役割意識を持つ計画主体が存在する。パートナーシップを形成する前には、これら計画主体が、それぞれの固有の問題意識と役割意識を持ってまちづくりを担っている。パートナーシップに取り組む中で、これら計画主体が課題因子に対する新たな問題意識を形成し、他の計画主体と関わる中で新たな役割意識を形成する。そして、各計画主体は問題意識と役割意識を共有した信頼関係を構築していく。

### 3 アイデンティティの構造

以上、パートナーシップの基礎となる信頼関係は計画主体間でアイデンティティの一部を交換し共有することにより形成されること、そのアイデンティティはマスローの言う「成長欲求」で中心的に形成されており、成長欲求に基づいて他者との「問題意識」と「役割意識」の共有と結合を指向することを明らかにし、それらを踏まえた問題意識と役割意識の共有を中心とした信頼関係の形成の力学を描いた。

最後に、これらの考え方をもとに、計画主体のアイデンティティの構造を示しておく。図 2-5-3 の z 軸には、マスローの欲求階層を、x 軸には「役割意識」の軸を、「自己で解決役を担う意識」と「他者に解決役を依存する

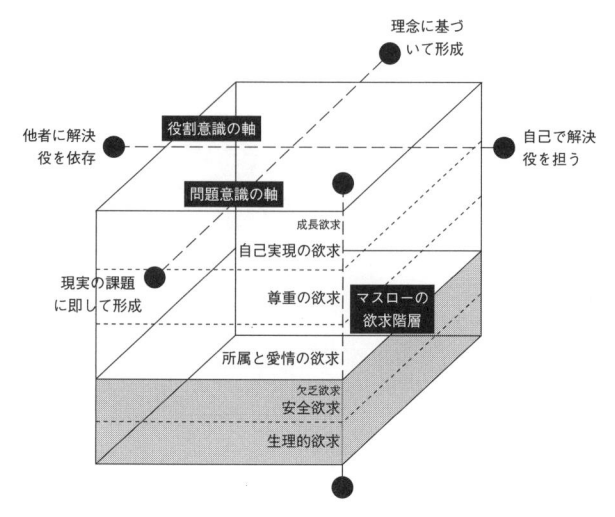

図 2-5-3 アイデンティティの類型

意識」を両極にして設定した。y軸には「問題意識」の軸を「問題意識が現実の課題に即して形成されるか」「理念に基づいて形成されるか」を両極にして設定した。

計画主体のアイデンティティはマスローの欲求階層を行きつ戻りつして形成され、成長欲求に基づくアイデンティティは問題意識と役割意識の広がりを求め、その広がりの部分において他の計画主体とアイデンティティと交換、共有し、パートナーシップの基礎となる信頼関係を構築していく。

◇事例◇ T市でのアイデンティティの調査

図2-5-3に示したアイデンティティの類型に基づいて、T市でまちづくりに関わる市民を対象に、アイデンティティの調査を行った手法を紹介する[6]。この調査は、「どういうアイデンティティの類型を持つ市民が、どういうまちづくり手法を必要としているか」という主旨の、いわばマーケティング調査である。

まず類型化（図2-5-4）は、「役割意識」については、行政に対して意見を述べたいタイプ（参加型）と、自らがまちづくりを実践するタイプ（協働型）の二つを両端におく「行政との関わりかた」の軸を設定した。

## 2-5 パートナーシップを支える信頼関係とアイデンティティ

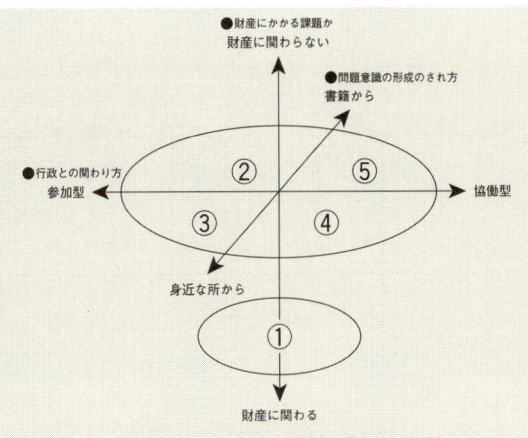

図 2-5-4 市民タイプの類型化

「問題意識」の軸については、教育や書籍など外部の情報からまちづくりの問題意識を形成したタイプと、身近な環境の不備から問題意識を形成したタイプの二つを両端におく「問題意識の形成のされかた」の軸を設定した。「欲求階層」の軸については、「まちづくりは財産に関わるかどうか」という軸を設定した。これらの軸の設定は、アンケートの対象者が、主に、町会に関連する市民、NPOに関連する市民、街路整備事業が予定されている商店街の商店主の3種の属性を持っていたからである。回答者が答えやすいように質問文を設定し（図2-5-5）、回答に沿ってア

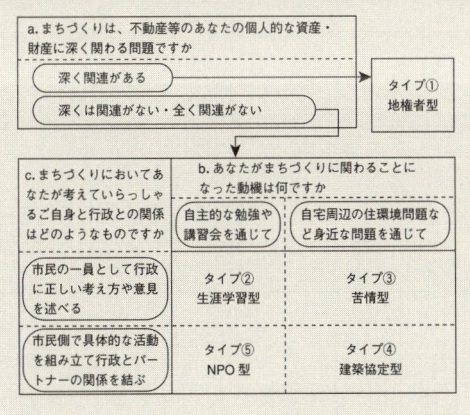

図 2-5-5 アイデンティティを類型化するための設問

イデンティティの類型を当てはめていった。この設問により都市計画道路の拡幅で存亡の危機に立たされている商店主（タイプ①「地権者型」）、生涯学習としてまちづくりに取り組む市民（タイプ②「生涯学習型」）、苦情を陳情する町内会長（タイプ③「苦情型」）、住環境向上のために行政と相談しながら建築協定締結に取り組む市民（タイプ④「建築協定型」）、専門的な能力を持つまちづくり NPO のスタッフ（タイプ⑤「NPO 型」）が類型化された。

(饗庭伸)

注
(1) マーチ&サイモン（1994）『やわらかな制度——あいまい理論からの提言』（遠田雄志訳、日刊工業新聞社）
(2) 山岸俊男（1990）『社会的ジレンマのしくみ』（サイエンス社）
(3) 佐伯啓思（1997）『「市民」とは誰か——戦後民主主義を問い直す』（PHP 研究所）
(4) アブラハム・H・マスロー（1979）『完全なる人間』（上田吉一訳、誠信書房）
(5) 坂野容子・饗庭伸・佐藤滋（2000）「既成市街地のまちづくりにおいて住民参加ワークショップの果たす役割に関する一考察」『日本都市計画学会大会論文集』第 35 号
(6) 饗庭伸・佐藤滋（2002）「まちづくり情報帳の開発とその市民評価」『日本建築学会技術報告集』第 16 号

# 2-6
## パートナーシップの資源動員

長野　基
早田　宰

### 1　地域協働の資源動員

　前節まで、パートナーシップの形成力学を精緻化してきた。本節では、これらの諸計画主体間に張りめぐらされた「関係」の中を実際に循環し、パートナーシップによるまちづくりを推進する「資源」に焦点をあてる。
　パートナーシップが成果を上げてゆくには、地域協働に参加する計画主体間の関係から、適切な資源が発見され、循環（動員、交換、結合）され、機能する必要がある。計画主体は環境に内在する資源を利用可能にする戦略を獲得することで、自らの力と計画の実現性を高めることができる。その効果的な戦略化がパートナーシップの重要な原動力となる。本節では地域協働における資源の定義付けを行い、その資源動員の戦略について詳しく述べたい。そして、いつ、いかにして動員し、どの「政策ツール」を利用して次の段階へ進めるのかも決めてゆかなければならない。これらは「まちづくりのシナリオ（戦略）」の課題である。

### 2　パートナーシップを支える資源

　本書はここまで比較的無限定に資源を論じてきたが、具体的な経営資源として、「人材」「モノ（物資・機材）」「資金」「知恵・技術」「サービス」「情報」「空間」「社会的ネットワーク」「組織」を、またそれらを結合させる補完要因として「習慣」「ルール」「イメージ」「愛着（帰属意識）」「思想」を地域協働を支える広義の社会的資源として考える[1]。

具体的な経営資源は基本的に目にみえるものであるが、その背景に存在する経済的価値に還元不可能な目に見えない資源こそ、それらの有効活用に際して重要な位置にある。とくに市場を通じて購入しにくい資源の代表は「ネットワーク」や「習慣」である。経済的な資源を確保する見込みやアイデア・技術があったとしても、それを適切に執行する確固たる組織やネットワークが脆弱なために計画を十分に推進できない、ということはままある。その場合、計画遂行に必要となる新たな資源は、追加の資金ではなく、新たな習慣、ルールの確立、組織化とネットワーク拡大の戦略などの場合が多い。
　「習慣」「ルール」「イメージ」「愛着（帰属意識）」は容易に交換されるものではなく、地域協働において、他の様々な資源が計画主体間で循環することとあわせて、中・長期的な時間をかけて徐々に交換・形成されていく。「習慣」や「ルール」を資源として形成することは、パートナーシップへのただ乗り（フリーライド）を抑止するとともに、パートナーシップ推進の原動力となる。また、一定の「イメージ」「愛着」が形成されることにより、これらは新たな参加主体を惹き付ける存在となる。
　個人の思想・信条の自由はわが国では憲法で保障された内容であるため、循環可能な資源として「思想」を含めることには違和感もあるかもしれない。とはいえ、「地域づくりが今後の社会に重要である」「地域づくりは人づくりから」などのまちづくりを動かすコンセプトは、すべてひとつの思想である。もちろん、宗教心や愛情といった人間の内面は、公共政策上踏み込んではならない領域である。また、個人のアイデンティティは青少年期の教育等による政治的社会化の過程で固定化される割合が高く、政策的信念体系の中核は外部環境の激変を経験しないと容易には変化しない。そのため、「思想」という資源は、アイデンティティにおける政策的信念体系の外縁部分へ働きかけるものと考えるべきだろう。そして資源の循環を通じて、諸計画主体の間で、課題因子への「認識の枠組み」が共有化され、パートナーシップの成果が変化・向上するものと考えられる。

## 3 資源循環過程の構造化

資源循環の過程を見てみよう。資源循環は表 2-6-1 の各段階を経て実行される。

「課題発見」と「動員」の段階から「調整」の段階に至るまでは、政策科学における「ゴミ箱モデル」や「政策の窓モデル」[(2)]が示すように、それぞれ独立した流れである場合が多い。「調整」の段階では、政策形成に向けた

表 2-6-1 資源循環の諸段階

| | | ガバナンスへの参画ネットワーク | レジーム | パートナーシップ |
|---|---|---|---|---|
| 課題発見 | ニーズを把握する | ◎ | ○ | ○ |
| | 認識する | ◎ | ○ | ○ |
| | 抽出する・作り出す | ◎ | | |
| 資源の動員 | 集める | ○ | ○ | ◎（プラットフォーム、プロジェクト・パートナーシップ） |
| | 提供する | ○ | ○ | |
| | 使う（活用する） | | △ | ◎（プロジェクト・パートナーシップ） |
| | 換える（翻訳する） | | ○ | ◎（プラットフォーム、プロジェクト・パートナーシップ） |
| | 結合させる | | ○ | |
| 資源の調整 | 分析・比較する | ○ | ○ | ○ |
| | 予想する | ○ | ○ | ○ |
| | 計画する | | △ | ○ |
| | 再配分する | | | ◎ |
| | 知らせる | ○ | ○ | ○ |
| | 確認する | | ○ | |
| | 評価する | | ○ | |
| | 対立を調整する | | ◎ | ○ |
| | 安定させる | | ◎ | ○ |
| 決定 | 決定する | | | ◎（プラットフォーム、アリーナ、プロジェクト・パートナーシップ） |
| 実効性 | 担保（達成）する | | | ◎（プロジェクト・パートナーシップ） |
| | 逸脱を罰する | | | ◎（コート） |

アジェンダ化が行われて「決定」の段階へと進む。決定された目的に応じて資源の投入（分配）が行われ、財・サービスの生産が行われる。そして、仮に何らかの逸脱行為が生じた場合には、制裁を加えられる（罰する）ことで、資源循環過程の実効性が確保される。

　第2章で見たガバナンスへの参画ネットワーク、レジーム、パートナーシップは機能の重複もあるが、それぞれ特徴的に各段階を担う。ガバナンスへの参画ネットワークでは主に課題の発見と資源の発掘が行われ、資源循環過程の出発点となる。インフォーマルな協力関係であるレジームは主に調整段階を担い、対立の調整と安定化が図られる。そして、ガバナンスにおけるフォーマルな決定と協働事業実施に関わる生産活動が主として行われるパートナーシップでは、主に資源の必要な目的への交換・変換と活用がプラットフォームやプロジェクト・パートナーシップにより担われ、決定がアリーナ（全体的な意思決定）やプロジェクト・パートナーシップ（事業実施上の決定）により行われる。

　こうした一連の過程がスムーズに動くことで資源動員と循環が安定的に機能し、パートナーシップの成果が生まれる。

◇事例◇資源動員論に基づくまちづくり評価

　商店街をベースに様々なまちづくり活動が挑戦されている新宿区西早稲田地区では、本節で論じた資源動員論を基礎とした「タウンマネジメント・インデックス（中心市街地活性化及び商店街活性化のための政策評価リスト）」が商店街リーダーと研究機関の共同作業により試作され、まちづくりに対して評価が行われた。

　ここでは「行政・外部支援組織」「商店街（組織）」「個店」「ボランティアグループ／NPO／NGO＋住民」に評価対象を分け、社会的ニーズ充足のための資源として「資金調達」「人的資源開発・管理」「時間マネジメント」「収益条件整備」「社会的ネットワーク開発」「組織開発」「情報基盤」「戦略（知識・技能）」「環境整備」が設定された。

　評価の結果、早稲田地区は社会的なネットワーク資源は豊富であるが、高い利益率を誇る事業者が少なく、資金を市場から獲得する（売上を伸ばす）技術・戦略性を持った企業セクターが不足していることが明らか

になった。ここから豊かな社会的ネットワーク資源を企業セクターに結合させることが次のまちづくりの課題とされた（長野［2001］[3]）。

## 4 資源循環の戦略化

パートナーシップを形成する際には、以上のような資源の過不足を認識し、不足資源を動員するなど、戦略的に資源循環をつくりだしていくことが重要である。そこで「資源」と「循環」を組み合わせたマトリクスを描いて分析する方法[4]を示し、宮崎県日南市油津地区の事例（詳細は4-2参照）の分析結果をもとに、そこで得られた典型的な戦略を示しておく。

### (a) 精神資源型戦略

組織をつくることでその人的資源や時間を活用し、それによって習慣、思想、イメージ、愛着（帰属意識）などの精神的な資源を確認あるいは動員し、それをさらに将来のアクションの土台とする。

例）イベント、運動会、伝統行事復活等
　みなとで綱引きを復活させ、漁師と丘の生活者の一体感をとりもどし、まちづくりの機運をつくる。

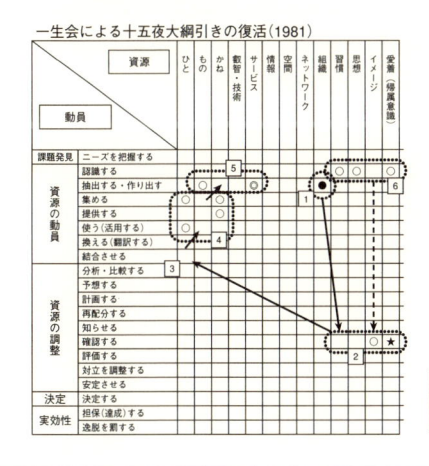

一生会による十五夜大綱引きの復活（1981）

### (b) 情報資源型戦略

組織をつくることである空間を確保し、そこを人的資源、知恵・技術などを動員できる拠点とし、そこから特産品やまちづくり活動を生み出す。

---

例) まちづくりハウス、工房、インキュベートセンター等
　地域の郷土史をつくるとともに、まちづくりへのビジョンを打ち出し、さらにまちづくりに協力する輪をひろげる。

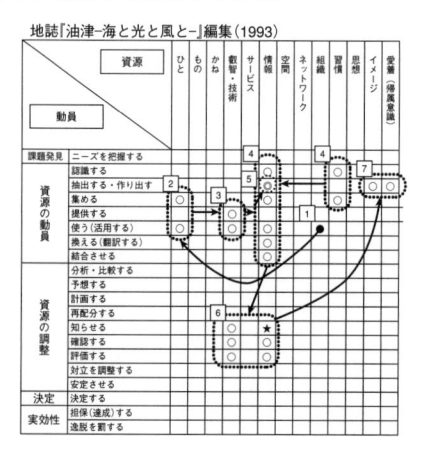

地誌『油津-海と光と風と-』編集(1993)

| 資源＼動員 | ひと | もの | かね | 敷智・技術 | 情報 | サービス | 空間 | ネットワーク | 組織 | 習慣 | 思想 | イメージ | 愛着（帰属意識） |
|---|---|---|---|---|---|---|---|---|---|---|---|---|---|
| 課題発見 ニーズを把握する | | | | | 4 | | | | 4 | | | | |
| 認識する | | | | | | ○ | | | | | | ○ | 7 |
| 資源の動員 抽出する・作り出す | 2 | | | | 5 | ○ | | | | | | ○ | ○ |
| 集める | | | | 3 | | ○ | | | | | | | |
| 提供する | | | | | | ○ | 1 | | | | | | |
| 使う(活用する) | | | | | | ○ | | | | | | | |
| 換える(翻訳する) | | | | | | ○ | | | | | | | |
| 結合させる | | | | | | | | | | | | | |
| 資源の調整 分析・比較する | | | | | | | | | | | | | |
| 予想する | | | | | | | | | | | | | |
| 計画する | | | | | | | | | | | | | |
| 再配分する | | | | | 6 | | | | | | | | |
| 知らせる | | | | | | ○ | | | | | | | |
| 確認する | | | | | | ★ | | | | | | | |
| 評価する | | | | | | ○ | | | | | | | |
| 対立を調整する | | | | | | | | | | | | | |
| 安定させる | | | | | | | | | | | | | |
| 決定 決定する | | | | | | | | | | | | | |
| 実効性 担保(達成)する | | | | | | | | | | | | | |
| 逸脱を罰する | | | | | | | | | | | | | |

---

### (c) 空間資源型戦略

組織をつくることでその人的資源や知恵・技術や活用し、それによって情報媒体を作成し、それをさらに将来のアクションの土台とする。

---

例) マップ、地域・郷土などの歴史・文化・情報誌の作成等
　農協の倉庫を借り、そこで辻地蔵（まちのシンボル）の修復活動をする拠点とする。

## 2-6 パートナーシップの資源動員

[図：地蔵会の地蔵の復活プロジェクト（1992～）の資源動員マトリクス]

縦軸：課題発見（ニーズを把握する）、資源の動員（認識する／抽出する・作り出す／集める／提供する／使う（活用する）／換える（翻訳する）／結合させる）、資源の調整（分析・比較する／予想する／計画する／再配分する／知らせる／確認する／評価する／対立を調整する／安定させる）、決定（決定する）、実効性（担保（達成）する／逸脱を罰する）

横軸：資源（ひと／もの／かね／叡智・技術／サービス／情報／空間／ネットワーク／組織／習慣／思想／イメージ／愛着（帰属意識））

---

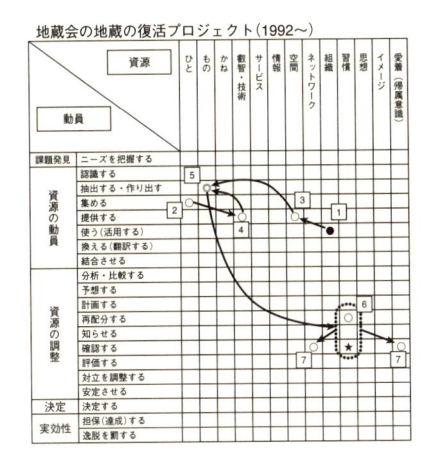

### (d) 協議の場設置型戦略

組織をつくることで議論の場を確保し、そこからまちづくりの計画などを生み出す。

---

例）まちづくり協議会など
　次世代のメンバーで集まって人づくりに取り組み、そのメンバー主導でさらに議論し、まちづくりのプランをつくる

## 2章 パートナーシップの構築原理

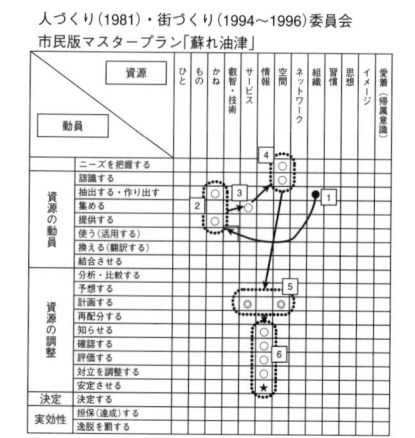

[図：人づくり(1981)・街づくり(1994〜1996)委員会 市民版マスタープラン「蘇れ油津」]

### (e) 経済資源型戦略

組織をつくることで外部から資金を集め、それをもとにまちづくりの事業を推進するか、さらに活動に投資する。

例）施設運営、特産品販売、市場開催等
　赤レンガを修復し、まちづくりの拠点とするため資金を出し合い、合名会社をつくる

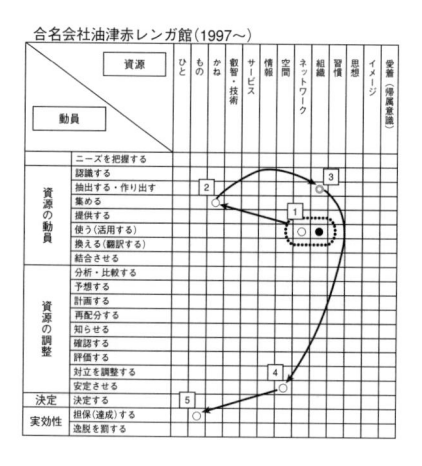

[図：合名会社油津赤レンガ館(1997〜)]

パートナーシップへの資源動員で重要なのは、パートナーの出資した資源を適切に考量することと、つまり、パートナーシップへ傾けた努力が還元されるフェアな仕組みである。パートナーはプロジェクトを推進する以上、リスクを負う。その責任を負える体制がつくられなければならない。資源の考量は、不足した場合の補塡（賠償）責任、外部組織からの資源の借り入れ（典型的には借金）に対する債務保証、パートナーシップが解消した場合における債務超過部分の弁済義務の分担、などの局面で非常に重要である。それらの責任がパートナー間で無制限なのか有限であるのかまた比重配分があるのかが重要である。

　ここで重要なのは公平性の根拠である。「機会の公平性」が尊重されれば、参画のための資力の少ない立場の弱いステークホルダーも参加が可能になる。「結果の公平性」が尊重されればリスクは分散されることになる。パートナー間で資源に対する価値は異なる。またパートナーを構成するメンバー間で交換される資源の価値の間にもギャップがある。そもそもパートナーシップは調達可能な外部資源の有効利用に依存しようとするフリーライダーの性格もある。とくに時間、知恵、習慣、思想などのリソースは計量化が難しく、行政、住民、民間、NPO 等の間でしばしば見解の不一致が生じる。パートナーシップとしての機構を整え効果を最大化するためには、資源の交換や共有における不確実性を排除する必要があり、これらをあいまいにせずに協議できることが重要である。


注
(1)　「資源」という言葉は、経済的に交換できるものに限定しない。例えば、「大和市新しい公共を創造する市民活動推進条例」第 2 条(6)では「社会資源」を定義し、「情報、人材、場所、資金、知恵、技等の市民活動を推進するために必要な資源をいう」としている。
(2)　1-3 の「5-2　パートナーシップの構築の技術」を参照。また 1-3 の脚注(20)(21)を参照。
(3)　長野基（2001）「これからの地域コミュニティ経営と「地域力」評価指標のあり方（上）（下）」『地方財務』（ぎょうせい）第 570 号 pp.122-130、第 571 号 pp.112-129
(4)　早田宰（2003）「持続可能なまちづくり――スマート・コミュニティ形成の戦略」

2章　パートナーシップの構築原理

玉川英則編著『持続可能な都市の「かたち」と「しくみ」』（東京都立大学出版会）pp.163-188

# 2-7
# パートナーシップの基盤開拓

饗庭　伸
長野　基
早田　宰

## 1　豊かなパートナーシップを編む

　前章の1-2において、パートナーシップが成立する基盤でもある、市民社会、ガバナンスへの参画ネットワーク、レジームといった概念を整理してきた。最後に、これらと、本章でここまで述べてきたパートナーシップの形成力学の関係について整理しておきたい。

　抽象的な「市民社会」にはじまり、「ガバナンスへの参画ネットワーク」、「レジーム」へと進むにつれて、これらは実体を持った組織や体制として現実社会の中に現れ、そしてパートナーシップは組織や体制としてはっきりした実体を持つ。これらは階層性を持ち、下部のものが上部のものの基盤となる（図2-4-1 [p.94] 参照）。

　パートナーシップの段階において形成される計画主体間の関係は市民社会、ガバナンスへの参加ネットワーク、レジームの段階における主体間の関係を基盤とするものであるし、逆にパートナーシップの段階で形成された関係が、これらの段階に影響を与え、そこにおける関係を成長させる、と考えられる。パートナーシップの段階と、これら基盤となる段階の関係を整理してみたい。

## 2　強い関係と弱い関係

　図1-2-1（p.32）で示したとおり、パートナーシップの段階と、レジーム、

ガバナンスへの参画ネットワーク、市民社会の段階の違いは、主体間の「資源交換・結合度」の強さ、弱さに現れる。ここではこのようなパートナーシップでの主体関係を「強い関係」と、他の段階における主体関係を「弱い関係」として、その違いと特徴を整理してみよう（図2-7-1）。

「強い関係」とは、「パートナーシップ」で見られる関係で、具体的なまちづくりの目標を達成するために、複数の主体間で組み立てられる資源交換の関係である。それぞれの主体の得手不得手は異なるが、ある目標に向かって互いに異なる能力を結集し、協働でまちづくりの課題を解決・実現するという関係である。

一方で「弱い関係」とは、特に具体的な事業目標を持たず、日常的に保たれている挨拶程度の関係を指す。「まちづくり」や「活性化」といった大きなテーマに「興味を持つ」という程度の共通項でつながり、お互いの顔や特性を相互に理解している、という関係を指す。

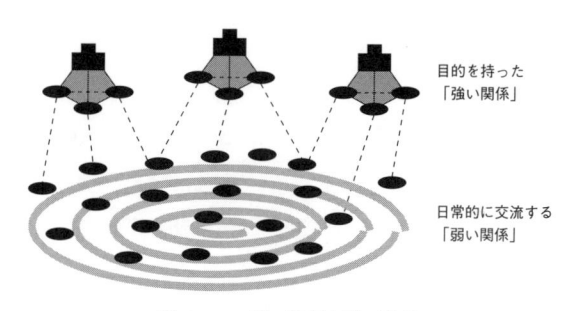

**図 2-7-1　強い関係と弱い関係**

## 3　「強い関係」「弱い関係」の切り替わり

パートナーシップにおける「強い関係」は、1-2で述べたように契約的な関係であり、その関係はある時期になると解消されるという時限性が強い。一方で「弱い関係」はしばしば「ネットワーク」といった名称で呼ばれ、契約的な関係でないが故に全体像は掴みにくく、かつ「始まり」も「終わり」もはっきりしていない。現実には、これら「強い関係」と「弱い関係」が、

2-7 パートナーシップの基盤開拓　117

それぞれパートナーシップの段階と、それ以外の段階に一対一で対応しているわけではない。例えば、中長期のまちづくりに取り組むとき、一連の課題に対して連続的なパートナーシップがつくられるときにおいては、下部の「レジーム」のレベルなどにおいて「強い関係」が形成され、連続したパートナーシップの生成が支えられることがある。一方で、パートナーシップにおける関係の形成に失敗し、何の成果も挙げられないときに、しばしば弱いパートナーシップが形式上残されてしまうこともある。1-2 で述べたように資源結合関係の強弱とは別に、パートナーシップには「制度化された＝フォーマル」という側面が、レジーム、ガバナンス、市民社会には「制度化されていない＝インフォーマル」という側面がある。これらの側面を加えて、主体間の関係をもう一度整理してみよう。

「強い」「弱い」と「フォーマル」「インフォーマル」の 2 つの軸から「関係」を類型化したものが図 2-7-2 である。この 2 つの軸により、4 つのタイプの関係が類型化される。

強い関係があり、それが制度として結晶化したもの、すなわち「フォーマルな強い関係」を、名目も実質も伴った「結合的パートナーシップ」と呼ぼう。パートナーシップがフォーマルなものとして形成されたにもかかわらず、強い関係が形成されなかった場合、すなわち「フォーマルな弱い関係」を、ここでは「形式的パートナーシップ」と呼ぼう。一方で、弱い関係であり、特に制度化されていない関係、すなわち「インフォーマルな弱い関係」は、名目と実質がやはり伴った「分散的ネットワーク」と呼び、そして残る類型、強い関係を持つインフォーマルな資源結合関係を「結合的ネットワーク」と呼ぼう。

現実のまちづくりを見ると、分散的ネットワークから結合的パートナーシップができる（図 2-7-2 の①）、あるいは結合的パートナーシップが解消され分散的ネットワークにその関係が吸収される（同②）、あるいは結合的パートナーシップからあまり間を置かずに次の結合的パートナーシップが形成されるまでの過渡期に、しばしば形式的パートナーシップや結合的ネットワークが存在する。制度化されたパートナーシップを解消するタイミングを逸した等の理由で、成り行きでこれらが存在することも多いが、しばしば分散

```
              フォーマル    インフォーマル

          ┌─────────┬─────────┐
          │  結合的  │  結合的  │
      強い │ パートナー│  ネット  │
          │  シップ  │  ワーク  │
          ├─────────┼─────────┤
          │  形式的  │  分散的  │
      弱い │ パートナー│  ネット  │
          │  シップ  │  ワーク  │
          └─────────┴─────────┘
```

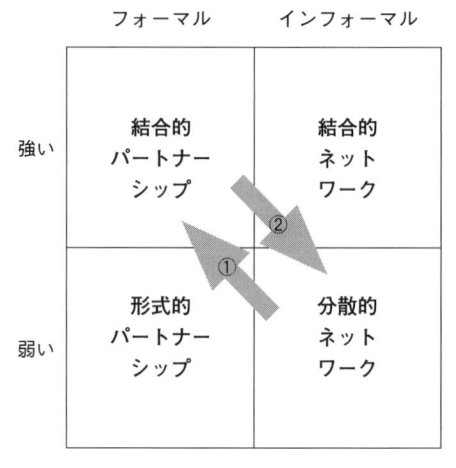

図 2-7-2　関係の類型

的ネットワークや結合的パートナーシップをつなぐ緩衝材として、必要に応じて存在することもまた多い。結合的ネットワークが長期にわたって存在することは、「談合」といった事態につながるし、形式的パートナーシップが同様に存在することは、すべてのパートナーシップの陳腐化につながる。いずれにせよ、時期を見て、結合的ネットワークは結合的パートナーシップに、形式的パートナーシップは分散的ネットワークへと展開、発展させていくことが望ましい。

## 4　関係の「強さ」と「弱さ」の違い

次に、いくつかの視点を設定して、関係の「強さ」と「弱さ」の違いを際だたせてみよう（表2-7-1）。

まず、関係をむすぶ主体同士の立場が対等であるかどうか、そして責任を分担する関係かどうか「責任・対等性」を見てみる。「弱い関係」において主体同士が対等であることは基本的な条件であると言える。そして、それは役割や責任の分担が伴わない関係である。一方で「強い関係」は責任と役割を分担する関係である。責任と役割を分担するがゆえに「対等性」が損なわ

れてしまいそうであるが、「お互いが分担できることを認識した上での対等性」が問われると言える。

　ついで、その「関係」が第三者から見ることができるか、そこに新たな第三者が入ることができるか、という「透明性・可視性・閉鎖性」について見る。「弱い関係」は形をとって現れる関係ではなく、主体間の一対一の関係であり、その一対一の関係が織りなす「関係群」が、しばしば「ネットワーク」として観察される。ネットワークには閉鎖性はなく、常に新しい主体が加わる。全体像は常に変容し、流動的で誰も全体像を把握することはできない。一方の「強い関係」は、パートナーシップという形で場や組織に結晶化する。「弱い関係」とは逆に、そこに参加するメンバーには何らかの参加資格が設けられ、閉鎖的である。新しい計画主体が加わることにより全体は柔軟に変容するが、エッジ（境界）ははっきりしており、全体は常に把握可能で、外部に対して高い透明性がある。

　ついで、「時限性」について見てみたい。同じ計画主体が「強い関係」を長期間続けることは、癒着、談合といった弊害につながる。つまり、目的に応じて期限を決めて、関係を解消、リニューアルする「時限性」が必須のこととなる。一方の「弱い関係」はむしろ逆に、長期にわたり持続すること、常に新しい主体と関係が形成されることが重要である。

　最後に「強い関係」と「弱い関係」の「相互補完性」を見てみよう。この二つは、「弱い関係」が、何か新しいまちづくりの課題に取り組むことになったときには迅速かつ柔軟に「強い関係」が組み立てられるような基礎となり、「強い関係」は、その解消後に「弱い関係」に還元されていく、という相互補完性を持つ。「弱い関係」は「強い関係」の苗床であり、役割を終えた「強い関係」は「弱い関係」の肥料になる、という関係である。

　まちづくりは時間のかかる取り組みである。「強い関係」を長期に渡って維持するのは大変なので、日頃は「弱い関係」で結ばれており、「弱い関係」を基盤として必要に応じて「強い関係」をつくるようなかたちで、2つの関係が相互に補完しあう。このように2つの関係が相補的に形成されることにより、まちづくりが進んでいく。

表 2-7-1 強い関係と弱い関係の違い

|  | 責任・対等性 | 透明性・可視性・閉鎖性 | 時限性 | 相互補完性 |
|---|---|---|---|---|
| 弱い関係 | 責任を分担しない気楽な関係。責任、役割はあいまい。関係は対等。 | 閉鎖的ではないが、そもそも全体が不可視で、透明性が確保できない。芋づる式に認識するしかない。 | なし。長期にわたって緩やかな関係が維持されていくことが重要。 | 何か新しいまちづくりの課題に取り組むことになった時に、迅速かつ柔軟に「強い関係」が組み立てられるような、苗床となる。 |
| 強い関係 | 責任と役割を分担。役割ははっきりと異なる。しかし、関係が対等であること。どちらかがどちらかの下請けにならない。 | 全体が可視で、透明性が高い。主体の関係が外部に対して説明可能だが、閉鎖的。 | 目標が達成されたら解消される。時限性が高い。 | 信頼関係を構築し、日常的な「弱い関係」にその関係が還元される（「弱い関係」に肥料をあげる）。 |

## 5　ソーシャル・キャピタルと「強い関係」「弱い関係」

　以上で述べた「強い関係」「弱い関係」の背景として、「ソーシャル・キャピタル」という概念を見ておこう。ソーシャル・キャピタルは「人間関係資本」とも訳され、一般的には人々がつくる社会的な人間関係とそこで生成・共有された価値、規範、理解、信頼を含むものであり、その人間関係（ネットワーク）に属する人々の間の協力を推進し、集合的行為問題の解決（共通目的と相互利益の実現）を促す存在であると考えられている（宮川・大守編[2004]）[1]。「キャピタル（資本）」とされるのは、それが行使されるほど累積的に強化・再生産されるという意味を持つことを指し、まさに「強い関係」が「弱い関係」を成長させ、「弱い関係」が「強い関係」の苗床となる、という関係も意味する。

　ソーシャル・キャピタルの質はパートナーシップ形成の"風土"に影響を与える。内輪の"閉じた関係"を重視するような結束型であれば、そのネットワーク内での人間関係は非常に強固になるが、垂直的・階層的な人間関係が重視され、他者を排除してしまおうとする負の側面が生まれかねない。逆に他者との"開いた関係"を構築する接合型であれば、水平的な関係が拡大し、それがフィードバックにより、水平的関係性が拡大再生されるであろう。

ソーシャル・キャピタルは「弱い関係」で結合するレジーム、ガバナンスへの参画ネットワーク、市民社会での社会的関係性に作用する基層的文化と理解でき、どのようなソーシャル・キャピタルが存在するのかを理解することがパートナーシップ形成には重要となる。

> ◆コラム◆ソーシャル・キャピタル研究
>
> 「ソーシャル・キャピタル」に関する研究は、初期には教育論や農村・都市コミュニティ論、そして1980年代後半の社会心理学者コールマンらの研究を経て（内閣府国民生活局編［2003］）[2]、1990年代のフクヤマ（Fukuyama［1996］[3]）、パットナム（Putnam［1993・2000］[4][5]）の研究以後、大きく注目が高まった。
>
> フクヤマによれば「ソーシャル・キャピタル」とは「コミュニティが価値と規範をどの程度まで共有しているか」と「個人の利益をどの程度まで集団の利益に従属させることができるか」によって決まる「集団や組織の中で共通の目的のために共に働く協調能力」の問題であり、この能力が高ければ、規則や交渉などの「取引費用」が下がり、協力関係がスムーズに構築されるとしている。
>
> パットナムも「ソーシャル・キャピタル」を価値規範としての「相互性（互報性）と市民参画のネットワーク」であると論じ、互報性の価値規範と市民参画のネットワークが協調的行動の成功につながり、これらが互いに強化し合うことで社会的信頼を高め、社会的効率性向上につながると論じている。
>
> 「ソーシャル・キャピタル」の議論はその創生に関しては政府の政策の影響を重視する議論（Maloney et al［2000］[6]）も有力視されるなど、社会科学で最もホットな論戦がなされている領域の一つである。
>
> （長野　基）

## 6　「強い関係」「弱い関係」の把握手法

最後に、このような「強い関係」と「弱い関係」が地域社会の中にどのように存在するのかを理解するための、地域社会の分析手法を挙げておく。

## 1) ステークホルダー分析

ステークホルダー分析（Stakeholder Analysis）とは、プロジェクトの成功に影響を与えるキーとなるアクター、グループ、組織の重要性を主観評価する手法である。プロジェクトを推進するマネージャーのグループによってプロジェクトが立ち上がる時に行われる。多様なアクターと提携を組んだ場合のプラスとマイナスの影響をそれぞれ明らかにし、まちづくり推進の上でどのアクターとパートナーシップを締結するプログラムが戦略上優位かを確定することを目的とする。ステークホルダー分析は、レジーム、ガバナンス、市民社会の可視性が悪い場合、「弱い関係」が形成されていない状況で新たにパートナーシップを立ち上げる場合、他のパートナーシップとリソースが競合するおそれがある場合、とくに重要となる。

通常は、パートナーシップを立ち上げるコア・メンバーでインフォーマルな協議の場を設け、ブレーンストーミングを行う。決定する際に影響を与える主体をメンバーで挙げてゆき、利害関心のあるステークホルダーのリストを作成する。

それが終わると、マトリクスの表を作成し、縦軸にはメンバーリストを列挙し、横軸には以下のような項目を配し、それぞれについて評価するのが通例である。

○プロジェクトがそのステークホルダーにもたらす利益
○プロジェクトがそのステークホルダーにもたらす不利益
○ステークホルダーのプロジェクトにおける重要性
○ステークホルダーがプロジェクトの成功のシナリオのために果たす役割
○ステークホルダーがその役割を果たせるかの可能性
○ステークホルダーのレスポンスが否定的となる公算
○提案主体がステークホルダーの支援をとりつけるために必要なコスト
○コスト投入によってステークホルダーの支援をとりつける公算の変化
○アプローチする現実的な可能性
○アプローチする現実的な必要性
○重要なステークホルダーの場合は、影響を与える人物、条件等の考察

以上が終了した後、総合的な観点からプロジェクトのステークホルダーを

2-7 パートナーシップの基盤開拓　123

写真 2-7-1　イギリス、バーミンガム市の地域戦略パートナーシップ（LSPs）におけるステークホルダー分析のワークショップ風景　まちづくりグループの参加者は、Moseley Community Development Trust 他の多様な地域リーダー　ワークショップのコーディネーターは Steve Evison 氏（Rural Resources Ltd.所属）（撮影／早田宰、2004 年 7 月 20 日）

確定する。最終的に 3 つ～5 つほどの円が重なったアーチェリーの的のような図に、ステークホルダーを中心からの距離でランクづけして記入していく。

2) ネットワーク分析

　ネットワーク分析（Network Analysis）は、多様なアクター、グループ、組織の関連度を定量評価する手法である。パートナーシップを推進するマネージャーのグループによって、ある程度のまちづくりの進展後、複数のステークホルダーの活動関係をより正確に理解するために行われる。

　地域社会における多様な組織は並存し、また組織の構成員が重複していることもしばしばである。実はその中に「弱い関係」の中心となる組織がある場合や、背後の価値観や属性（出身、学歴、職業、階層等）が「弱い関係」を規定している場合がある。組織のメンバー個々のプロフィールがわかる場合、その関係の強さ（相関係数）を分析することで、その全体像をより定量的に理解することができる。

　ネットワーク分析を行うためには、パートナーシップを推進するマネージャーの調査グループとステークホルダーの間に信頼関係ができていて、データが得られることが条件である。また、あくまで組織成員の重複度を分析で

きるのみで、その親子関係などの質的な構造は分析の対象外となる。

ネットワーク分析は、レジーム、ガバナンス、市民社会の可視性が悪い場合に行われる。とくに、複数のパートナーシップがすでに活動しているが、パートナーシップの組織や共有条件の中心が現在どこにあるか活動主体自身が確認する際や、さらに新しいパートナーシップを立ち上げる場合にどこまで声をかけるかの戦略的な検討をする場合などに有効である。

◇事例◇ネットワーク分析のケーススタディ——油津地区（宮崎県日南市）のまちづくり組織

油津まちづくり主要メンバーの組織所属相関係数

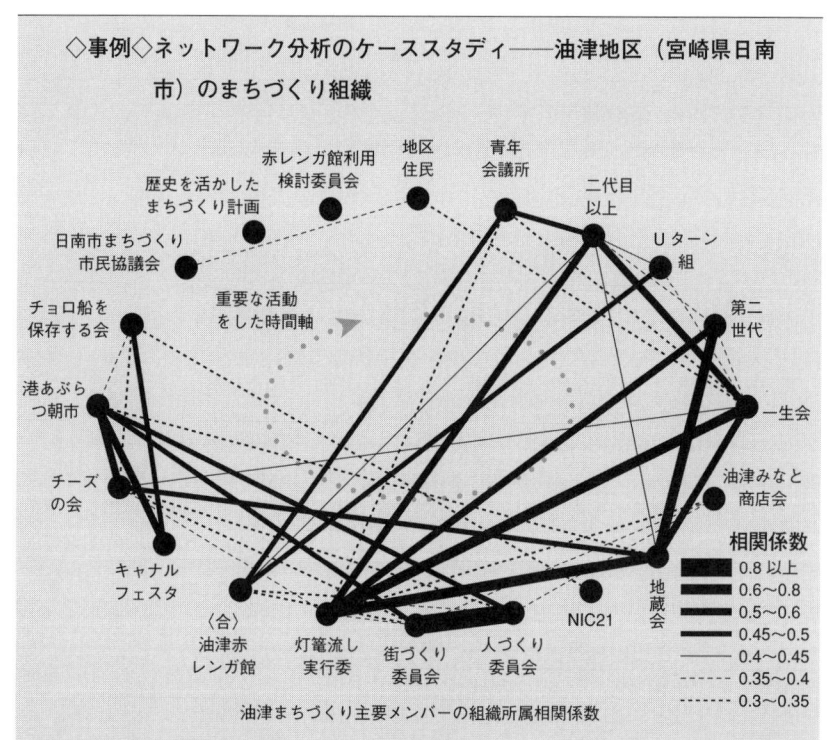

図 2-7-3　油津まちづくり主要メンバーの組織所属の重複（ネットワーク分析による相関係数）

　油津地区（宮崎県日南市）のまちづくりで重要なのは、地域に代々住み続けてきた二代目以上のメンバーである。その中でも一度東京などに出てUターンしてきたリーダー層が中心となって合名会社油津赤レンガ館を立ち上げた。若い第二世代は地蔵会という地縁組織でつながっているが、若手メンバーとリーダー層が合流して灯篭流しの実行委員という

プロジェクト・パートナーシップを組織した。その後、キャナルフェスタの経験を経て、赤レンガ館の利用検討委員会が発足した。このネットワークの関係が図 2-7-3 で理解できる。

注
(1) 宮川公男・大守隆編 (2004)『ソーシャル・キャピタル』(東洋経済新報社)
(2) 内閣府国民生活局編『ソーシャル・キャピタル――豊かな人間関係と市民活動の好循環を求めて』(国立印刷局)
(3) フクヤマ、F. (1996)『「信」無くば立たず』(加藤寛訳、三笠書房)
(4) Putnam, R. D. (1993), *Making Democracy Work*, Princeton University Press
(5) Putnam, R. D. (2000), *Bowling Alone : The Collapse and Revival of American Community*, Fireside Books
(6) Maloney, W., Smith G. and Stoker G. (2000), "Social Capital and Urban Governance : Adding a More Contextualized 'Top-down' Perspective", *Political Studies*, Vol.48, pp. 802-820

# 3章
## パートナーシップの運営技術

「パートナーシップ」によるまちづくりをいかに推進するかを考察する。最初に前章で理論化した概念をまちづくりのプロセスに位置づける。その上で、計画づくり、マネジメント、社会力の組織化などの複数のプロセスをいかに連携させるべきかを考察する。続いて総合的なプロセスをいかに具体的にデザインし運営するかを明らかにする。加えて、パートナーシップによる決定を安定させ、さらに社会的な力として育てる条件を考察する。

# 3-1
## パートナーシップを切り拓く仕組みづくり

鈴 木　進

### 1　限られた資源

「中心市街地の活性化」は商店街だけの問題ではない。商店街だけでできることには限界があり、行政の支援、市民団体との連携などを必要とする、パートナーシップによるまちづくりの格好のテーマとも言える。

本節では、「中心市街地の活性化」という具体的実践例の検証から見えてきた、パートナーシップによるまちづくりを切り拓く仕組みづくりについて知見を整理したい。

#### 1）　大規模再開発プロジェクトの行き詰まり

中心市街地の活性化の手段としてこれまで大規模再開発プロジェクトが進められてきたが、テナント誘致や資金手当てなどがネックとなり後退を余儀なくされている事業が全国各地で見られる。経済の成熟化に伴い事業リスクを吸収できるような右肩上がりの成長はすでに望めず、初動期の資金的・人的負担、事業リスクの分担の問題で行き詰まる例も多い。また、事業化に成功してもその後のテナントの撤退などにより第3セクターが破綻するケースも発生している。国庫補助に依存して外部から大規模に資金を投入してプロジェクト主導でまちづくりを進める手法は隘路につきあたっているとも言える。また、紆余曲折を経ながらも今後は地方への権限と財源の移譲が進むことが予想され、外部からの大規模な資金の投入もだんだん限られてくることになろう。

一方、市町村においても、行政のスリム化が社会的要請となり、まちづくりに投入可能な税や人材も限らざるを得ないのが実情である。これからのま

ちづくりは、大規模な「カネ」の流れをつくり出すことによって推進する大規模プロジェクト主導型のまちづくりから、地域にいる人材を生かし、地域の人が生き生きとするようなまちづくりへと移行していくのではないかと考える。

4-3 で取り上げる川口の中心市街地では、これまで市街地再開発事業、優良建築物等整備事業、シンボル道路の拡幅など、大規模再開発プロジェクトの推進によって中心市街地のまちづくりを進め一定の成果をあげてきた。一方、「快適な都心居住の推進」を考えた場合、再開発による物的な環境の改善だけでは目標を十分に達成することはできないということも見えてきた。こうした認識のもとに、多様な主体が参加して市民主導・行政支援型のまちづくりに取り組んできた。川口のまちづくりは、まさに行政主導の大規模プロジェクト型から市民主体の編集型まちづくりへの転換期にさしかかったと言えよう。

## 2) 人的資源の大切さ

外部から投入される「カネ」に依存した大規模プロジェクト主導型まちづくりの行き詰まりという状況のなかで、地域にある既存のまちづくり資源を発見し、最大限に活用することがますます重要になってきた。まちづくり資源には、「人材」「モノ（物資・機材）」「資金」「知恵・技術」「サービス」「情報」「空間」「社会的ネットワーク」「組織」、それらを結合させる補完要因として「習慣」「ルール」「イメージ」「愛着（帰属意識）」「思想」がある（2-6）。これらの資源のうち、今後はとりわけ人的資源（人材）の重要性が高まるだろう。まちおこしに成功した地域を見ると、リーダーシップを持ち、起業化精神に富んだ人の存在が必ずある。

こうした人の存在も、一人ではなく複数であることが大切である。プロジェクト・パートナーシップの力とは自律した組織同士が集って組織をつくることによって個々の活動の総和より大きな力を発揮できる創発の力である。元気でやる気のある人と人の出会いが、その人が率いる組織と組織のパートナーシップに発展し、創発の力を発揮することになる。

### 3) まちづくりの戦略としての連携

「資源が限られている」という認識は重要である。資源が限られているという認識があってはじめて、「最大限活用しなくてはならない」という認識が生まれるとともに、自己が持たない資源は他者との「連携」によって確保しようと考えるようになる。

「戦略」という言葉は戦争用語で、限られた兵力・兵站をどこにどう展開するか考えるなかで生まれてきたものだが、まちづくりにおいても、限られたまちづくりの資源をどこに投入し、自己にないものはどのように外部と連携し調達するか、まちづくりの「戦略」が重要になる。

## 2　中心市街地の課題状況

### 1) パートナーシップを必要とする課題状況

商店街の公共空間性については、4-3に詳しいが、中心市街地は公共性が高いがゆえに、公共投資も集中する。しかし、土地区画整理事業などにより道路や駐車場などの公共施設は整備されたが、中心市街地の賑わいが回復しないという例は数え切れない。また、中心市街地活性化のための道路の拡幅を契機に商店が廃業したり、元気な店は商機を求めて郊外に移転してしまうというような現象も発生している。すなわち、中心市街地の課題は、行政のみでは解決が困難な課題が多いことに留意すべきである。

日本においては「都市化の時代」から「都市の時代」に入ったと言われる。都市化の過程で、商店街・町内会・行政区など旧来型の地縁組織の衰退が進んだ。都市部における町内会組織の組織率は年々低下しているし、商店街組織も従来の活動をやっと維持しているところが多い。従来型の地縁的コミュニティの衰退は、犯罪率の上昇、バンダリズム、ゴミ問題、違法駐車・違法駐輪、年寄りの孤独死など、さまざま社会病理現象を誘発している。こうした社会病理現象に、行政だけで対処することはもはや限界がある。コミュニティの再生のためには、地域と行政が協力して対処することが求められている。

## 2) 官民のパートナーシップ

　例えば、道路の拡幅時に個々の商店がバラバラに建て替えを進めるのではなく、移転補償費等を活用して商店街全体として戦略性を持ったリニューアルを進めるといったプロジェクトなどでは、公共投資と民間投資の連携により事業効果を高めることが可能となる。いわゆる公共投資のレバレッジ効果は、今後の公共投資の優先順位を図るうえでは大きな判断要素の一つとなる可能性がある。

　また、このようなハード整備を伴う大事業ばかりでなく、複数の商店街にまたがった祭りや音楽祭などのイベント、まちのガイドマップ作成や情報発信といったソフト事業などは、本来、民間の役割であるが、行政の支援があることで地域としてまとまった活動が可能になるというようなこともある。

　このように、「中心市街地の活性化」というフィールドにおいては、行政のみでも地域のみでも対処が難しい課題が多い。

## 3) 民民のパートナーシップ

　商店街が育児ネットワークと協力して託児サービスを提供し子育て世代の利便性を高めたり、ボランティアグループと協力して高齢者や身体障害者の移動のバリアを取り除いたり、商店街と芸術家グループが協力して文化イベントを実施したりと、中心市街地においては民民パートナーシップが必要な場面も多い。

　川口では商店街が福祉団体と連携するなかで、フリーマーケットを立ち上げ、商店街のサポーターとなるようなグループの形成に成功した。企業社会において日常茶飯事のことであるこうした連携は、中心市街地においても今後ますます多くなるだろう。

## 3　地域セクターを育てる

### 1) まちづくりを担う主体

　生物の多様性が環境の変化に対する対応力を高め、種の保存にとって不可欠なように、地域にとっても多様なまちづくりの担い手の存在は重要であ

る。「まちの活性化」というフィールドにおいては、行動原理の違う主体の存在が重要となる。行政セクターは統治原理・公平性原理を行動原理とし、企業セクターは市場原理を行動原理とする。これらに対し地域セクターは地域を存立基盤とし、「地域への貢献」「地域への利益の還元」という行動原理を持った主体である。地域を活動基盤とする地域企業、店舗、市民団体、NPO、個人の市民などである。

　全国展開する大型店が中心市街地から撤退し、都心部が郊外地域と比較してかえって不便な地域になってしまうという事例が全国各地で発生している。ナショナルチェーンの大企業は市場原理で動いており、特にグローバルスタンダードとなった株主資本主義が日本企業にも浸透するなかで、大型店の撤退による遊休地の発生は日常茶飯事となりつつある。地域がそういう大企業だけにモノやサービスを頼っていると、ある日突然サービスを受けられなくなるというようなことが起こるおそれがある。

　ナショナルチェーンの大企業と行政にだけモノやサービスを頼るのではなく、地域を存立基盤とする地域がなければ存立できない担い手が加わって、この三者がバランスし、多様なネットワーク（関係）を持ってこそ、地域の本当の豊かさや地域力が高まるのではないかと考える。

### 2）地域セクターを育てる視点の重要性

　日本の場合、企業セクター、行政セクターの力と比較して地域セクターの力は極めて貧弱な状況にある。

　「協働重視のシステム」は「代議制重視のシステム」から「自由競争重視のシステム」へと変化していく途上（2-1）とすれば、この移行期に地域力を担う地域セクターの力を強化しておかなければならない。時間は限られており、これに失敗した地域は「自由競争重視」のなかで極めて不安定な状況に追い込まれることになるだろう。

　中心市街地の存在意義は、こうした地域を存立基盤とする企業・市民の多様な活動の場、コミュニティ事業を育む場を提供することにあると言える。中心市街地の活性化を商店街の活性化という視点にとどめず、地域セクターの活動の場、育成の場としてとらえ直すことが必要である。

## 4 パートナーシップを担うコミュニティ

### 1) 地縁型コミュニティ

中心市街地における地縁型コミュニティの構成員は、個々の商店、商店会、商店街連合会、観光協会、地場産業の業種別組合、商工会議所、青年会議所、商工会議所青年部、町内会・自治会、社会福祉協議会などがあげられる。これらの構成員によって形成される地縁型コミュニティの特徴としては以下のような点がある。

- 中心市街地においては、祭りなどの行事、伝統芸能、職人芸など、地域文化の担い手となっている。
- どのような活動をしているのか知られていて、行政から見るとパートナーとしての安心感がある。町内会と商店会など地縁組織間での交流もある。
- 行政や地元企業とのつながりが強く、行政機能の末端を担っており、実行力も備えている。
- 役員が多忙なことが多く、従来からの活動で手いっぱいで、新しい活動を新たに起こすには内部圧力が高い場合が多い。
- 密度の高い人的ネットワークが形成されており、派閥やグループ、人間関係などのしがらみが新しい動きを牽制することもある。

### 2) テーマ型コミュニティ

一方、中心市街地を舞台として活動するテーマ型コミュニティの構成員としては、まちづくり団体、環境団体、育児ネットワーク、お年寄りのためのサロンを運営している福祉グループ、街歩きのグループ、ガイドボランティア、まちづくりの拠点の運営を目的に設立したNPO、演劇ワークショップのグループなどさまざまな団体がある。これらのテーマ型コミュニティの特性には以下のような点がある。

- ボランティア精神など個人的動機による参加が原則で、フラットな組織である。

○行政や地元企業とのつながりが弱い。活動の内容が知られていないため、パートナーとしての不安感がある。テーマコミュニティ同士の横のつながりも少ない。
○新しいことに取り組む意欲を持った人が多く、企画力を備えた人材も集まっている。

3) 行政との関係

　行政との関係という面で見れば、地縁型コミュニティは行政とさまざまな関係を持っており、また地域の範囲を決めれば、その地域を独占的に組織化しているため、行政から見ても声をかけやすい存在である。一方、テーマ型コミュニティについては、これまでに行政との関係が薄かったし、行政から声をかける場合もどこに声をかけていいか特定しにくく、つきあいにくい存在である。

　各地のまちづくり条例でまちづくり協議会に提案権を認めている場合には、協議会の認定基準として「その団体が住民等の多数により構成されていること」という要件を設けていることが多い。実際の運用としては、多数の参加を一人一人確認することには膨大なエネルギーが必要となるため、住民の大多数が形式上所属する自治会や町内会、商店会などの地縁型コミュニティの参加に代えていることが多いと思われる。

　以上のような行政との関係を考慮すると、中心市街地において官民パートナーシップが必要とされるような課題の場合、活力を引き出すためにはテーマ型コミュニィの参画が効果的であるが、それとともに、地域のなかでの安定的なパートナーシップの形成や合意形成を図るためには、地縁型コミュニティのメンバーの参画が必要となるケースが多い。

4) 境界を打ちやぶるコミュニティ

　地域資源を動員して地域力をどう引き出すかは重要な課題である。そのためには、異なる性格、機能、役割を備えた人材や組織がネットワークすることが重要となる。そういった意味で、地縁型コミュニティとテーマ型コミュニティという従来型の概念を超えたコミュニティのあり方が重要となる。そ

の点で注目したいのは、問題意識や思いを共有し、帰属集団の枠を超えたインフォーマルな関係に基づくコミュニティが、地域に存在するかどうかということである。「官民セクターを越えて特定の政策思考をもった組織リーダー・中核メンバーにより構成される比較的安定的なインフォーマルな関係」である「レジーム（政策連携体）」が存在すれば、豊かなパートナーシップが編まれていくのである（1-2）。

2-2で描かれた架空の都市W市では、JCを通じてのネットワーク、商店街と行政の関係、金融機関が共同事業者を捜したネットワークなどを駆使して企画課長が「わいわい会」を立ち上げた。企画課長個人のネットワークに依存するだけでなく、そうした人材が集まるインフォーマルなグループが地域のなかに育つと、地域力は確実に高まる。例えば、市町村や商工会議所の職員、青年会議所のメンバー、商店街の若手や婦人部、地元建築家、まちづくりの専門家、地元研究機関の教職員、主婦、定年退職者など、まちづくりに意欲を持った人たちが集まりまちづくり集団を形成している地域が全国各地に現れつつある。こうした集団が母体となってまちづくりイベントなどの担い手集団が形成されると、それぞれの帰属する役所や商店会、町会、団体などのイベント遂行に必要な主体に戻って内部を調整することも可能となり、大きな力を発揮する。

## 5　パートナーシップの土壌を育む

コミュニティとコミュニティを横につなぐ豊かなネットワークを持つ個人の存在が地域力を高めるが、そうしたネットワークを育てることはできるのであろうか。あるいは、個人の力に委ねる以外に方法はないのであろうか。まちづくりへの思いを共有化するグループを計画的につくり出すことは困難と思えるが、それを育む仕掛けをつくることはできる。

（a）まち歩き・まちづくり塾

まち歩きなどの参加しやすいイベントは、取り組みやすいイベントであると同時に、地縁型コミュニティのメンバーとそれ以外のメンバーの交流の場にもなりうる。同じように、一定のテーマでまちづくり塾やシンポジウムな

どを開催すると、その内容に関心のある人が集まってくる。その中からまちづくりの担い手を見出だすこともあるだろう。

　(b)　交流会

　企業社会において異業種交流会が盛んに行われているように、交流会はネットワークをつくる場である。どの地域も地域の中にはさまざまな交流の場があるが、コミュニティを横につなぐような交流の場、地域と外をつなぐような交流の場など、多様な交流の場がセットされていることが重要である。

　(c)　まちの拠点施設

　ボランティア団体、市民団体、文化芸術の愛好グループなどの活動の発表の場、情報発信の場ができると、情報を求めて人が集まり、情報がもたらされる。情報は情報を発信するところに集まり、情報の密度が高まる。まちの中にそのような拠点となる活動の場ができると、そこは非常に情報密度の高い場になり、豊かなネットワークを育む場となる。

　(d)　思いの共有と信頼関係の醸成

　以上のような場において、その場に集う人たちがよく知り合い、「思い」や「問題意識」を共有することによって、信頼関係を醸成することが地域のネットワークを豊かなものにする。

## 6　パートナーシップによるまちづくりを進める体制

### 1）　見えない関係を見える場と組織に変える

　パートナーシップによるまちづくりは、個人の持つネットワーク、地縁コミュニティとテーマコミュニティの関係、政策課題を共有するインフォーマルなグループなど、外からは見えにくいつながりをベースとしつつ、それを外から見える関係に置き換えて、合理的な地域マネジメントを可能にしようという試みとも言える。各地での実践例の積み重ねから、その仕掛けとして、フォーラム、アリーナ、プラットフォーム、プロジェクト・パートナーシップという場や組織が存在することがわかってきた (2-4)。

　川口では、商工会議所が場を設けたことがきっかけとなり、商店街、市民団体、NPO、環境団体、ボランティア活動団体などが参加して「川口まちづ

くりフォーラム」という組織が立ち上がった。川口まちづくりフォーラムは情報交換の機能を持ちつつ、そのメンバーの一部が協力してアートイベントのなどを実施するなど、プロジェクト・パートナーシップの母体ともなっている。

秩父では、第3セクターの秩父開発機構が支援し、秩父市や早稲田大学都市・地域研究所も参加して市民がまちづくりの協働の場として「ちちぶまちづくり工房」を立ち上げた。ちちぶまちづくり工房は川口とは異なり、まち歩き、歴史観光資源の発掘、観光ボランティアガイド事業などのプロジェクト先行の取り組みを行ってきており、プロジェクト・パートナーシップとしての性格が強い。

### 2) パートナーシップの布陣

フォーラム、アリーナ、プラットフォーム、プロジェクト・パートナーシップという個別要素を、地域の特性、まちづくりのフェーズにおいてどう組み合わせるかというパートナーシップの布陣が重要である (2-4)。

中心市街地の活性化の取り組みにおいては、中心市街地活性化基本計画の策定に伴う委員会、TMO構想策定に伴う委員会などが形成され、それらを中心として布陣が組まれることとが多い。いわばアリーナ（相互調整、決定、推進の場）を中心とした布陣で、地域全体での合意形成と戦略づくりを行い、行政と関係を築きながら、プロジェクト・パートナーシップの結成を進める布陣である。

また、TMOが設立され、地域に事業力のあるNPOや企業、商店街などの地域セクターが育っていれば、TMO組織をプラットフォームとして、それぞれの連携によるまちづくりを目指すような体制も可能となる。

## 7 フォーラムづくり

### 1) フォーラムに期待したいこと

フォーラムは、「政策、施策、事業形成につながるような議論と論点形成が行われる」場である (2-4)。

実務的にとらえると、新しいものが生まれる苗床として機能するためには、「異種の交流」というところにポイントがあると考えている。「中心市街地の活性化」というフィールドで考えれば、地域内の地縁型コミュニティとテーマ型コミュニティの交流、地域出身だが現在は外にいる人、外の人で地域に関心のある人などの交流、言い換えれば地域内外の資源動員のきっかけをつくる場としてとらえたい。

### 2) フォーラムの展開イメージ

こうした場の一つのイメージとしては、次のようなものが考えられる。
○地縁コミュニティのメンバーをはじめ、さまざまの立場の人が参加すること
○組織や団体の代表として出るのではなく、個人として参加すること
○参加希望者にオープンに開かれていること
○特定の活動をするよりは、むしろメンバー間の意見交換、信頼関係の醸成などに主眼があること
○具体的な活動はこの指止まれ方式で、自治会、商店会、育児ネットワークなどの個々の団体やその協力で展開し、そうした具体的活動やコミュニティビジネスのインキュベーターとして機能すること

### 3) フォーラムの運営

フォーラムという場の運営に関して留意すべき点は以下のような点である。

(a) 活力をどう維持するのか？

単に情報交換だけで場の活力を維持することは難しい。何らかの役割、例えば、地域のまちづくりに関する企画や提案、政策形成などの役割が必要である。また、目に見える目標を設定して、区切りをつけることも重要である。

(b) 信用をどう築くのか？

市民といっても多様な存在で、特定の市民活動が市民権を得て信用を得るためには相当の努力と時間を要する。したがって、こうした活動の発起人と

して地縁型コミュニティのリーダー的な人物の参加が不可欠である。ただ、そうした人たちはえてしてこのような新たな活動には（多忙ゆえに）消極的な場合が多いので、そうした人材の確保には力を注ぐ必要がある。

(c) 行政の基本的スタンスは？

行政との情報交換の窓口になっていることが、場への信用供与になることを考えると、行政も一メンバー、あるいはオブザーバーとして参加することが望ましい。

原則としては、こうした場を行政が主導するのではなく、むしろ、「地域ががんばるならば行政も支援する」というようなスタンスが基本となる。現実的に考えれば、行政がこうした場を育て、自立させるというようなプログラムを用意しておくことも必要である。

(d) 行政はどう支援するのか？

現在の市民セクターのヒト・カネ・情報の蓄積の貧弱さを考えると、市民だけでこうした場を維持するには、多大のエネルギーを要する。行政からの情報の提供や情報発信の支援などは必要である。また、支援のあり方として、組織に着目するのではなく、その活動に着目して支援していくような仕組みが必要である。

(e) 翻訳者をどう育てるのか？

地縁型コミュニティとテーマ型コミュニティのメンバーなど、異種のコミュニティのメンバーがわかりあえるためには、両者のことがわかる人が必要だし、また、一方のコミュニティのメンバーで他方のコミュニティのことを理解している人が必要である。行動原理が違う組織が連携するためには、そうした翻訳者の存在が不可欠であり、そうした人材が育つ環境を育てることがフォーラムには必要である。

(f) 外部専門家の役割は？

地域の人たちだけでなく、外部の専門家の存在がフォーラムの形成、特に初動期においては重要と考えられる。外部の専門家の役割、果たすべき機能などを、事前に検討しておくことも必要である。

## 8 アリーナ組織と戦略的計画づくり

### 1) 戦略性の欠如がもたらすもの

アリーナとは、ステークホルダー（利害関係者）が集い、公共圏の計画や運営方針に際しての参加者の相互調整、取引、ゲーム（駆け引き）を行う地域マネジメントの決定・調整・推進の場である（2-4）。

4章で後述する中心市街地活性化のフィールドにおいては、中心市街地活性化基本計画策定委員会、TMO構想・計画策定委員会は、アリーナ組織と言えるだろう。アリーナ組織における意思決定の最大の効用は、この意思決定を経た後はヒト・モノ・カネの調達が容易になることである。

全国各地でTMOが設立されたが、動いてないTMOがいたるところに見られる。その最大の原因は、補助金の受け皿組織をつくるという発想で計画づくりをしたためと考えられる。計画に乗っていなければ補助金の獲得が難しくなる、だから考えられそうな計画はすべて乗せておこう——、こうした考え方は戦略性の欠如そのものである。成功するためには、限られた資源を動員し、実行可能な現実的計画を戦略性を持ってつくらなければならない。

まちの活性化をテーマとするならば、アリーナ組織とは、まちの活性化の戦略を練る場である必要がある。戦略なく意思決定しても、プロジェクトは動かないという結果になるだけであろう。

### 2) 戦略検討の場としてのアリーナの条件

それでは、戦略を検討する場としてアリーナ組織を機能させるためには、どのような条件を整えることが必要なのだろうか。

第一点は、プレイヤーたる意思を持った人や組織がアリーナに参加することが大切である。この場が相互編集の場になるかどうかは、その参加メンバーの顔ぶれによるところが大きい。単に商店会の役員で構成するのではなく、まちの活性化を担うさまざまな主体が参加する必要がある。

まちの活性化には、「福祉」「文化」「情報」「教育」「環境」などさまざまな分野との連携が必要となる。映画祭や音楽祭などの文化を軸としたまちづ

くりを戦略的に展開しようと考えた場合と、中心市街地の福祉的環境整備を軸としたまちづくりでは、構成メンバーは異なってくるだろう。小さなまちづくりプロジェクトを担ってきた人材、フォーラムの中から生まれてきたまちづくりに意識の高い集団などもメンバーとなりうるだろう。いずれにしても、プロジェクトの当事者になりうる人や組織が会さなければ無責任な計画づくりに終わってしまうだろう。

第二点は、「ねばならない計画」ではなく、「実現可能な成功する計画」をつくることである。そのためには、目標を明確に絞り、期限を区切って目標値を定め、目標を実現するためのプログラムをスケジュール化することが必要である。

第三点は、寄せ集めの計画でなく戦略性を持った合理的な計画をつくるために、外部の専門家の活用も考えることである。外部専門家の活用は多様な主体が参加しての合意形成を促進する効果もある。

なお、こうした戦略的思考にとって重要なツールに、SWOT分析がある。目標設定過程において、①強み（Strength）、②弱み（Weakness）、③機会（Opportunity）、④脅威（Threat）を位置づけるものである（活用事例は4-2参照）。

第四点は、戦略的な計画づくりの段階から、事業の評価システム、計画の管理システムを議論しておくことが必要である。

中心市街地が単なる商店の寄せ集めでなく、一つの有機体として機能するためにアリーナは有力なツールになると考えられる。そして、アリーナという場を実効性のある場として組織化するには、TMO組織の役割が重要となる。

## 9　プロジェクト・パートナーシップの展開

### 1）計画が先か事業が先か

中心市街地活性化の計画・事業体系は、市町村が中心市街地整備基本計画を作成し、これに基づいてTMO機関となる主体がTMO構想とTMO計画をつくるという形式で整理されている。しかしながら、全国各地でこれらの

計画や構想がたなざらしになり、動いてない例が見られる。それは一体なぜだろうか。

普通に考えれば、計画があって事業があり、それで効率的で合理的な執行が可能になる。しかし、まちの活性化に成功しているところをつぶさに見ると、当初は多少"跳ね返り"の人たちが実施した祭りやイベントが地域に受け入れられるようになり、それが拡大してやがて連鎖的に展開するようになり、次のステップとして、より効果的に進めるために関係する主体が集まって事業の相互調整を行い、全体を戦略的に進めるような計画をつくる、というような展開が見られる。

### 2) 実現可能な計画づくり

「プロジェクトは成功か失敗しかない、はるかに失敗のほうが多い、だからこそ失敗しない実現できるものが重要である。……ねばならない計画でなく、現実的な計画を、そのためには自分の眼と耳で生の情報を収集することが大切だ」[1]という指摘は、肝に銘じておくべきだろう。パートナーシップのまちづくりは、当初段階では事業の主体が存在しないケースも多い。当事者が参加しない計画づくりでは、ねばならないという（無責任な）計画になりやすい。プロジェクトを成功させるためには、その担い手となる主体が参加して計画づくりをしなければならない。

まち歩き、観光ガイド、そば打ち体験、フリーマーケット、○○祭りなどのできるところから始め、小さなプロジェクトの成功を積み重ね、それらが連鎖的に展開するようになって計画づくり（例えば、TMO 構想・TMO 計画、戦略計画づくりなど）をするような方法論があってもよい。

換言すれば、まちづくりの成功のポイントは、実現不可能な希望を描くことではなく、実現を前提とし、前向きな変化を起こし、段階的に進めるプロジェクト連鎖を起こすことにある。

◆コラム◆有限責任事業組合（LLP）制度の創設

民法組合の特例として有限責任事業組合（LLP；Limited Liability Partnership）制度が 2005 年に創設され新たな組織の設立が可能となっ

た。
(1) 出資者全員の有限責任制
　○LLP 出資者全員が出資の範囲で責任を負う
　○債務者保護規定の整備により、開示ルールや組合財産の保全
(2) 内部自治の徹底
　○株主総会や取締役会を設ける必要がなく、組合員間の合意で機動性の高い運営が可能
　○出資比率と異なる、貢献度合いに応じた損益分配が可能
(3) 構成員課税の導入
　○LLP で利益が出ても LLP そのものには課税されず、出資者に直接課税される構成員課税を適応
　○LLP で損失が出たときに、一定の範囲内で組合員の持つ他の所得と通算が可能

　株式会社も有限責任ではあるが、法人課税の上、出資者への配当にも課税され、取締役会などの設置等が求められる。民法組合は出資者の貢献に応じた利益配分で構成員課税であるが、無限責任となる。合名会社・合資会社も無限責任が派生する。新たな LLP 制度では、リスクの高い事業にも挑戦しやすく、また法人段階での法人税と出資者段階での所得税の二重課税も回避され、組織内自治で動く事業体制度が可能となった。
　英国では 2000 年に LLP 制度が創設され、1 万社を超える LLP が誕生した。米国では類似した性質の LLC（Limited Liability Company；有限責任会社）が 1977 年にワイオミング州で法制化。その後米国統一 LLC 法が作成され、各州にその採用を呼びかけている。日本においては、創業、産学連携推進や研究開発、新産業創造、地域の新たな資源活用や再編成等の協働事業に適した組織として期待される。パートナーシップの法人格としての LLP は、NPO とは異なった、資本成長のための営利活動や時限プロジェクト等を目的とした組織として注目される。また 2005 年会社法が成立したことで日本版 LLC とも言われる「合同会社」も可能となり事業体制度選択肢が拡がった。　　　　　　　　　　　　（木村裕美）

参考）日下部聡・石井芳明監修、経済産業省産業組織課編（2004）『日本版 LLC　新しい会社のかたち』経済産業省・法務省 2005 年 9 月 5 日現在 HP

## 10　地域マネージャーを育成する

　パートナーシップのまちづくりの要は「人」であり、なかでも地域マネージャーの存在が欠かせない。元気な地域にはそれを引っ張ってきたリーダーが必ずいて、マネージャーたる資質を備え、かつ地域をリードできる権限や立場を持っている。
　パートナーシップのまちづくりのためには、こうした地域マネージャーを育成することが求められるが、机上の勉強でそうした人材が育つとも思えない。これまでの成功体験から推察すると、マネージャーの資質を持つ人を発見し、その人が力を発揮できる権限と立場を与えることが、人材の育成の早道ではないだろうか。
　地域マネージャーの資質として考えられるのは、次のようなものであろう。
　○パートナーとなるコミュニティの行動原理・ニーズなどを理解する力
　○人と人、人と組織、組織と組織をつなげる力
　○人的ネットワークの豊富さ
　○情報発信する力
　○企画する力
　○資金を調達する力
　それでは、この中で地域マネージャーの最も重要な資質とはなんだろうか。パートナーとなる地縁組織、市民組織、NPO、地域企業、市民個人の能力・好み・行動原理を理解し、能力を最大限に引き出し活動に対するモティベーションを持続的に高めることができる技術ではないかと考える。

　注
　(1)　近藤哲生（2004）『プロジェクトマネジメント』（日本経済新聞社）

## パートナーシップ組織化のチェックリスト（オプション項目も含む）

| チェック分野 | チェック項目 |
|---|---|
| 1 主体の状況 | ☐ メンバーが協働にやりがい・自己効力感（Self-efficacy）を感じている<br>☐ 主体が相互利益（Reciprocity）を追求する<br>☐ 主体が相互に活動するための信頼関係ができている<br>☐ 相互の能力を認め合う関係ができている<br>☐ 先見性をもったリーダーがいる<br>☐ タスクフォースがパートナーシップ内に形成されている<br>☐ 機動力のある実行部隊がある<br>☐ 専属の事務スタッフがいる |
| 2 ポリシー | ☐ 潜在的可能性を重視できる<br>☐ 経済合理性を追求できる<br>☐ 社会的ミッションをもっている<br>☐ 政策を達成することを重視している |
| 3 資源動員 | ☐ プロジェクトの外部資源のマッピングができている<br>☐ プロジェクトの外部資源にアクセスできる<br>☐ シナリオをコラボレイティブに提示できる専門家がいる<br>☐ 外部資源獲得の窓口がある<br>☐ 外部ブレーンの知恵を利用できる<br>☐ 実働サポートメンバーを外部から動員できる<br>☐ アウトサイダーの力をいかせる<br>☐ 若者の力をいかせる<br>☐ 女性の力をいかせる |
| 4 機構化（協働の布陣化） | ☐ 組織構造の位置づけが明確化されている<br>☐ 課題別の分業体制（分科会など）が明確である<br>☐ 内部の権力関係が公正である（権限が規定どおりに行使されている）<br>☐ 問い合わせに答える窓口がある |
| 5 場の設定 | ☐ コアリソースを集約、特定する場がある<br>☐ 多様な人材（新旧など）交流の場がある<br>☐ 地縁型とテーマ型が出会い結合する場がある<br>☐ 活動コンセプトの実現を熟議する場がある<br>☐ 活動コンセプトを熟議する場が設定されている<br>☐ シナリオの現実化を検討する場がある<br>☐ アイデンティティを相互編集する場がある<br>☐ 決定する場がある |
| 6 戦略 | ☐ 課題やコミュニティのニーズを分析して踏まえている<br>☐ 将来ビジョンがある<br>☐ プログラムがデザインされている<br>☐ パートナーシップの機能領域（Domain）が明確化されている<br>☐ 違う原型の活動展開が検討できる（町会のコミュニティビジネスなど）<br>☐ 地域に内在する価値をほりおこすことができる<br>☐ 多様な社会・政治・経済・環境ネットワークを最大にいかせる<br>☐ ライバル組織を把握、分析している<br>☐ 地域マーケティングの視点をいかしている（SWOT分析など）<br>☐ グローバルな資源とローカルな資源をマッチングできる<br>☐ 活動すべきタイミングを分析できている<br>☐ 外へ投資できる<br>☐ パートナーシップがあたらしい環境変化に対応できる<br>☐ パートナーシップが現在の環境によく定着できる<br>☐ パートナーシップと成員組織をつなぐマネジメント戦略が採用されている |

| | | |
|---|---|---|
| | | ☐ パートナーシップによるアウトプット（成果）が最大化できる |
| | | ☐ パートナーシップによるアウトカム（政策の波及効果）が最大化できる |
| | | ☐ デメリットが多い局面では、構成組織の協力で代替戦略を用意できる |
| | | ☐ リスクをパートナーシップ外に分散し、支えることができる |
| | | ☐ プロジェクト後の長期的運用の体制ができている |
| 7 | プログラム | ☐ キャパシティビルディング（能力向上サポート）のしくみがある |
| | | ☐ 役割を事前に疑似体験して理解する機会がある |
| | | ☐ 経験を通じて理解する機会がある |
| | | ☐ 外部環境から知識刺激をうけるルートがある（見学会、メーリングリストなど） |
| | | ☐ パートナーシップの成員間でプロジェクトを相互支援しあえる |
| | | ☐ パートナーシップの中でリスクが共有できている |
| | | ☐ 新しい展開で当所の計画を速やかに反映するしくみがある |
| | | ☐ 成果を測定するしくみがある |
| | | ☐ メンバーのメンタルケアのしくみがある |
| 8 | 制度（習慣・ルール） | ☐ ある程度の制度を運用する自由がある |
| | | ☐ 意思決定のルートを定めたルールがある |
| | | ☐ 参加主体間で資金などの現状が公開されている |
| | | ☐ 参加主体間で資金などを決めたプロセスが公開されている |
| | | ☐ 参加主体間で人材配置の現状が公開されている |
| | | ☐ 参加主体間で人材配置を決めたプロセスが公開されている |
| | | ☐ 成果に対するコメントがなされる |
| | | ☐ 自発的貢献（役割を自分でみつけ活動を提唱する）を相乗り・相互支援する |
| | | ☐ 出身組織からパートナーシップの活動に積極的賛同・支援を得ている |
| | | ☐ 自律性・自由が尊重され、個々の独自のアイデアが全体に還元される |
| | | ☐ 既存認識枠組みや習慣の変更が迫られるときに拒否せず考える |
| | | ☐ パートナーシップの努力の成果が報われるしくみ整っている |
| | | ☐ パートナーシップが説明責任を果たすことができる（年次レポート等） |
| | | ☐ 議事録がある |
| | | ☐ 専門の口座がある |
| | | ☐ 法人格をもっている |
| | | ☐ 定期的な執行部の会議がある |
| 9 | モニタリング | ☐ web site がある |
| | | ☐ 戦略の達成状況・効果をモニタリングする体制がある |
| | | ☐ パートナーシップ参加組織同士の競争・協力のバランスをチェックできる |
| | | ☐ 公開性・密室性をチェックできる |

## 3-2 協働のまちづくりのプロセスと手法

志村秀明
早田　宰

### 1　協働の計画づくりの条件

　協働のまちづくりのプロセスとは、計画プロセス、社会力の組織化プロセス、マネジメント・プロセス（政策化プロセスを含む）の3つのプロセスの全体像を指す。このうちの協働の計画づくりは、社会力の組織化プロセスに対応しつつ、マネジメント・プロセスを受け止められる柔軟なフレームワークの体系であることが求められる。この3つのプロセスがいかに連動して全体のまちづくりを推進するのかを論じ、それに必要な実現の技術的手法を紹介することが本節の課題である。

　協働の計画づくりは1章で述べたように、階層関係にない対等な関係の「多主体」「多計画」を前提にした、自律・分散・協調システムによる計画である。まちづくりの課題が明確であればあるほど、主体の中の利害関係者の存在も浮かび上がってくる。そこで生じやすいのは多主体間での計画の分裂であり、それを防止するためには決定コンテクストを運営メンバーの間で確固として共有できることが重要であり、その基盤として構成員の出身母体となる組織や社会との開かれた意向調整の確保が欠かせない。
　協働の計画づくりのプロセスとは、その過程に多様な主体の自発的な合意形成の仕組みを組み込んだものにほかならない。それゆえ、計画を支える土壌づくりとして、計画を支える実現主体の構築と併進することが重要となる。プロセスが硬直化するとこれらとの整合性確保が難しくなるため、協働のまちづくりは、主体の学習プロセス、相互編集、戦略的思考による不確実

*148* 3章 パートナーシップの運営技術

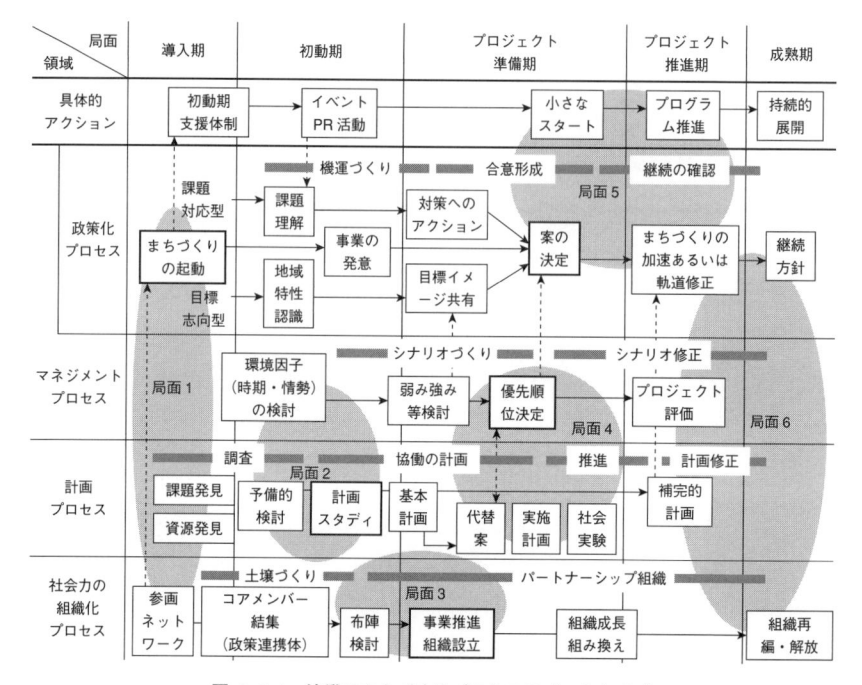

図 3-2-1 協働のまちづくりプロセスのプロトタイプ

性の回避、シナリオ主導、変化や不確実性を包摂する柔軟なプロセスが重要となる。

その全体の体系を図3-2-1に示す。以下、本図にしたがって説明したい。

## 2 協働のまちづくりの体系

### 1)「計画プロセス」と「政策化プロセス」

都市計画などの古典的な公共セクターにおける市民参加の計画づくりのプロセスでは、①導入・調査（課題、資源等の発見）、②予備的検討、③計画スタディ・基本計画、④代替案の検討、⑤実施計画と社会実験、⑥案の決定、の6段階で進んでいく。政策の決定はこの中に、計画推進に根拠を与える手続として、いわば確認の場という位置づけで織り込まれていた。その理由

は、政治家の朝令暮改や行政担当者の恣意的な影響を排除し、中長期の安定した行政計画の推進を実現するためである。その結果、議会や審議会での承認など、本来計画を管理すべき政策化プロセスの役割は限定され、形骸化してきた。公共計画はいったんセットされると、よほどのことがなければ修正できないという弊害までも生み出した。

その反省から生まれたまちづくりでは、多様な課題に対処し、多様な主体が関係して複数の計画づくりを同時に進めることになる。また、まちづくりの活動は数年間に及ぶもので、たいてい順調には進まない。状況が変化するので、計画を変更したり、つくり直すといった状況もしばしば発生する。そのため計画づくりのプロセスは、計画→差し戻し→修正→差し戻し→再修正、といった「行きつ戻りつ」の行程で進んでいくことになる。さらに「計画決定」→「運用」→「評価」→「修正」の循環の仕組みをつくり、これを計画プロセスの中で可能な限り繰り返しながら、あたかもらせん階段を登るように[1]段階的にステップアップすることで計画の実効性を高めるのが常套とされている。

まちづくりにおける政策化プロセスは、①地域課題や地域特性についての共通認識の醸成・事業発意、②対策へのアクションや目標イメージの共有（まちづくりによってどのようなまちの姿が描けるのか）と案の決定、③まちづくりの実践、の3つの段階を計画と併進して進め、計画をリードしていくことが求められる。地域のポテンシャルを確実にベースとして、主体のイメージを統合しながら計画案を徐々に絞り込んでいく。さらに、「まちづくり事業のデザイン」「まちへのアクションや表現」「まちづくりのルールづくり」という3つの方向に展開しながら、それぞれについて主体の合意形成を図っていく[2]。政策立案などの行為を選択していく政策化プロセスについては3-4で詳述する。

## 2) 協働重視のまちづくりの6つのステップ

さらに、協働重視のまちづくりシステムにおいては、積極的なステークホルダー間の連携のための調整がおこなわれ、社会力の組織化が検討される。計画プロセスと政策化プロセス、社会力の組織化プロセスは同時に併進する

ことになる。しかも、それらの併進性は限りなく緩やかなものとなる。極端にいえば、社会力の組織化がかなり進んでからでなければ計画は絵に描いた餅になってしまう。参加主体個々に目標イメージがあっても、協働での計画づくりは体制づくりが終了しないうちは具体化に着手されないという選択肢もある。その反対に、全体としてはまだ話し合いが始まっていない段階で、ある参加セクターが先回りして計画提案を用意する場合も出てくる。さらに、それが承認されることを見越して、承認後の推進体制の検討も内部スタディで進める場合さえあろう。協働重視のシステムにおいてこうして先回りして計画することは、多セクターが市場重視のシステムで計画する場合の"水面下"での調整合戦と違って、"言いだしっぺ"が全体に提案する責任をとれるためのものである。多様なステークホルダーを尊重し、その反応を想定しつつ周到に準備し、動ける実態を整えつつ提案することは、多主体の合意形成においてスマートな方法である。

　以上を考えると、まちづくりプロセスにおける、計画プロセス、政策化プロセス、社会力の組織化プロセスの併進は、決してパラレルに進行するものではない。ただしその関係は実情に合わせて緊密にシンクロさせる必要がある。その応答のパタンは多様で、時間軸に位置づけることは難しい。このシンクロを安定させるためには、このプロセスの間にマネジメントプロセスを介在させて管理することが重要となるのである。

　マネジメントプロセスにおいては原則として、局面は定期的に訪れるというよりも、状況が展開するごとにアクター間で不規則かつ頻繁に設定されていく。意思決定の局面は、①パートナーシップ組織の意思決定サイクル（会議頻度等）、②パートナーシップを構成する各組織の内部での合意形成サイクル、③作業上のサイクル（たとえば再調査に要する期間）、などのリズムの中から訪れる。地域マネジャーは全体のリズムを読みながら、多段階の決定過程を設定しなければならない（3-3参照）。

　協働のまちづくりの全体プロセスはおおむね以下の6つの局面を含むが、その順番は不同である。前掲の図3-2-1では、プロトタイプとしてすべてがバランスよく併進したケースを例示し、その併進の例を破線で示した。以下、順番に解説する。

①ステップ１；まちづくりの起動
②ステップ２；予備的検討
③ステップ３；布陣の検討
④ステップ４；シナリオと計画の相互編集
⑤ステップ５；プロジェクト推進
⑥ステップ６；プロジェクト評価と修正

(a) ステップ１；まちづくりの起動

　マネジメントプロセスにおいて最初に重要となるのは、「まちづくりが必要である」あるいは「可能である」という発意者の意思である。代議制システムのまちづくりでは、提言を受けるなど過去の流れの中で必要性や公共性が確認されてスタートする場合が多いが、協働のまちづくりでは、自ら動く先見的リーダーの個人的熱意に先導されスタートする場合が多い。この段階の動きはインフォーマルなものであり、次の予備的検討の結果、フォーマルには着手されない（様子見となる）ことも多い。協働のまちづくりはその調整の難しさゆえ、スタートを切ることが難しいのだが、既存の組織間の交流の蓄積や、その結果構築されているコアリションを通じて提案されることは比較的多い。ただしそればかりではなく、以下のプロセスに配慮すれば、資源や蓄積の少ない個人、団体でも、いつでも始められ、その動きを大きくしていくことが可能である。それこそが協働のまちづくりの醍醐味なのである。

(b) ステップ２；予備的検討

　次に問われるのが、「いま着手すべきか」「どう着手すべきか」という時期・情勢・可能な取り組みの判断である。パートナーシップ組織を設立はしたが、与えられた課題に適切に対処できないということも多い。パートナーシップ組織の対応に問題があることもあるが、社会環境の潮流や動き出すタイミングが悪く、"政策の窓"（1-1参照）が閉じてしまっている場合も多いので、まずは社会環境との対話プロセスの検証が必要である。そのため、計画の予備的検討、地域で課題理解や地域特性の理解を通じて機運を醸成する初動期に、果たしてまちづくりを協働で着手することが可能なのか、今すぐ

に協力が得られるのか、それはどのような内容であるべきなのか、「環境因子」(2-3参照)を総合的に判断することが重要である。その結果難しいと判断されれば、その場合パートナーシップは棚上げとなるか、あるいは組織単独の取り組みとなることもある。

(c) ステップ3；布陣の検討

その次が「布陣」の検討である。計画の実効性を重視する「協働の計画づくり」においては地域協働の形成とともに計画づくりが進行する。まちづくりの主体に期待される「機能」を明らかにするプロセスと、それを推進するパートナーシップの形態を形成するプロセスは、一つの循環の中に位置づけられる。地域協働の形成段階によって、「形態」と「機能」が徐々に相互作用していく。政策連携体（レジーム）を乗り越えて「体制づくりの段階」からパートナーシップによる「計画づくりの段階」に入ると、「フォーラム」「アリーナ」「プラットフォーム」といった場が設定されていく。また、パートナーシップの組織形態は、計画の内容とその推進にあわせ組織構造が現在のみならず将来の局面に耐えていけるのかの想定も重要である。そこで避けて通れないのは、パートナー組織の適格性チェックである。場合によっては、メンバー個々（支援に参画している専門家も含む）の能力に限界がある場合もある。参画アクターはある局面だけに限定して活躍する場合も多い。そのため「協働のアイデンティティ空間」(2-5参照)での相互作用が重要となる。

(d) ステップ4；シナリオと計画の相互編集

次に、プロジェクト準備期では、まちづくりを通じて何が可能か、まちづくりはどのように進むのかというシナリオイメージを共有する。協働の計画の流れをつくる重要な局面である。基本計画が具体化され、協働主体のなかでも対策への具体的なアクションや目標イメージの共有を進める段階では、計画の実効性を協働主体の側に立ってチェックすることが欠かせない。代議制システムのなかでは、計画の実現が難しくとも必要性が高ければ行政の責任で計画を推進することができる。しかし、協働のシステムのなかでは、計画の実行性が低いことは、計画推進主体の政策連携力の弱体化、ひいては計画が推進の根拠を失い頓挫する危険性が高まる。それゆえ、計画の弱み、強

み等の検討がとりわけ重要である。「自分たちが『すべきこと』ではなく、『できること』をする」という考え方が重要となる。戦略の適切性は、主体の動機や状態と課題を結ぶ適切な施策が提示されているかという観点からチェックされ、計画と戦略を橋渡しするために資源動員のシナリオ、その量的、質的、時間的なチェックがなされる。

また、この段階になると、パートナーシップのライバル組織のチェックも重要である。パートナーシップの失敗要因の中には、他の組織との競争に負けて対応が後手後手に回ってしまったということがある。振り返って、既存アクターの準備状況のチェックが重要である。とくにシナリオ達成を果たすという観点から、組織慣習、ルール、契約などが変更可能か、あるいは阻害要因となるか等の確認が必要である。

(e) ステップ5；プロジェクト推進

それに加え、プロジェクト準備期が進んだ段階では、優先順位の決定を丁寧にマネジメントすることも重要である。代議制システムのなかでは、「計画が求めるところから」あるいは「できるところから」着手することが合理的かつ一般的である。しかし、協働の計画推進主体の場合、「アクターにとって最善の」プロセスで推進することも重要となる。ステークホルダーがどういう利害関係で政策連携をしているかを理解し、複数の取り組みはどういう比重で、どういう手順で実現されるべきかを考慮することが重要である。とくに経済・社会・環境などの複合的な目的をもったプロジェクトに結集している場合、複数目的が同時に達成されていかないと、「計画と現実が乖離している」という批判や「約束が違うのでこれ以上協働で推進できない」という分裂現象が出ることもあり、注意が必要である。

(f) ステップ6；プロジェクト評価と修正

プロジェクト後期になると、プロジェクト評価が重要である。計画の実行において発生した問題の確認、効果が検証され、計画に対する評価を行う。課題が困難化しパートナーシップでは問題に対して歯が立たなくなっている場合もある。人材や組織、資金といった資源動員の状況変化への対応もあわせて検討し、必要があれば計画を修正する。シナリオ達成を果たすという観点からその組織が機能を備えているかを検証し、欠落している場合は新規に

補充（あるいは外注）するかを判断する。協働の布陣を整えて出直し、関係主体間の合意形成を図り、修正した計画を決定する。この段階では、「ここまでのプロセスが参画アクター個々にとって満足（あるいは納得）のいくものであったか」のモニタリングを丁寧に行うことで、計画と協働アクターへの理解をともに深めつつ、軌道修正の機会を多くもつことが重要である。これは布陣の分裂を防止するために欠かせない。

　パートナーシップが最初に掲げたターゲットが達成されたかという評価とともに、パートナーシップに期待される役割が当初に定めた方向から変化していないかという活動の基本的位置づけのチェックも重要である。マクロの社会システム論が変化し、問題自体が無意味化している場合もある。なかでも、パートナーシップ組織の機能と目指す目的との整合性のチェックは重要である。組織成員の満足度、自発度、ジレンマなどを検証する。

　上記ステップ1～6が循環（ローリング）する仕組みをつくることは、協働のまちづくりをその場限りの呉越同舟としてではなく、まちづくりを中長期にわたり安定して進めるための方式のひとつとして確立する上で欠かせない。パートナーシップというプロジェクト組織は目的が達成されれば解散することも多いが、そこで蓄積された経験、規範、ノウハウ等がパートナーシップ組織を構成していた組織や個人に還流し、計画が市民社会に支持される裾野を広げるとともに、ガバナンスへの参画ネットワークのなかにマネジメントや協働の文化が根づいていく。むしろこの循環する仕組みによって次世代のまちづくりのダイナミズムを生み出すことができるのが、パートナーシップの真骨頂である。

### 3）プロセスのパタン

　市民組織、NPO、専門家（組織）、民間企業、自治体等、多様な主体がそれぞれの役割を果たし、情報交換や討議を行うことによって質の高い計画が育まれていく。理想的には、まちづくりのガバナンスを牽引する主体が、「課題を顕在化し、計画を自主的に育成していく過程で、自発的な合意形成が行われる」という、計画プロセス、社会力の組織化プロセス、政策化プロ

セスを含むマネジメント・プロセスの併進状態が望ましい。しかし、多様な主体が参画すればするほど合意形成は容易でなくなる。とくに、地域住民や地権者といった計画の直接的な利害関係者が加わる場合、合意形成の難度は非常に高くなる。計画プロセスは容易だが政策化プロセスが困難となる場合や、その逆の場合などの関係が生じることになる。何がプロセスを主導するかで以下のパタンが生じる[3]。

(a) 計画主導のプロセス

明確な課題や将来の目標イメージ、その実現プログラムなど、計画プロセスの営みを主たる骨格として、他のプロセスを併進させるものである[4]。マスタープランが尊重すべき価値ある取り決めとして重視され、マネジメントプロセスはいかにその実現が可能かを準備するものとなる。シナリオづくりの役割は相対的に低くなり、プランナーのプロセス管理上の責任が重くなる。

(b) マネジメント主導のプロセス

マネジメント上の意思決定の積み重ねを重視し、その経験、また局面ごとに見えてくる将来の課題や可能性への期待を最大化しつつ、それをシナリオとしてまとめあげることが重視され、たとえ当初の計画が変動しようとも、そのコンテクストの一貫性（説得力）が全体のプロセスを牽引するものである[5]。計画プロセスの役割は相対的補完的計画が中心となるか、マネジメント・プロセスを後追いで位置づけていくものとなる。極端な場合、マスタープランは必要とされず、非常に大枠（たとえば簡潔な方針程度）の取り決めが活動推進根拠となり、その具体化の判断は地域マネージャーの主導となることもある。

(c) 社会力の組織化主導のプロセス

社会力の組織化段階に応じたまちづくりの取り組みをプログラムすることが重視される。コアメンバーの結集の組織化がゆるやかに進展している段階では、その促進を見越して取り組みやすいイベントなどが提言される。また、進展が早く強固な組織が形成された場合は、社会的支持の広がりが条件となるような難しいプロジェクトが提言され、結集力を背景にした難度の高いマネジメントが実行されていく。これらのプロセスは、地域マネージャー

のコミュニティ・オーガナイザーというべき役割の発揮によって推進される。まちづくりにはパートナーシップを構成するメンバーが取り組みやすく強みを発揮しやすいテーマが選ばれ、掲げられていく。

　これらのうち、どのパタンとなるかは地域やプロジェクトごとの個性に依存するが、どの場合でも協働で合意形成パタンを確認しておくことは重要である。

### 4) 技術支援アプローチの必要性

　ここでこれらを牽引する手法について述べておきたい。
　協働の計画づくりのプロセスと合意形成のプロセスを支える手法として、まちづくりワークショップ[6]やデザインゲーム[7]と呼ばれる手法が開発されている。協働のまちづくりは、限られた時間の中で多様な利害をときほぐし、合意を視覚化（visioning）するため、技術支援が重要となる。
　ワークショップの手法には、①議論を豊富化する手法[8]、②議論を支える手法[9]、③計画を絞り込む手法[10]、④情報を外部に伝える手法[11]などがある。デザインゲームは、我が国ではワークショップの一手法として一般的に紹介されているが、近年は「まちづくりのプロセスを体験する手法」と「まちの目標空間像をシミュレーションする手法」からなる「まちづくりデザインゲーム」と呼ばれる手法が確立され[12]、90年代後半以後、現実のまちづくりの中でも有効な手法として活用されている[13]。
　ところで、主体が協働により自発的に合意を形成していくためには、まちづくりの目標イメージを共有する段階の過程が重要であり、ワークショップの手法としては「議論を支える手法」「計画を絞り込む手法」「情報を外部に伝える手法」が特に重要になってくる。当然、主体の合意形成のためにはワークショップの手法以外にも様々な方法を用いる必要があるが、計画の公共性を高めるためにはこれらの手法は欠かせない。また、協働の計画づくりが達成できるかどうかは、パートナーシップを形成する主体相互のイメージの触発（「相互編集」）が大切である[14]。相互編集は、参加主体のイメージをつなぎ、そのイメージの連関によって協働の計画案が育まれていく。あるイメ

ージを発展させたり、問題にぶつかった場合はそれに対処するために別な新しいイージが追加されたりする。代替案が模索され、多様なイメージが連結されながら新しいイメージが形成されていく。その過程で参加者間での計画案への合意形成が促進される。

## 3 地域協働における専門家や行政の位置

　主体の協働による計画づくりにおいては、専門家（都市計画、地域活性化、福祉など、まちづくりの個別分野に関連するコンサルタント）や行政はどのような役割を演じるのであろうか。

　主体が主体的に計画をつくると言っても、一般の市民は専門的な知識をもたないので、専門家や行政からの働きかけは必須である。しかし、行政が専門家やコンサルタントに委託して、市民の介在がほとんどないままに進められる従来型の計画づくりでは、確かに目標像としての一貫性は高いかもしれないが、市民の賛同を得られずに実効性の低い「絵に描いた餅」となる。協働の計画づくりは、この類の計画づくりのプロセスと対極の位置にある。実効性が高い計画をつくるということは、主体の合意形成の必要性を意味する。しかし、それはトップダウンによる従来型の計画づくりではない。代議制システムの中では、トップダウンとボトムアップの双方向の応答プロセスが重要となるが、協働のまちづくりでは、1-3 で述べられているように、市民と専門家、行政の情報共有・共感的理解に基づく創発的な作業プロセスが重要となる。地域協働による計画づくりでは、市民組織と専門家が一緒になって協議しながら計画を練り上げていく。

　協働の計画づくりでは、専門家や行政もまちづくりワークショップやデザインゲームに参加する。専門家や行政は、地域住民組織とパートナーシップの協定を結び、計画づくりの作業を協働で行う。そこでは計画づくりの作業方法とプロセスについて検討し、専門的見地からアドバイスもする。また「NPO 型決定」のように、専門家や NPO がまちづくりの支援を継続的に行っていくこともある。NPO が参画する場合には、計画策定後の計画の運用についても協力を得られる可能性が出てくる。

専門家の役割は計画する対象やテーマによって少しずつ異なる。例えばある地域の住宅地の整備や景観づくりの計画であれば、計画の実現のためには私有地の地権者の賛同がなければならないので、地権者が合意形成へと進む計画づくりの様子を見ながら適時アドバイスしていくのが役割となる。一方、公共施設など国や自治体が管理する公共空間が対象であれば、市民とのワークショップなどでの意見交換を踏まえながら、専門家と行政が一緒になって計画を先行して検討していく。

昨今、専門性の拡大と専門レベルの高次化の両面において、専門家に対するまちづくり支援技術への要請が高まっている。協働の計画をつくるという本来のプランナーとしての役目はもちろんのこと、市民とあるいは市民同士の対話を促進してコミュニティを組織化する、いわば総合的な地域マネジメントを支援できる地域マネージャーであることがこれからのまちづくり家に求められる職能像である。過渡期の現在ではそうした力量を兼ね備えた専門家は多くはない。それに対しては複数専門家のタスクフォースで対応していくことになるだろうが、このような市民からの期待と自らの能力には現在ではしばしばギャップがあり、自己にある種の「弱さ」[15]をはらんでいることを、専門家（や行政）は認めなければならない。それを乗り越えた上で相互信頼を構築することができない場合は、「ガバナンスの失敗」（1-2参照）により機能不全となってしまい、パートナーシップによるプロジェクトは崩壊に向かう。その自覚があればこそ関係性構築の重要性が認識され、相互編集による「強い」創発的作業状態がつくりだされていくのである。

注
(1) チェピン Jr.、F. S.（1966）『都市の土地利用計画』（佐々波秀彦・三輪雅久訳、鹿島出版会、1976）
(2) 饗庭伸他（2003）「マスタープラン策定をきっかけとしたまちづくりプロセスの設計方法」『日本建築学会技術報告集』第18号（2003.12）p. 307
(3) 早田宰他（1995）「住環境整備事業における目標空間イメージの合意形成プロセスに関する研究」『日本建築学会論文報告集』第473号、pp. 101-111
(4) 佐藤滋（2003）は、プログラム進行型と呼び、典型例として「一寺言問地区の防災まちづくり」をあげている。佐藤「まちづくりのプロセスをデザインする」日本建築学会編『まちづくりの方法』（丸善）p. 52

(5) 佐藤滋（2003）は、課題解決突破型と呼び、典型例として「長浜の黒壁のまちづくり」をあげている。前掲書注（4）、p. 52
(6) ワークショップとは臨床心理学の一手法として始まったもので、演劇やダンスなどの創造活動に幅広く使われるようになった。まちづくりの分野には、1960年代にアメリカの環境デザイナーであるL. ハルプリンが導入した。ハルプリンはワークショップを通じて、実際にその「場」を感じ、固定観念にとらわれない発想を生み出すことを重視した。我が国においては、1970年代から農村計画の分野で、80年代に入ると公園やコミュニティセンターなどの公共施設計画などに導入され、その後まちづくりの分野に急速に広まっていった。
(7) デザインゲームはアメリカのH. サノフが考案したものである。
(8) 議論を豊富化する手法——通常の議論に加えて、フィールドワークやガリバー地図づくり、ボディーワークなどの身体的・感覚的経験により、発想を豊かにする手法。計画づくりの初期段階で用いる。
(9) 議論を支える手法——討議とリアルタイムで、出てきた意見を整理する手法。議論が建設的に進むようにサポートするもので、ファシリテーショングラフィックやKJ法などの手法がある。計画づくりのすべての段階で用いる。
(10) 計画を絞り込む手法——複数の計画案を絞り込み詳細化する手法。公開コンペや原寸ワークショップ、シミュレーションなどの手法がある。
(11) 情報を外部に伝える手法——議論の内容を情報発信して、まちづくりの輪を広げていく手法。まちづくりニュースの発行やまちづくり活動拠点の設置などの手法がある。計画づくりのすべての段階で用いる。
(12) 佐藤滋他（2005）『まちづくりデザインゲーム』（学芸出版社）1章
(13) 「六番町で実現したダウンゾーニング型地区計画」『季刊まちづくり』第5巻（学芸出版社）p. 54（2005.1）
(14) たとえば以下の文献で、協働の計画づくりのプロセスにおける相互作用を分析し、「発展」「対処」「置換」「連結」という4つのメカニズムを詳述している。深沢一繁・志村秀明他（2000）「建替えデザインゲームの分析による目標空間イメージの相互編集プロセスの解明」『日本都市計画学会学術研究論文集』第35号、pp. 847-852
(15) 松岡正剛（1995）『フラジャイル——弱さからの出発』（筑摩書房）

## 3-3
## 多主体協働まちづくりのプロセスデザイン

真野洋介

### 1 多主体協働まちづくりのプロセスデザインとは

　我が国のまちづくりの歴史的な展開の中では、個々には活発な活動で特徴的な成果を上げてきた一方で、地域社会を運営する原動力となる明確なビジョンと方向性をしっかりと共有し、持続しながらまちづくりが進められるというケースは、非常に少なかった。また、欧米の概念「Regeneration」や「Revitalization」に相当する部分の、多面的なプロジェクトの積み重ねによる地域のまちづくりは、我が国でも個別には行われているが、明確な社会的制度として支えられて実現したものではない。

　これまでのまちづくりの多くは、住環境整備や街路・施設整備、商店街活性化など、個々の事業に関する協議や参加を軸に進められてきた。そのため、地域における生活感覚や価値観の共有に合致した設定のもとで、多層化するコミュニティに対応したビジョンを描き出し、必要なプロジェクトや方策を紡ぎ出すための「場」はほとんどなかったと言ってよい。

　また、まちづくり協議会に代表される既定組織を介したパートナーシップでは、まちづくりの草創期を除き、一度かたちが定まってしまうと多様な個人の動機や地域運営のイメージなどには対応しにくく、新しいテーマを設定し展開することが難しくなる場合が多い。神戸での震災復興を目的とした協議会組織が事業終了後に解散するケースは、その端的な例を示している。

　しかしながら、阪神淡路大震災以降のまちづくりの現場では、モデル的なケースや成果が上がった地域こそ少なかったが試行錯誤の中で、段階的なパートナーシップの形成やまちづくりの体制の組み替えなどが行われ、地域社会の仕組みの変化とまちづくりのプロセスが連動して進められた地域も多

い。

　欧米型の明確な意思決定や合意を前提とした社会風土にはなじまない我が国では、まちづくりのプロセスの中で、漸進的に合意形成や総意の醸成を行っていく独自の方法が必要である。また、新たな地域社会の運営体制をつくっていくためには、理論や理念に基づいて理想的な体制を設計するというより、具体的なプロジェクトを媒介として既成の関係を解きほぐし、段階的な組み替えを行っていく実験的方法が必要となる。

　本節では、以上の前提に立ち、多主体協働まちづくりを具体的に進める際のプロセスデザインに求められるものについて述べる。

### 1）プロセスとは何か

　まちづくりのプロセスには様々な局面が存在するが、多主体協働まちづくり独自のプロセスとしてどのような内容が想定できるであろうか。

　討議の場を設定し、まちづくりの最初の段階から議論を尽くして方針や戦略などを最初から明確に定めていく可能性は低い。特に地域のまちづくりの方針や戦略など、確かな方向性を規定するものに対しては、総意の醸成を前提としたプロセスが求められよう。

　もし仮に、最初の段階での議論によってまとめられたビジョンや戦略に従って進めるとしても、個人のニーズや創造的発想が十分あたたまっていない場合は、創造的なプロジェクト・パートナーシップは生まれにくい。

　一方、内発的な運動からまちづくりが始まった場合でも、特定のポイントにエネルギーが集中しすぎると無駄になる可能性があるし、多面的な視野でまちづくりが展開するには一定の時間がかかる場合が多い。

　また、いきなり総合的なまちづくりの枠組みをつくると個々の創造性は発揮しにくい。個別のアイデアや議論が集まって、勢いのあるところから徐々に展開させていく方が賢明である。

　以上のことから、多主体協働の場においては、個人のニーズや創造性を同時に引き出しながらビジョンや戦略の共有を進めることが、具体的かつ実現性の高いプロジェクト・パートナーシップを生み出す基本となる。

　ここでは、以下の3点が必要とされる。

(i) まちづくりの起動（流れを起こす）やその安定した運営に必要な関係主体が当初の段階から一度に集まるとは限らないため、段階的な運営体制づくりが望まれる
(ii) 個々の主体の思惑や目標を超えた、多くの主体間で共有できるビジョンと戦略が望まれる
(iii) ビジョンや戦略に連動した多様かつ良質なプロジェクト群を創出する方法が望まれる

これらを実現するために、以下3つの独特なプロセスが発生する。
(I) 地域を運営するためのビジョンや戦略を様々なアイデアやイメージをもとに描き出すプロセス
(II) 既成の枠組みや組織、利害関係を解きほぐし、協働まちづくりを進める下地づくりを行うプロセス
(III) 一定の時間的区切りを持ちながら政策や計画、プロジェクトをあたためていくプロセス

ビジョンや戦略を描き出す（I）のプロセスにおいては、まず最初に、自治会や商店会、NPOなど既成組織に属する参加者の立場を一旦リセットさせ、同じ立ち位置（スタートライン）に立たせる役割が重要となる。いきなり利害関係の対立や所属組織への利益誘導から始まるような構図は避けなければならない。

個別の市民活動では、どこを対象にまちづくりを議論しているのかわからなかったり、それぞれの活動の対象地域がずれていたりする場合が多い。これらのずれがまちづくりの阻害要因となることも考えられる。ここで地域運営の対象を揃えた上で議論する場をつくるのが（II）のプロセスである。言い換えれば、多くの参加主体を乗せる土俵づくりである。

（III）のプロセスに関しては、当然のことながら、参加者の個人的な背景や技能、地域への関わり方や経験は異なるが、主体間の連携だけでなく、これら個人の背景を資源に転換することが求められる。

### 2) プロセスに求められる役割

2-4で述べられているように、現実のパートナーシップの形態はフォーラ

ム、アリーナ、プラットフォーム、プロジェクト・パートナーシップのそれぞれの機能が混在するケースも多い。

　ここでは協働まちづくりの場は、パートナーシップを育む土壌を保持する役割（苗床）、具体的なプロジェクト・パートナーシップを育成する役割（孵卵器）、幅広いビジョンと長期的なゴールの見通しを持たせる役割（見晴らし台）など、多様な役割が期待される。そのため、場が持つ側面と多様な役割を縫い合わせるプロセスが求められる。すなわち、地域の現状や資源の把握、地域への共通認識を土台とした戦略・ビジョンへの編集、場での議論により発生したプロジェクトシーズの具体化、の3つをどのように結びつけるかというプロセスが重要となる。プロジェクト・パートナーシップを育てるための社会実験等も、こうしたプロセスを動かすひとつの方法として位置づけられる。

　また、協働まちづくりのプロセスには、以下のような役割が求められる。
(i)　パブリックイメージや地域コンセンサスを形成する役割
(ii)　プロジェクト・パートナーシップの質を高める役割
(iii)　(i)や(ii)の内容に公的位置づけを与える役割
(iv)　資源動員を拡大する役割
(v)　協働の場と地域の物的・質的環境を接合する役割

### 3）参加者・主体との関係

　以上のような多様な役割が期待される多主体協働のプロセスには、多くの自立した、意志を持つ個人の参加が求められるが、その参加には2つの側面がある。ひとつは参加組織の一員としての参加、もうひとつは自己実現を目指す個人としての参加である。これらは、場を通したプロセスへの参加の経験を経て、前者は組織に資源や情報、シーズを持ち帰り、後者は個々の主体性や生活の質を高めていくことにつながっていく。

　多主体協働の場としてのアリーナ等に参加する組織の状態には差があり、小さな価値グループから明確な使命を持った組織体まで様々である。大きな組織や強い関係で結ばれた組織、利害が明確な組織、地域で先行的に結成された組織などがその背景から強い発言を行うことが多い。しかし、既定の組

織間で協議、調整するような事柄をアリーナに持ち込めば、組織同士がぶつかり合って混乱は避けられない。

そのため、この「場」は設定当初の段階で、主体同士が集まり、相互に認識しあう場であること、共通認識としての初期設定を確認する場であること、ニーズや資源を把握・認識し、プロジェクトを起こすシーズ（種）を出し合う場であることなどを確認することが重要である。

◆コラム◆ 行政施策における協働まちづくりのプロセスの位置づけ

神戸市や世田谷区でまちづくり条例がつくられた1980年代初頭は、発意、地区指定、提案作成、合意形成、事業の実施・推進という「一直線状」のプロセスを想定した支援制度であり、協議会という安定した協議の場を設定する中で市民参加のプロセスをデザインするという側面が強かった。

この仕組みが90年代に展開し、様々なケースの想定から、まちづくりの段階ごとの支援の仕組みが整えられるようになった。豊中市まちづくり条例（1992）が代表的な例である。しかし、組織の成長や戦略の変化などが視野に入れられたものの、行政側のパートナーは建設や企画、商工など特定の部署に偏ったものであり、対応できるテーマも限定的なものであった。また多主体がイレギュラーに参加することや、同じ地域の複数の場で協働を行うことなどは想定されていなかった。

阪神・淡路大震災の復興まちづくりの経験の蓄積から、協働も新たな展開に入ってきた。想定外の課題や協働の形態が展開するプロセスに対しても、支援を行う仕組みをつくる動きである。これらの経験が取り入れられたのが、「神戸市民による地域活動の推進に関する条例（2004）」である。この条例においては、市民、地域、地域組織、地域活動の定義と支援の中身の明確化が図られた。また、神奈川県大和市の「新しい公共を創造する市民活動推進条例（2002）」においては市民事業、協働事業が定義され、併わせて協働事業の提案、決定のプロセスが位置づけられている。

（補注）

世田谷まちづくりセンター発行の「参加のまちづくり道具箱 Part2（1996）」では、住民参加の全体プログラムをどのように組み立て、どの

ような仕組みや方法で運営すればよいかというプロセスデザインの方法が述べられ、3つの「デザイン」が以下のように位置づけられている。
(1) プロセスデザイン——「調査→課題の発見→ビジョンの構築→実現方策の比較検討→意思決定と実施→検証とフィードバック」といった計画プロセスに関連づけた、住民参加の役割とフローを構想すること。
(2) 参加形態のデザイン——「参加してもらう必要のある人たちの特定→その人々にとっての適切な参加手法の選択、参加の呼びかけ主体やファシリテーターは誰か」などの運営形態を考えること。
(3) プログラムデザイン——集まりを実り多いものとするため、各会議や各WSなどの具体的進め方や運営方法を企画すること。
(真野洋介)

## 2 多主体協働まちづくりにおけるプロセスデザインの手法と役割

### 1) プロセスデザインが必要な局面

以上のようなまちづくりのプロセスを想定する際、どのような局面で「デザイン」が必要となってくるであろうか。
(i) まちづくりの目標とする成果をいくつかの段階にわたって展開させていく場合
(ii) 協働の体制を変えながら進める場合
(iii) 異種・多層のコミュニティを連動させてまちづくりを進める場合
などが想定できる。

一定の期間ごとに、戦略や計画、柱となるプロジェクトの見直しを行っていく漸進型の協働まちづくりにおいては、このような場面が幾度となく発生することが予想される。

### 2) プロセスデザインの対象

以上のような局面において、何がデザインの対象となりえるのか。

ものづくりにおける「デザイン」とは異なり、まちづくりのプロセスにおける「デザイン」は、ルールやフレーム（骨格）のデザインと、スポーツ競技における「ゲーム・メイキング」に近い意味のデザインなどが、対象として考えられる。また、前者と後者のデザインにつながる部分には以下のような対象が考えられる。

(i) 場を支える体制——フォーラムやアリーナなど、多主体協働の場を支える体制のデザイン
(ii) 多段階決定のプロセスを支える運営ルールのデザイン
(iii) プロジェクト起こし（創発）につながる創造的なプログラムのデザイン

### 3) プロセスデザインの骨格

このような場合において、プロセスデザインの骨格となるのは、まちづくりの一連の活動の中で、議論やワークショップ、プロジェクトや政策の実施など、取り組みに一定のまとまりを持たせる区切りをつけ、その区切りごとに

(i) 何を目標とし、どんな成果をイメージするか
(ii) プロセスに参加する主体と資格を確認し、どんなルールで参加と退出を認めるのか
(iii) 参加主体がどんな体制を組むのか
(iv) どんなツールやプログラムを用いるのか

という大まかなアウトラインを描き、参加主体間で流れを確認しながら連続性を持たせるという行為である。すなわち、ざっくりとした区切りの入ったフレームをつくっていくことである。このイメージを図化したものが図3-3-1である。このフレームに合わせて、参加主体の入れ替えや体制の組み替え、プログラムやツールの開発、刷新などを持続的に行っていかなければならない。

区切りの重みづけや時間的長さを決めることもデザインの重要な要素である。時間の節目がなく、先行きのイメージできないまちづくりは展開につながらない。

## 3-3 多主体協働まちづくりのプロセスデザイン

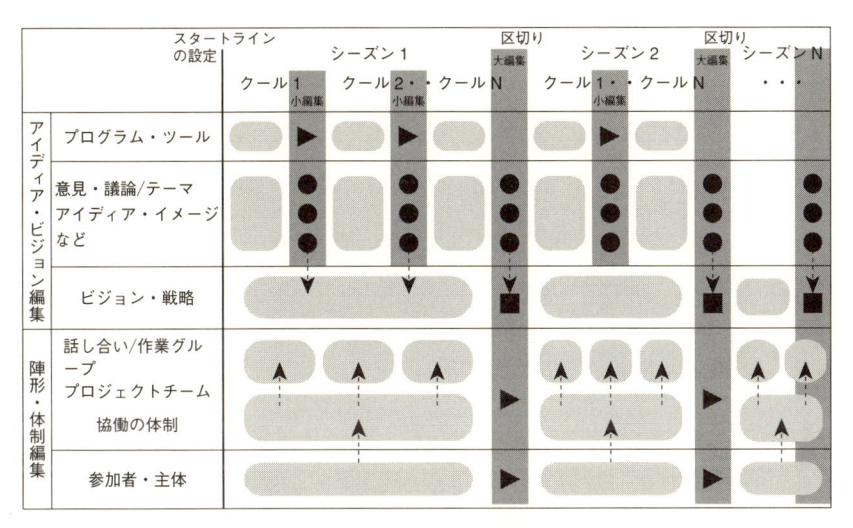

図 3-3-1 プロセスデザインの骨格イメージ

　もうひとつプロセスデザインの役割として重要なのは、区切りごとに行う編集作業である。編集作業とは、一連のまちづくりプロセスのフレームを区切ることだけでなく、区切りごとに取り組んだ成果と課題を整理、集約する作業のことである。まちづくりの場の中で、区切りごとに編集作業を行うことによって常に成果や課題を共有し、新たな出発点や立脚点を共有できなければ、次の目標や方向性は共有できない。

### 4）「区切り」と「編集」の役割

　このようなまちづくりの動きにまとまりをつくっていく「区切り」は、まちづくりの流れの中でどのようにつけていくことができるものであろうか。また、「編集」にはどのような役割が求められるであろうか。

#### （a）区切りの設定要因

　区切りには、まちづくりの場の中で規定できない、すなわち外的要因によって設定されるものと、まちづくりの場における意思決定等の内的要因によって設定されるものの2つが考えられる。

　外的な区切りの例としては、行政施策の実施年度や事業の実施期限、大学

や専門家等による時限的な支援、財団や企業など外部のパートナーと約束した締め切りや催しの開催時期などが挙げられる。一方、内的に設定される区切りは、アリーナやフォーラムなど、場の内外に対して戦略やビジョンを報告・発信していく場の開催時期や、組織の戦略を決める際に設定する目標年度などが挙げられよう。

(b) 区切りの長さと重さに応じた編集作業

以上のような区切りは、2～3ヶ月程度の短いもの（クール、クォーターなどで表せる長さ）と、半期、年度、数年単位（シーズン、ピリオドなどで現せる長さ）の長いものとに分けられる。

プロセスデザインの中では、これらの区切りに応じた編集作業、すなわち「小さな編集」と「大きな編集」の組み合わせと繰り返しが行われる。

「小さな編集」とは、1クールに対応した意見や議論の整理、アイデアの集約を行うことである。一方「大きな編集」とは、1シーズンに対応し、協働の体制やビジョン・戦略の練り直しを行うために、成果や課題の集約を行うことである。

これらの区切りや節目は、最初から明確に設定できたり見えたりするものではなく、ある程度の流れができて振り返ってみるとはじめてよく見えるものである。

◆まとまった区切りを示す言葉としての「クール cours（仏）」と「クォーター quarter（英）」

クール（仏）：13週間＝3ヶ月程度の期間を表す。我が国ではテレビ番組などの1季節を表す業界用語である。

クォーター（英）：4分の1、一年では3ヶ月や一学期を表す。アメリカンフットボールやバスケットボールの区切りは「クォーター」である。一定の競技時間の中で、ゴールやポイントを目指して刻々と布陣（フォーメーション）を変えていく。

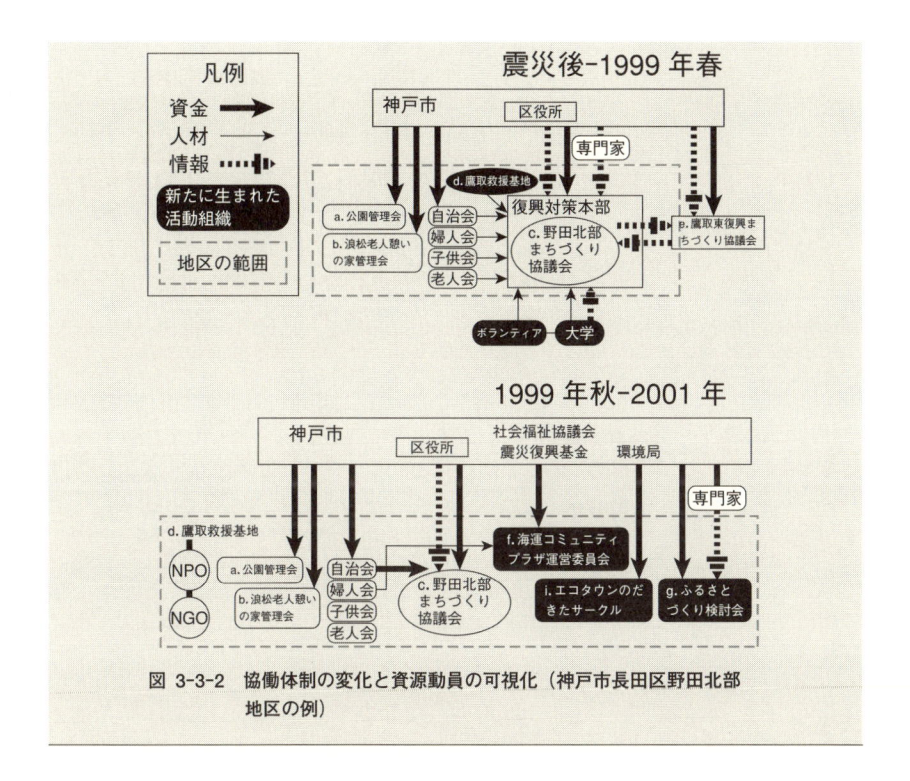

図 3-3-2 協働体制の変化と資源動員の可視化（神戸市長田区野田北部地区の例）

### 5）プロセスデザインを支えるツール

最後に、プロセスデザインの局面ごとに整理するために必要なツールを例示する。

#### （a）局面ごとの体制、資源動員の可視化

局面ごとに共通認識をつくっていくためには、地域に関する直接的な指標だけでなく、場を取り巻く主体と主体間の関係、やりとりされた資源の連関などを図 3-3-2 で示すように、客観的に把握できるように可視化しておくことも重要である。

#### （b）アイデア出しや議論を行いやすいチームづくり

これに加えて、プロセスデザインで重要なのは、以上のような適切な区切りをつけること、編集を行うことによって、いかに「よい協働のかたち」を

つくり出し、良質なプロジェクト・パートナーシップを創出する土壌に育て上げるかである。

　しかしながら、プロジェクト・パートナーシップの創出に至る前の局面、すなわちアイデア出しや初期ビジョンの共有局面においては、関わる主体による体制そのものが有効に機能することは難しい。そのため、参加者をいくつかのディスカッショングループやワーキンググループ、チームなどに分け、プロジェクト創出につながる創造的な発想が生まれやすい環境にすることが考えられる。

(c)　プロジェクト・シーズとビジョンの双方向の関係整理

　以上のような環境で出されたアイデアとビジョン・戦略の構築を連動していくためには、以下の双方向のプロセスでの整理が必要である。

(i)　協働の場で生まれたプロジェクトシーズのマトリックス化により、ビジョン・戦略方向へ展開していく方向（図3-3-3）

(ii)　ビジョンの実現のために必要なプロジェクトのリスト化により、プロジェクトの具体化へ展開する方向

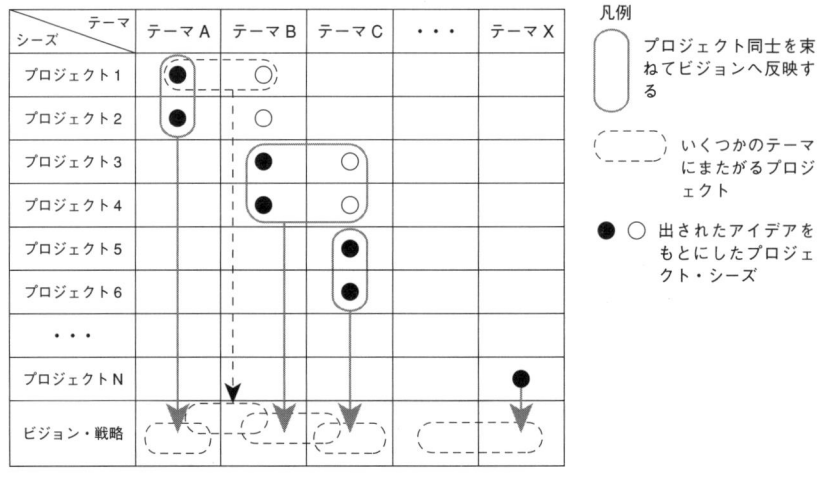

図3-3-3　マトリックスを用いたプロジェクトシーズの整理とビジョンへの反映イメージ

## 3 プロセス運営をどのように進めるか

　以上のようなプロセスデザインをもとに、一定の期間を想定した時間軸の中で成果や課題を整理・集約していく行為の総体が「プロセス運営」である。

　これまでの多くの協働まちづくりのプロセスを振り返ってみると、転機となるポイントや役立った資源・ツール、支援などが後から見えてくる場合が多い。後付けで意味や流れを抽出することが「協働まちづくりのプロセスをデザインする」ことではないが、このような視点で区切りごとに整理を行って運営に還元することは必要である。

　連続ワークショップの実施によってまとめてアイデアを蓄積したり、仮のビジョンを練り上げたりしておくことも、運営上有効である。しかしながら、これらの蓄積によって瞬間のビジョンを描き出せたとしても、これを長期的な視野で編集し、変わりゆく状況に対応させ、実現に向けたシナリオやプログラムを備えることは容易ではない。

　特定の政策やプロジェクトを指向し、ワークショップや議論の場において明確な議題やテーマを設定しても、そこにのぼる話題やイメージは必ずしもうまく出てくるわけではなく、かつテーマから外れる意見やアイデア、イメージなども多い。しかしながら、協働型まちづくりでは、そうした雑多なアイデアやイメージの蓄積からプロジェクトに展開していく場合も多い。一方、よいアイデアや意見も、時間的な経過とともに風化していく場合もある。また、一度忘れ去られたアイデアがある瞬間に再浮上する場合もある。

　以上のことから、プロセス運営を進める上で以下の2点が重要である。

　(i) 一連の活動を適度なまとまりで区切り、その中で遡ってポイントや成果を分析し、共有できるかたちにストックしておくこと
　(ii) このような作業コストを意識し、適切な人材配置を行うこと

## 4 具体的なケースに見るプロセスデザイン
### —— Yまちづくりの会の場合

　以上のようなプロセスデザインが実際のまちづくりの場面でどのように行われるのか、筆者が運営に関わった具体的なケースで紹介する。
　千葉県I市では、以下の3つの行政課題や地域の背景から地域運営の主体づくりと支援の仕組みづくりを模索していた。
①市内での活発な市民活動をベースにし、各施策における「協働」の取り組み状況の調査と評価を行い、市民活動支援の施策を打ち出す（A課）
②駅や公益施設など、市の中心部での公共空間の整備の立ち遅れが課題となっており、バリアフリーなど、一定のクオリティ実現のための整備計画と指針づくりを行う（B課）
③地域での「協働」のあり方を模索するため、行政と大学がパートナーを組み、地域のまちづくり支援の様々な可能性を引き出す時限的な施策を打ち出す（C課）

　以上のような背景から、公共空間と市民活動の両面を軸とした地域運営の主体づくりと、運営方法の確立を目的とした新たな活動組織づくりが提案された。これが「Yまちづくりの会」である。
　この会が生まれ、活動の展開の中で組織や目標などが自立していくプロセスデザインについて見てみよう。

　(a) 第1クール：フォーラムの立ち上げ（6ヶ月）
　まず最初に支援チームが主体となって、まちづくりの活動テーマや活動イメージを考えるシンポジウムとまちあるきワークショップを行うことによってフォーラムを立ち上げ、参加者に会への参加を呼びかけた。
　このフォーラムでの議論と、その後立ち上げた時限的な「準備会」での議論により、「駅周辺半径500mの範囲」という活動・議論の対象範囲と、「人にやさしいまちづくり」という大きなテーマを共有した。また会の運営方法と役割分担について議論した。

(b) 第2クール：アリーナ組織「Yまちづくりの会」の立ち上げ（6ヶ月）

フォーラム開設後半年を経て、準備会が正式な「まちづくりの会」となり、「人にやさしいまちづくり」という大きなテーマの具体的な内容を考えるため、連続ワークショップをプログラムの中心に据え、集中的なアイデア出しと意見交換ができるような体制を整えた。

これに合わせた作業体制として、歩行者空間や公益施設のバリアフリー化を目指す「みちづくりグループ」と、地域内の市民活動を活発化させる仕組みと具体的なパートナー探しを行う「生活づくりグループ」の2つのディスカッショングループをつくった。

みちづくりグループでは、関連施策や事業の洗い出しから道路関連部署をパートナーに決め、年度内に整備を行うことが決まっていた街路のバリアフリー化のアイデアを集約し、デザインを提案することを目的として、模型や整備現場での舗装材料を活用したワークショップを行った。併せて地域内の道の性格づけや役割分担などを整理し、道の将来ネットワークを提案した。

生活づくりグループでは、活動対象地域でパートナー候補となる市民活動主体や行政部署、施策、事業等の洗い出しを行い、活動内容の共有を図った。

以上のように、最初のシーズンは「人にやさしいまちづくり」に関係する行政施策へ提言すること、地域の関係主体を確認することを目的に活動した。

この時期、プロセスの運営に関しては、コアメンバーによる「運営会議」の場で意思決定を行った。また、大学がワークショップや話し合いなどプログラムの企画とプロセス運営の支援を行い、行政が広報、会員への連絡などの事務を受け持った。

以上2つのクールで1シーズン（1年間）が終了した。この1シーズンの成果を「Y地域　協働のまちづくり情報帳」という小冊子にまとめた。

(c) 第3、第4クール：外部への情報発信の場をきっかけとした調査・提案づくりと成果の集約（1年）

次のシーズンは、最初のシーズンの成果発表会を皮切りに、具体的な調査や提案を行い、会の活動と具体的な提案内容の両面から外部に対する情報発

信を行った。この時期には、会そのものが独自のコンテンツを作成し、発信していくことが重視された。

前半の4ヶ月では、駅周辺の駐輪状況を調査し、放置自転車への対策を行う「自転車・駐輪プロジェクト」、公共空間や施設のバリアフリー、サイン等の状況を調査し、提案や啓発を行っていく「安全な道づくりプロジェクト」、子育てや教育をテーマとした地域周辺の活動グループを調査し、市民活動のネットワークを広げる「育児・教育プロジェクト」の3つのプロジェクトチームが立ち上げられた。

このプロジェクトをきっかけとして、会が自律的に活動できる体制を模索し、その際具体的なプロジェクトを起こせるような資源とパートナー探しを行った。会が設けた発表・交流会や、I市独自の「まち回遊展」という文

| | | 2001年2月 | | 2002年2月 | | 2003年3月 |
|---|---|---|---|---|---|---|
| | | シーズン1 | | シーズン2 | | シーズン3 |
| | | クール1 | クール2 | クール3 | クール4 | クール5 |
| アイディア・ビジョン編集 | プログラム・ツール | まち歩き<br>ガリバーマップ<br>シンポジウム | 街路貼り絵ゲーム<br>1/50模型<br>シミュレーション<br>3D-GISを用いた検討<br>市民活動紹介 | 駐車場実態調査<br>みち調査<br>高齢者・車いす疑似体験<br>パネル展示 | | 商店街アンケート |
| | 意見・議論/テーマ<br>アイディア・イメージ | 街路整備イメージ<br>道の将来ネットワーク<br>試験プロジェクト企画 | | 活動情報帳「元気に育てYっこ」<br>まちのサインシステム提案<br>バリアフリー度調査報告 | | |
| | ビジョン・戦略 | 人にやさしいまちづくり | | 人にやさしいまちづくり | | 下記ベースで再構築 |
| | 成果・アウトプット | | まちづくり交流会●<br>協働のまちづくり情報帳● | 活動展示2●まちづくり発表会<br>活動展示1●まちづくり提案1● | | ●活動展示3●<br>まちづくり提案2○ |
| 陣形・体制編集 | 話し合い/作業グループ<br>プロジェクトチーム | 準備会 | グループ1：道づくり<br>グループ2：生活づくり | チーム：1自転車・駐輪<br>チーム2：育児・教育<br>チーム3：安全な道づくり | | 小学校連携プロジェクト<br>駐輪場活性化プロジェクト |
| | 協働の体制<br>参加者・主体 | 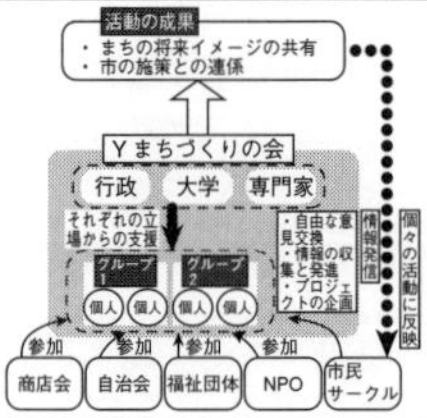 | | 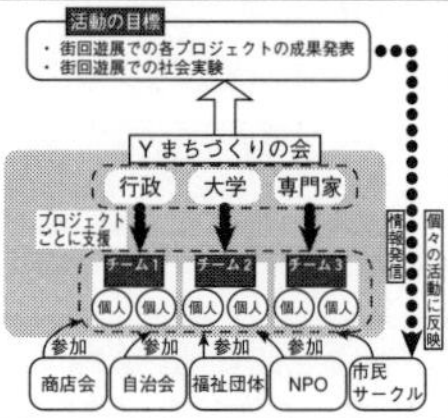 | | |





**図 3-3-4　Y地区におけるまちづくりのプロセスデザイン**

化・まちづくりの融合イベントが、会の活動を展開するきっかけとして有効に活用されたのである。

このように「具体的に何を媒介としたパートナーを探すか」ということをアリーナで共有し、支える施策やプロジェクトのターゲットを絞り込む過程が重要である。

回遊展が終わった後の5ヶ月間は、3つのプロジェクトでの調査・提案を「Yまちづくり提案」という小冊子にまとめた。

### (d) 第5クール：会の自主運営と新たなプロジェクト起こし

大学と行政による2年間の実験的支援期間終了後を見据えた、市民による運営委員会が設立された。

運営委員会では、まず最初に第3、4クールでの成果を集約した「Yまちづくり提案」を種にした発表会とシンポジウムを企画運営することとなった。2シーズンにわたる会の活動から抽出されたテーマや提案を、幅広い市民に対し問題提起し、発信していくことが出発点となった。

その後の活動では、会則の作成や会のビジョンについての議論が行われ、「駐輪場活性化」と「小学校との連携・周辺空間」をテーマとした2つのプロジェクトチームを結成し、活動を継続している。

**参考文献**
延藤安弘（1999）「創発の生活空間計画」『建築雑誌』1368号（日本建築学会、1999.2）
林泰義（2005）「公共性を支える仕組みのデザイン」植田和弘他編『公共空間としての都市』（岩波書店）

## 3-4
# 政策化プロセス

饗 庭　　伸
志 村 秀 明

## 1　政策化プロセスとは

　本節では、「社会力の組織化プロセス」の中から、より具体的な「協働の計画」を組み立て、まちづくりの課題解決に取り組んでいくプロセス、すなわち「政策化プロセス」を組み立てる手法を述べたい。
　まちづくりは小さな仲間内やサークルから始まることが多い。その取り組みに支持が得られれば、まちづくりは大きく成長し、関わる計画主体も増え、様々な課題の解決へと広がっていくことになる。その成長の過程では様々なパートナーシップがつくられ、様々な「協働の計画」を「決定」し、それらの積み重ねで実践が進んでいく。そこでの「決定」は、当初は仲間内での約束事にすぎないが、まちづくりの成長にともなって、外向けには行政に対する発言力、市民に対するアピール力を、内向けには自分たちの活動を律する力を持つことになる。つまり、まちづくりのある段階を過ぎると、パートナーシップにおける「決定」は単なる内輪の約束事でなく、社会的な力を帯びることになる。
　このような社会的な力を持つ「決定」を積み重ね、まちづくりの課題を解決していく一連のプロセスを「政策化プロセス」と呼ぶことにする。「社会力の組織化プロセス」を基盤として、具体的な課題解決に向かって大きな政策の流れをつくりだしていくプロセスである。
　ここで政策化プロセスにおける「決定」、つまり、パートナーシップにおける「決定」に注目してみよう。この「決定」は、他のガバナンスのシステムのそれ――例えば「代議制重視システム」における議会の決定――とどう

異なり、どう特徴づけられるのだろうか。

　まず、決定の主体がパートナーシップの参加者であること、そしてその参加者は、市民、住民、地権者、NPO、行政、民間企業など、様々な「動機」と「問題意識」を持つ異なる主体であることが挙げられる。議会の決定であれば、決定行為に参加できるのは市民の中から選出された議員に限定される。パートナーシップにおける決定行為には、パートナーシップで取り組む課題に関連する多主体が参加する。

　次いで、「決定」を受けて直接に具体的な政策を実行する「実行主体」を見てみよう。「議決」であれば、議会の決定を受けて政策を実行するのは、ほとんどの場合行政組織である。パートナーシップにおいては、「決定」を受けての実行主体は、パートナーシップの参加者自身である場合と行政の場合とがあり、さらにはその両方の場合もある。つまり、「決定」の結果に対する参加主体の「立場」や「役割意識」が多様なのである。

　最後に、一連のまちづくりの中で決定が複数回形成される場合を見てみよう。「議決」の場合、複数回の決定の「決定主体＝議会」と「実行主体＝行政組織」がずれることはない。しかし「パートナーシップ」の場合、複数回の決定の主体は異なることも多く、実行主体も「決定」によって異なってくる。2-2で示したW市の例でも、何らかの「決定」を形成したそれぞれのパートナーシップの構成主体が異なっていたことを思い出していただきたい。

　このように、パートナーシップにおける「決定」とは、多主体が、行政や自身も含む多主体の実行を想定して行うものであり、個別の「決定」が異なった主体構成で形成されたものであるとしても、一連のものとして展開されることが特徴であると整理される。やや乱暴な言い方になるが、議会における決定は、「議会そのもの」の正当性、安心感を背景に社会的な力を持つ、逆に言えば議会における議論や決定の「質」はあまり問われない。それに対し、パートナーシップの決定が議会における決定なみの社会的な力を持つためには、個別の「決定」の参加者の構成、議論や決定の質、そして、複数の「決定」の間の関係の妥当性が厳しく問われることになる。

　つまり、「パートナーシップにおける決定」に社会的な力を持たせるため

には、個別の「決定」ごとに質の高い「決定」を形成し、一つの「決定」から、次の「決定」へと展開させる手法が重要になってくる。そこで次に、個別の「決定」の区別を考えてみたい。

## 2 「決定」の4つの区別

先ほど述べたとおり、「パートナーシップにおける決定」は、そもそも参加主体の立場がバラバラであり、想定する実行主体も様々である。「パートナーシップにおける決定」をよく理解するためには、そこに参加主体それぞれのどのような「決定」が含まれかを理解する必要がある。そこで①参加主体の動機や問題意識、②参加主体の立場や役割意識に着目して、パートナーシップにおける「決定」を図3-4-1のように「市民型決定」「地区型決定」「地権者型決定」「NPO型決定」の4つに区別する[1]。

横軸は、決定者の「立場」や「役割意識」に着目した区分である。宇佐美(2000)[2]は決定の区分のひとつとして、パートナーシップのような複数人で行う決定を「契約的決定」と「集合的決定」とに分けた。契約的決定とは、決定者が何かについて意思を一致して行う決定であり、ある集団の決定の実

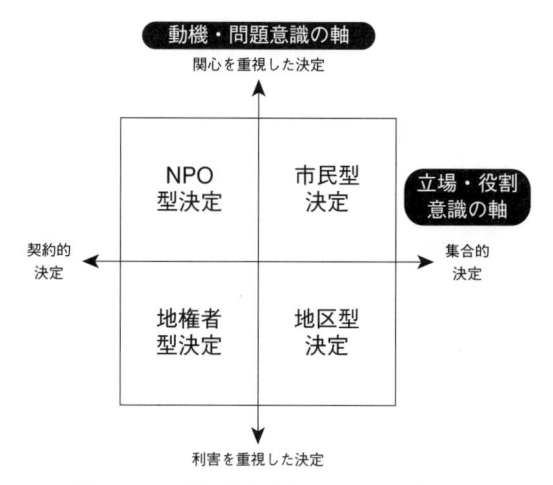

図3-4-1 協働の計画づくりにおける決定の区別

行主体に自らが含まれる場合をいう。集合的決定とは、まとまりをもった集団の存在を前提として、集団の中の決定参加者が意向を表明し、その意向の集計によって行う決定であり、ある集団の決定の実行主体に自己が含まれない場合をいう。契約的決定の代表的なものは企業間同士の取引契約であり、集合的決定の代表的なものは行政組織に対する議会の決定である。パートナーシップでの決定に、これらの2つが含まれることが理解できるだろう。

縦軸は、決定者の「動機」や「問題意識」に着目した区分であり、その決定が決定者の「関心」を重視して形成されたものか、「利害」を重視して形成されたものか、という点からの区分である。「関心」を重視する場合、その決定者の範囲は広く、例えば大規模な湿地の保全など、課題によっては世界規模の広がりを持つことがある。「利害」を重視する場合、その決定者の範囲は狭く、伝統的な都市計画の世界では、土地建物の権利を持つ「地権者」に決定者の範囲が限定されることもある。

以下、4つの決定をそれぞれ詳しく見てみよう。

(a) 市民型決定

まちづくりの課題に対して、「利害」よりは「関心」を強く持つ主体が、自らを実行主体として想定しないで形成する決定である。住民的な立場というよりは、より直接的な利害関係がない市民的な立場であり、ここでは「市民型決定」と名付ける。例えば、「都市計画マスタープラン」を作成する市民協議会などにおいて、多くの参加者が形成している決定は、この「市民型決定」である。

(b) 地区型決定

まちづくりの課題に対して、「関心」よりは「利害」を強く持つ主体が、自らを実行主体として想定しないで形成する決定である。市民的な立場というよりは、より直接的な利害関係がある住民的な立場に立って、地区全体として利害を重視して形成する決定であり、ここでは「地区型決定」と名付ける。例えば、地区計画を策定する際に、その検討協議会などにおいて多くの参加者が形成している決定は、この「地区型決定」である。

(c) 地権者型決定

まちづくりの課題に対して、「関心」よりは「利害」を強く持つ主体が、

自らを実行主体として想定して形成する決定である。例えば、再開発事業計画の策定過程において地権者が形成する決定がこれにあたり、ここでは「地権者型決定」と名付ける。再開発事業ほどの重たい決定だけではなく、例えば中心市街地活性化を検討するパートナーシップにおいて、商店主が形成する「若者向けの起業ショップ向けに自らの所有する空き店舗を格安で提供する」という決定もこの決定にあたる。

(d) NPO型決定

まちづくりの課題に対して、「利害」よりは「関心」を強く持つ主体が、自らを実行主体として想定して形成する決定である。例えば、歴史的町並み保全を検討するパートナーシップにおいて、NPOが形成する「市民組織に対して、専門的・技術的支援を行おう」という決定がこの決定にあたり、ここでは「NPO型決定」と名付ける。

## 3　決定の相互補完性

パートナーシップには様々な異なる立場や役割意識、異なる動機や問題意識を持つ計画主体が参加する。そしてパートナーシップの内部で、それぞれの主体が議論し、意向を総合的に調整し、協働の計画を「決定」する。つまり、パートナーシップの決定は様々な主体の意向が総合的に反映されたものであるし、このパートナーシップの決定の内部には、パートナーシップに参加していたそれぞれの計画主体の「決定」が含まれていることになる。例えば、とある町で、公園の活用計画をつくる市民協議会が決定した「○○地域の公園の育成計画」をイメージしてみよう。その計画には、そこに参加していた「NPO冒険遊び場研究会」の「公園にてプレーパークの事業を展開する」という決定、行政の「プレーパーク開催時には公園で火を使うことを容認するルールをつくる」という決定、他のNPOの「公園の育成関連団体のネットワークをつくる」という決定など、主体の違う複数の決定が含まれていることになる。

このようにパートナーシップにおける決定とは、そこに参加する様々な立場の計画主体の決定、つまり「市民型決定」「地区型決定」「地権者型決定」

「NPO 型決定」が組み合わさったものであると言える。では、その「組み合わせ」にはどのような原理があるのだろうか。

例えば上記の例において、冒険遊び場研究会の活動実績が年にわずか一度だけであったとする。その場合、行政の職員は新たなルールを苦労して立ち上げようという気持ちにはならず、そのような決定はしないだろう。一方で、行政職員が頑としてルールの特例を認めなかったとしよう。この場合は逆に、冒険遊び場研究会の側がやる気を失ってしまうだろう。この例では、参加主体がそれぞれなした「決定」のバランスが取れておらず、パートナーシップによってある政策を実行し課題を解決しようとする「協働の計画」としての効力が期待できないか、そもそも「協働の計画」自体が成り立たない。

パートナーシップの場では、そこに参加する計画主体間でそれぞれの取り組みについて議論し、意向を調整する。そこではお互いの意向が天秤にかけられ、お互いが対等の立場で、応分の力（パートナーシップに参加する計画主体はそもそも能力が異なるため「等分の力」ではない）を注いで、相互に補完し合えば課題が解決できるのだと確認されなければならない。その確認があればこそそれぞれの計画主体が「決定」をし、それらの「決定」が総合されたものが「協働の計画」として決定されるのである。こうした「決定」の組み合わせにおける「相互補完性」が、パートナーシップにおける決定の最大の特徴である。

このように、パートナーシップの参加主体が、それぞれの立場から形成する「市民型決定」「地区型決定」「地権者型決定」「NPO 型決定」の４つの決定がそれぞれに補完しあう関係をつくることが、協働の計画をつくる上での最大の醍醐味であると言える。代議制システムでは代表性のある議会の決定にしたがって行政が政策を実行するが、協働の計画においてはこの「代表性」という正当性に変わるものとして「決定の相互補完性」がある。異なる立場の計画主体をパートナーシップに巻き込み、それぞれのできることを引き出して、バランスのとれた補完関係をつくり、パートナーシップとして「決定」することが、政策化プロセスの成立要件なのである。

## 4 決定の相互補完性をつくり出すプロセス

このような「相互補完性」は、どのように担保されるだろうか。そこには2つの考え方がある。「一つのパートナーシップにおける、一つの決定行為に、異なる立場・動機を持つ参加主体が参加し、相互補完性を形成して決定を形成する」という考え方、そして、「異なる立場・動機を持つ参加主体が形成した『パートナーシップの決定』が、まちづくりのプロセスの中で連続していき、『パートナーシップの決定』同士で相互補完性を形成する」という考え方の2つである。これら2つの相互補完性がどのようにつくられていくのか、以下に掲げる3つの架空事例を素材にして見てみよう。

### 1) 3つのまちづくり
#### (a) 条例づくりをきっかけに景観形成に取り組む

A市では、1998年に都市景観条例を制定し、その際に公募の市民と既存の地域団体代表で構成される「A市景観検討協議会」を97～98年の2年にわたり開催した。地域団体には、町会や商店会の代表に加えて、「水辺の環境・景観改善の会」という市の港湾課の呼びかけに応じて5年前に設立された小さなサークルの代表が加わった。また、市民公募では、地域の設計事務所の経営者や「和船を復活させる会」というサークルの代表らがメンバーとなった。協議会では、月に一度の定例会に加え、研究熱心な参加者の呼びかけにより、行政職員も加えた有志の勉強会や見学会も開催され、これまで見過ごされがちだった、市内の運河・小河川・港湾部の景観の魅力の再確認等がなされた。協議会が終盤に近づくにつれて、議論は景観をどうつくり出していくか、和船を復活させるなどして観光産業をどう展開するかという話題に移り、参加者の中で、継続的に景観形成に取り組む行政以外の専門的な組織の必要性が認識され、協議会の解散にあわせてNPO法人「親水空間研究所」が有志によって設立された。行政サイドは都市景観条例を受けて、運河に架かる歴史的な橋梁を都市景観重要建造物に指定し、その周辺地区を景観重点地区に指定し、地区景観形成懇談会を立ち上げた。「親水空間研究所」

をコンサルタントにして、重点地区内の住民による景観協定の締結に取り組んでいる。

　この事例「A市景観検討協議会」における「決定」の相互補完関係を見てみよう。「A市景観検討協議会」は都市景観条例の案をつくるための典型的なアリーナ型のパートナーシップであり、そこで形成された参加者の都市景観条例に関する決定は典型的な「市民型決定」である。一方で、このパートナーシップには、設計事務所の経営者や小さなサークルの代表など、市民であると同時に専門性の高い主体も参加していた。彼らは最終的に景観に専門的に取り組むNPOを設立し、景観形成に取り組んでいこうという決定を形成した。この決定は「NPO型決定」である。つまり、一つのパートナーシップの中で「市民型決定」と「NPO型決定」が同時に形成された。「NPO型決定」は、「行政以外の組織が必要である」という「市民型決定」を補完するために形成された。さらにこのような「市民型決定」と「NPO型決定」が形成されたということが、条例制定後に行政が地域の住民の景観協定という「地区型決定」を展開していくときの拠りどころとなっている。

(b)　住民による自発的な協定づくりとデザイン協議

　B市Y地区では、地区の中心を通る街路の拡幅計画が大きな問題となっていた。Y地区はB市のかつての中心地であり、江戸末期から昭和初期にかけての古い町並みが残る商店街であったため、街路拡幅によって町並みが破壊されることが懸念されていた。一方で、交通の便がよくなることにより、商店街の売り上げが上がることが期待されていた。そこでまず、商店組合の青年部が実働を担い、経営者層が決定権を持つ「Y地区振興会議」が設立され、市内の建築家をコンサルタントに雇い、行政職員をオブザーバーにして2年間の検討を行い、地区の景観協定を締結した。景観協定は段階的に進む街路整備事業にあわせて、個別の商店や住宅を建て替える際のデザインのガイドラインを示したもので、街路整備を契機に町並みの魅力を上げ、集客につなげることが目標に掲げられていた。検討が終わるころに、地域の建築家は、県の建築士会の自主活動の補助金を受けて別途に「住宅と町並み研究会」を数名の建築家と立ち上げた。協定の成立後は「景観委員会」が設立され、「住宅と町並み研究会」の支援を得て、一つ一つの建替えに対して、

協定をもとにしたデザイン協議を行っていった。真っ先に「景観委員会」のデザイン協議の対象となったのは「Y地区振興会議」のコアメンバーの商店兼自宅の建替えについてであった。この建替えのデザインがモデルとなり、以後、協定は法的な拘束力を持つわけではないが、約8割の地権者が何らかの形で協定に準じた建替えをすることになった。このような市民の自発的な活動に刺激されて、B市はY地区をモデルとした景観条例の制定に着手した。Y地区の代表者2名を含む、市内各地区の代表者と公募市民からなる「B市景観条例検討委員会」を設立し、その制定が進められている。

　B市Y地区における一連のまちづくりにおける「決定」の相互補完関係を見てみよう。「Y地区振興会議」は景観協定をつくるためのアリーナ型のパートナーシップである。その参加者は利害関係が強い住民が多く、そこで参加者が形成した景観協定に関する決定は、典型的な「地区型決定」である。一方で、「Y地区振興会議」のコアメンバーは真っ先に自らが実験台となりまちづくりの範を示した。多くの参加者が「地区型決定」を形成する中で、何人かの参加者は同時に「地権者型決定」を形成していたことになる。また、このパートナーシップに参加していた地域の建築家は、仲間を集めて「住宅と町並み研究会」を結成し、まちづくりの支援にあたった。「住宅と町並み研究会」を設立するという決定、支援を行うという決定は「NPO型決定」で、地域でまちづくりに関わりたいという建築家の思いや使命感と、Y地区振興会議の活動がマッチしたため成立した。「Y地区振興会議」の参加者が「地区型決定」や「地権者型決定」を形成している途上で、同時並行的に形成された決定である。

　このような「地区型決定」「地権者型決定」「NPO型決定」を形成したメンバーに支えられて、2番目のパートナーシップである「景観委員会」が成立している。「景観委員会」では、「Y地区振興会議」のメンバーではない地権者が、建替え時に形成する「地権者型決定」を、段階的に地区内で形成していった。3番目のパートナーシッである「B市景観条例検討委員会」は、これらの決定を経験したメンバーを集め、さらに広く市民を集め、景観の基本ルールに関する「市民型決定」を形成していった。いずれの「決定」も、1番目のパートナーシップである「Y地区振興会議」において、3つのタイ

## 3-4 政策化プロセス

プの決定が相互に強い相互補完関係をもちながら形成された、という経験に支えられている。

### (c) 専門家が先導した町並みづくり運動

C市I地区には、昭和初期に建設された近代建築が多く残っていたが、C市の商業の中心地でもあったので、それらの建築は次々と取り壊され建て替えられていった。15年前にこれらの建築や町並みの魅力を最初に発見したのは、全国近代建築保存会が地域で開催した4回連続の「近代建築塾」に参加した地域の建築士会の専門家であり、彼らはグループ「I地区町並み研究会」を結成した。彼らは建築史の学者を地域に招いてシンポジウムを開催するなどして、市民や住民の意識を啓発しながら町並み保存の運動を進めていた。地元も行政も、その内部では運動に賛同し、応援してくれる個人は存在したものの、近代建築の保存は地域の中で利害が対立する課題でもあったため、組織だった動きにはなっていなかった。5年前に、それまでの活動でつきあいのあった近代建築のオーナーD氏から要請があり、所蔵する3階建てのビルをリノベーションして保存するプロジェクトに取り組むこととなった。「I地区町並み研究会」は、「D邸を保存・再生する会」というプロジェクト・パートナーシップをつくり、単なる保存ではなく、商業振興にも結びつくような機能を導入した計画を立案し、そこに市の商工課などの補助事業も導入し、プロジェクトの実現にまでこぎつけた。プロジェクトは結果的に成功し、近隣のまちからも多くの人が訪れるようになった。その成功体験を眺めていた近辺の近代建築のオーナーから、次々と新しいプロジェクトが「I地区町並み研究会」に持ち込まれ、地域の中で面的に近代建築が保存されるようになった。

C市I地区における一連のまちづくりにおける「決定」の相互補完関係を見てみよう。C市I地区では、「近代建築塾」に参加する中から「NPO型決定」を形成した「I地区町並み研究会」が一貫してまちづくりを担ってきた。地権者からの要請をきっかけに、「D邸を保存・再生する会」というプロジェクトパートナーシップが立ち上がり、そこで事業に関する具体的な協力関係が「NPO型決定」と「地権者型決定」として形成され、事業が成立するモデルをつくった。この経験を基に、以後地域で連続的に「地権者型決

定」を形成していくことになったのである。

### 2) 3つのまちづくりにおける「決定」の展開

　ここで、3つのまちづくりにおける「決定」の展開を整理しておこう（図3-4-2）。A市では、市民型決定の形成を目指したパートナーシップにおいて、公募などで参加した市民を中心に、同時並行してNPO型決定が形成された。この2つの決定は相互補完関係にあり、その関係を梃子にして、新たなパートナーシップがつくられ、地区型決定の形成が目指されている。B市Y地区では、地区型決定の形成を目指したパートナーシップにおいて、同時並行してNPO型決定と地権者型決定が形成された。この3つの相互補完関係にある「決定」を受けて、地区の中では「地権者型決定」をさらに増やし、地区外では「地区型決定」をさらに増やして「市民型決定」を形成するという取り組みが展開されている。C市I地区では、NPO型決定がまず形成され、そこに地権者型決定が相互補完的に加わるという形で政策化が進行している。

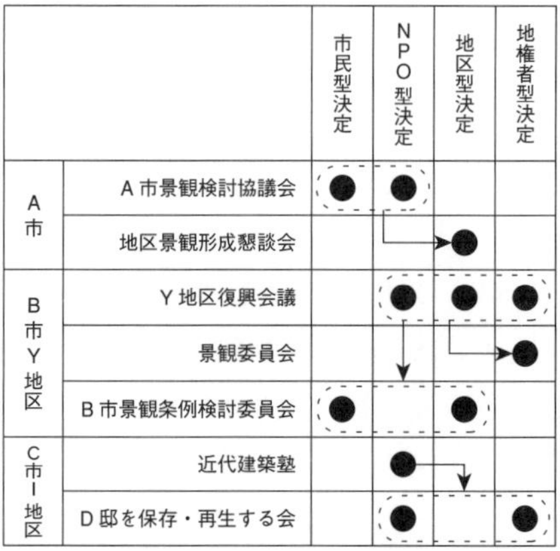

|  |  | 市民型決定 | NPO型決定 | 地区型決定 | 地権者型決定 |
|---|---|---|---|---|---|
| A市 | A市景観検討協議会 | ● | ● |  |  |
|  | 地区景観形成懇談会 |  |  | ● |  |
| B市Y地区 | Y地区復興会議 |  | ● | ● | ● |
|  | 景観委員会 |  |  |  | ● |
|  | B市景観条例検討委員会 | ● | ● | ● |  |
| C市I地区 | 近代建築塾 |  | ● |  |  |
|  | D邸を保存・再生する会 |  | ● |  | ● |

図 3-4-2　3つのまちづくりの事例における決定の展開

### 3) 政策化の戦略

　まちに吃緊の課題がなく、良好な状態を保ち続けているのであるならば、あえて様々な決定を連続的に展開させていく必要はない。しかし、中心市街地の活性化や町並み保全、住環境改善といった何らかのまちづくりの課題が累積し、中長期にわたって地域の状態を守りあるいは改善していかなければならない場合は、政策化の明確な戦略が必要である。まちづくりの状況に柔軟に対応し、できるところから着手して、具体的な計画を推し進めていくことになる。そうした政策化のプロセスを組み立てる際に、地域の様々な計画主体を「決定」に巻き込み、それぞれの動機や立場から生まれてくる「4つの決定」の相互補完性を編集しながらプロセスを組み立てることが重要である。ここでは前述した3つの具体的な事例を参考にしつつ、「景観づくり」を目標とするまちづくりの政策化のプロセスづくりの戦略のパターンを例示しておこう。

　景観づくりでは個人の建物も計画対象になる。個人の財産権に大きく関わる問題であるため、理想としては地権者の自発的な活動からスタートしたいところだ。そこでまず、「地区型決定」を行ったB市Y地区のような始まり方を模索してみる。地権者がまちづくりの課題を共有し、NPOの成長が期待できるようなポテンシャルがあり、地権者型決定とNPO型決定を形成しうる主体をうまくマッチングできれば、事態が自律的に進行していくこともある。しかし、そのような状況はそう多くないのが実情だろう。そうであれば、行政主導によって「景観づくり」をテーマにした組織をつくり、A市のように「市民型決定」の形成を試みる。こうした組織をつくれば人材が集まって組織化が進み、NPOが発足し、そのNPOを梃子に地域で広く「地区型決定」を形成していく可能性があるだろう。すでにポテンシャルのあるNPOが地域に設立されているのであれば、C市I地区のように、そこに地権者をマッチングし、「NPO型決定」と「地権者型決定」の形成を試みるという戦略がある。

　このように、目標に向かって政策化のプロセスを組み立てるには、4つの決定を状況に応じて選択し組み合わせ、「第一歩」の決定をどこから踏み出すか、「次の一手」の決定をどのタイプで行うか、さらにそれらをどのよう

に連続的に展開させていくか、目標を実現していくプロセスを戦略的に描くことが必要である。

## 5　パートナーシップの「社会的な力」の構成要素

### 1)　社会的な力の構成要素

「パートナーシップにおける決定」は、パートナーシップに参加した主体に対してのみならず、パートナーシップの外側の主体に対して「社会的な力」を持ち、まちづくりの課題を解決していく。その「社会的な力」は、パートナーシップの外側の主体に対して「拘束性：活動を拘束する力」「実行性：事業を実行する力」「ビジョン性：ビジョンを示す力」「具体性：具体的な計画を示す力」の 4 つの構成要素に分解することができる。パートナーシップにおける「決定」が、理想的にはこれらの力を等しくすべて持てばよいが、しっかりと制度化された議会による「議決」などと異なり、パートナーシップにおける「決定」の持つ現実的・実質的な「力」は、そこにどのような計画主体が参加し、どのような議論・検討を行い、どのような「決定」を形成したかによって異なってくる。ここまで述べてきた 4 つの区別に対応させて、それぞれがどのような「社会的な力」を形成することに優れているのか整理しておこう（図3-4-3）。この整理は、「こういう力を形成するためには、こういう決定が優れている」ということを示すだけであって、例えば市民型決定が「具体性」を持たない、ということを示すものではない。それぞれの「力」を詳しく見てみよう。

#### (a)　拘束性

「拘束性」とは、パートナーシップでなされた決定が、その決定に直接関与していない市民に対して、その活動を拘束する力のことである。都市計画の用途地域や地区計画などのように、決定されたら最後、ある条件を持つ人に対して、等しくかかる「力」である。パートナーシップは議会ではないので、生得的な代表性は持っておらず、そこでの「決定」に実質的な拘束性を持たせることはなかなか難しいが、決定にいたるまでのプロセスを丁寧に組み立て、外部の主体との合意形成をはかることができ、そして「決定」にあ

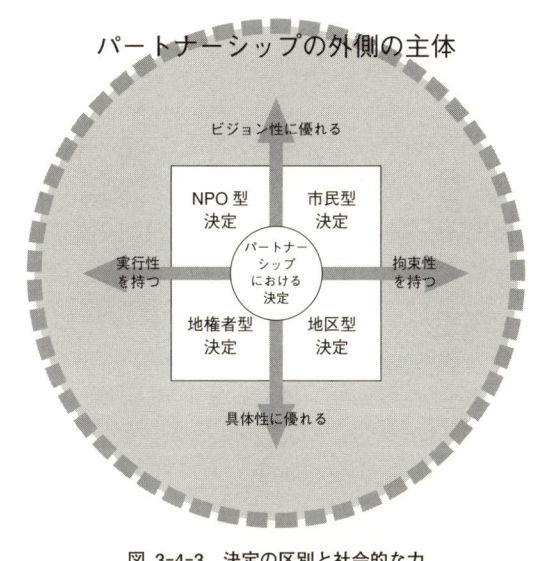

**図 3-4-3 決定の区別と社会的な力**

(図中のラベル)
- パートナーシップの外側の主体
- ビジョン性に優れる
- NPO型決定
- 市民型決定
- 実行性を持つ
- パートナーシップにおける決定
- 拘束性を持つ
- 地権者型決定
- 地区型決定
- 具体性に優れる

わせて後述する法的な担保をつくることができれば「拘束性」を持つことができる。このような力を獲得するには、地区型決定や市民型決定のような、集合的決定を形成することが適している。

(b) 実行性

「実行性」とは、パートナーシップでなされた決定にそって、その決定に直接関与していない市民に対する事業を実現する力のことである。都市計画に喩えると、再開発事業のように、広い範囲で享受される施設を直接的につくり出す「力」である。このような力を獲得するためには、NPOや地権者など、自らの資源を提供することを決定する契約的決定を形成することが適している。

(c) ビジョン性

「ビジョン性」とは、パートナーシップでなされた決定が、その決定に直接関与していない市民に対して、目標や理念となるような「力」である。都市計画に喩えると、マスタープランのように、具体性には欠けるが、10年、20年の長期にわたるまちづくりの目標、市街地像を示す「力」である。こ

のような力を獲得するには、NPO型決定や市民型決定のような個別的な利害調整ではなく、やや理想論的立場に立った決定を形成することが適している。

(d) 具体性

「具体性」とは、パートナーシップでなされた決定が、その決定に直接関与していない市民に対して、具体的な戦略を与えるような「力」である。具体性には欠ける計画ではなく、優れた「中心市街地活性化基本計画」のように、商店街の各店舗や市民、NPOが、その計画を見て、自らの具体的な戦略を立案できるような、具体性に富んだ戦略を示す「力」である。このような力を獲得するには、地区型決定や地権者型決定のような、具体的な現場に近いところで決定を形成することが適している。

2) 法による「社会的な力」の担保

パートナーシップにおける「決定」は、議会における決定と異なり、法に裏付けられた生得的な力を持っていない。むろん、法に頼らずとも、パートナーシップ内外の主体がその「決定」に自発的に従うような、「実質的な決定の力」が、豊かな政策化プロセスにより形成されることが理想であるが、そのような力を獲得することは困難であることが多いので、パートナーシップの決定の「力」を法的に担保することが必要になってくる。

「パートナーシップの決定」を法的に担保する制度等について、近年の動向をまとめておこう。

全体について見れば、パートナーシップをつくる際に、そこでの決定事項の内容やその取り扱いを明文化した「協定」を予め行政や参加主体間で締結する、という方法が見られるようになってきた。「拘束性」について見れば、例えば、まちづくり条例や景観条例による地区まちづくり計画や景観形成計画など、地区でまとまって決定したものについてはその力を法的に担保できる手法が増えつつある。その際に、決定の手続きや組織（まちづくり協議会など）も厳密に定められるようになってきた。「実行性」については、行政に対する政策提案制度など、具体的な事業そのものを提案し、一定の審査や手続きを経て、その提案が「行政の事業である」という認定や支援を得ると

いう制度が増えつつある。「ビジョン性」「具体性」については、様々な施策における、マスタープランレベルから事業計画レベルに至るまでの市民参加やパブリックコメントが、手法として定着してきた。市民参加やパブリックコメントの機会は、基本的には行政内部の政策形成の流れの中で生まれてくるものであるので、外部からその流れを読み、効果的にコミットすることにより、「ビジョン性」や「具体性」を持ったパートナーシップの決定に、法的な担保力を与えることができる。

　以上、「パートナーシップの決定」の持つ社会的な力について、「拘束性」「実行性」「ビジョン性」「具体性」の4点に分けて検討してきた。図3-4-3でまとめたように、すべての力を持つことに優れている「決定の区別」は存在せず、いずれも長所・短所をもっている。つまり、社会的な力を発揮するには、やはり「決定の区別」を相互補完的に形成していくことが必要になってくる。

　「法による担保」は、後戻りできない「決定の公定化」を意味する。社会的な力を得たいのであれば、その「決定」を保証する法制度の整備は有効である。しかし、現実には法制度の整備はなかなか進まない。パートナーシップの世界では多元的な主体の元で多様な計画が存在することになるが、計画の法的裏付けを求めるより、「実質的な決定の力」を強めることの方が重要で、かつ合理的な選択である場合も多い。また、パートナーシップにおける決定を尊重する社会的状況をつくりだすことも重要であろう。

　注
(1)　饗庭伸他 (2003)「マスタープラン策定をきっかけとしたまちづくりプロセスの設計方法」『日本建築学会技術報告集』第18号 (2003.12) p.307
(2)　宇佐見誠 (2000)『社会科学の理論とモデル第4巻・決定』(東京大学出版会)

# 4章
## パートナーシップをまちづくりへ展開する

　前章までの理論を理解する手がかりとして事例を掲載する。まちづくりにおいてパートナーシップが展開した事例として 3 地区を取り上げる。油津は本書で述べてきたパートナーシップによる「地域再生」が典型的なかたちで推進されている地区である。秩父と川口は、早稲田大学都市・地域研究所が支援して「中心市街地の活性化」をテーマとしたまちづくりに取り組んでいる地区である。4-3 では、まちづくりと連携した組織内部のナレッジマネジメントについて述べる。

## 4-1
## 歴史都市におけるパートナーシップの基盤づくり

市 川 　 均

### 1　秩父市の現況と背景
<sub>(注1)</sub>

　本節では、自律的圏域を持つ歴史都市において、新たな市民組織を立ち上げ、パートナーシップの基盤づくりを進めている埼玉県秩父市の事例を取り上げる。「ちちぶまちづくり工房」という市民組織を立ち上げ、議論の場を創り、多くの社会実験を繰り返すことで、パートナーシップ型まちづくりを地域に根付かせていった事例である。

　秩父市は埼玉県の西部に位置する。南にそびえる武甲山をはじめとする秩父山地とそれらに囲まれた盆地からなり、中心部周辺は荒川によって形成された河岸段丘となっている。かつて大宮郷と呼ばれた旧市街地（現在の中央地区）に、周囲に拡がる郡部を加え、現在の市域を形成している。平成12年4月1日現在で人口総数は6万739人。10年間で900人減と緩やかに減少を続けている。広大な土地を有する郡部では、住宅の建設が進み人口が増加傾向にあるが、中央地区では10年で2700人と減少が著しい。
　秩父地域の歴史は古く、縄文・弥生時代の遺跡が分布し、和同開珎なども発掘されている。近世には周辺の自然を活かして木材加工業や絹織物業が盛んとなり、明治に入ると武甲山から石灰岩の採掘が始まり、大正時代には秩父鉄道が秩父まで開通、繊維産業とセメント産業が盛んとなった。
　このように秩父地域は、埼玉県内においても独自の文化に根付いた自律的な圏域を形成しており、秩父市はその中心都市である。しかし近年では、木材、織物、セメント産業ともに当時の隆盛を失っており、観光産業への依存

度が高まってきている。都心から80km圏内であり、西武鉄道が市の中心部まで延伸され特急電車も設定されたことで、多くの観光客が訪れるようになった。

## 2　多様なまちづくり活動の主体と活かされていないネットワーク

　秩父は市民のまちづくり活動が盛んな地域である。特に夜の商店街でバザーを開催する通称「ナイトバザール」の発祥の地であるみやのかわ商店街は、イベント開催の他にも街路整備事業に合わせて商店のシャッターに地元写真家の写真を描いたり、統一されたデザインの店看板を整備するなど、まちづくり活動が盛んである。また、旧秩父往還の宿場町の縁側で芸術展を行う「贄川宿縁側展」や、イギリスで100年以上前から上演されているオペラ「みかど」の舞台は秩父ではないかと考え、そのオペラを秩父市民の手で上演するなど、文化的な活動に熱心な市民も多い。他にも、自然環境の保全と活用を進める団体や、秩父の近代繊維産業の代表である「秩父銘仙」の研究と活用を考える団体等、多様な主体が地域活動を展開している。

　一方、秩父には「秩父夜祭り」という日本三大曳き山祭にも数えられる盛大な祭りがある。これは「屋台」と「笠鉾」という絢爛豪華な山車を曳く祭りだが、山車の維持管理と運行は町会が担っており、行事と呼ばれる実行担当者の下、住民が一丸となって祭りを盛り上げている。その他にも秩父には多くの祭りが残されており、それらはみな伝統的な地縁組織である町会によって継承されている。

　このように秩父には、伝統的行事を担っている町会組織と新しいまちづくり活動を展開する市民組織があるが、それらの連携はこれまでほとんどなかったと言える。もちろん、同じ人間が双方の活動をしている場合はあるのだが、それぞれの組織体制はまったく異なったものとなっている。さらに、新しいまちづくり活動の多様な主体同士の間にも、適度に協力しあう等のネットワークは成立していなかった。まちづくりを担うべき人的資源がとても豊富であるにもかかわらず、その資源が充分に活かされていなかったのであ

る。また、行政にもその資源を活用しようとする経験がなかった。

## 3　パートナーシップの基盤整備——まちの資源調査とまちづくりの場の構築

　2000年4月、秩父でのパートナーシップ型まちづくりの基盤づくりが始まった。これは、埼玉県の第3セクターである㈱秩父開発機構が、秩父市からの委託を受けて「秩父魅力発見・中心市街地活性化事業」を進めるのに際し、早稲田大学に協力を依頼したことから始まったものである。これにより筆者は、早稲田大学都市・地域研究所の一員として秩父のまちづくりの支援に携わることとなった

　まず我々は、市民・行政・民間団体など多様なまちづくりの担い手たちが集い、協議と実践を行う場として「ちちぶまちづくり工房」を設立した。"まちづくり工房"と、会議ではなく工房と名前が付いているのには、皆で知恵を出し、議論をし、手も動かし、足腰も使って、自主的にまちづくりを進めていこうという意味を込めている。

　ちちぶまちづくり工房の設立当初のメンバーは、市報、ポスターなどにより広く公募すると共に、既存の市民活動団体や個人に参加を呼びかけて組織された。メンバーは主に秩父市在住で、年齢は20歳代から60歳代までと幅広く、比較的商店主が多いものの、文化活動や織物の関係者から郷土史家まで多彩な人材が集まった。

### 1）まちづくりの人的資源の調査——まちづくりの担い手を探る

　多種多様に展開する秩父のまちづくり活動の実態と、それを担う人材の実態把握のため、市役所の各部署が把握する市民活動団体、町会などの地縁組織、商店会、各種情報メディアに取り上げられた独自に活動する個人を調査し、データベースにまとめた。これによりわかったことは、次の通りである。

　　○フォーマルな形で行政が把握する市民活動団体が少ない
　　○まちづくり活動は個人をベースに展開されている

○これまでの個人ベースのまちづくり活動は企画から実行まで展開が早いが、市民間の連携や活動の継続性に乏しい

さらに、よりその活動実態を把握するために、後述のちちぶまちづくり工房のメンバーも含めた19名のまちづくり活動の担い手たちに対してインタビュー調査を行った。この調査により、

○市民のまちに対する愛着の強さ
○地場産業や独特で固有の地域文化の衰退への危機感
○連携の苦手な市民気質

が明らかになった。

次にパートナーシップ型まちづくりの一方の担い手である市役所の実態を把握するため、2つの調査を行った。調査に際しては秩父市の政策監に協力を依頼した。政策監とは、市役所の市民環境部、福祉部、経済部、都市建設部、教育委員会の5つの部局におかれた役職で、各部局の横断的政策立案や事業調整を目的としており、独自の予算を組んで活動している。特に中心市街地の活性化を主のテーマとして、市民との協働を模索していた。

調査のひとつめは、政策監を通しての各部局に対する「市民参加、市民とのパートナーシップにより実施している事業」についてのアンケート形式での調査である。このアンケートにより、以下の13の事例について回答が得られた。

○公共計画・事業への意見・要望の徴集——4件
○公共計画・事業への企画・提言の要請——2件
　　上記の6件については20名程度の懇談会形式が多い。
○公共事業・施設の管理運営への参加——1件
○市民活動への支援——1件
○その他——5件

この調査により、公共計画や事業に際して市民の意見や提言を聞くことはあるが、市民と協働して何かを行うという事業はないことがわかった。

ふたつめは、秩父市および㈱秩父開発機構の職員を対象にして早稲田大学都市・地域研究所が行ったデマテル（DEMATEL）法調査である。

これまでのアンケート調査等から、行政と民間のパートナーシップ（PPP：

表 4-1-1 パートナーシップ構築の障害（影響度と関連度）デマテル調査のために抽出した13項目

| 公共と民間のパートナーシップ（PPP）について |
|---|
| ①PPP の「可能性」が未知数 |
| ②PPP の「像」が見えていない |
| ③PPP の「パートナーシップ」が見出せない |
| ④組織的「ネットワーク」が弱い |
| ⑤PPP への「意識」が低い |
| ⑥PPP の「役割分担」が不明確 |
| ⑦PPP の「キーマン（運営・調整役）」不足 |
| ⑧PPP の「ルール（枠組み）」不足 |
| ⑨PPP の「習慣」がない |
| ⑩PPP の「ツールやノウハウ」不足 |
| ⑪PPP への「政策判断」が消極的 |
| ⑫PPP の「推進フレーム」が不明確 |
| ⑬PPP への「移行（業務・抵抗）」が大変 |

Public-Private Partnership）構築に向けて障害となっている点を抽出し、そのうち最も重要と思われる13項目を選び、各項目の関係度と障害度の関係調査を行った（表4-1-1）。

デマテル調査により、秩父の市職員の認識構造において「⑨ PPP の「習慣」がない」および「② PPP の「像」が見えていない」の2つが PPP 構造の構築へ向けた阻害要因となっていることがわかった。これが原因で、「⑤ PPP への「意識」が低い」および「④組織的「ネットワーク」が弱い」が引き起こされ、「⑫ PPP の「推進フレーム」が不明確」と「⑬ PPP への「移行（業務・抵抗）」が大変」が生じていると思われる。よって、これら⑫、⑬の課題を解決するためには、PPP の「習慣」確立に向けた取り組みと PPP の「将来像」の提案が有効な戦略となる。

秩父市役所には政策監の他に、市役所のイメージアップのための市庁舎美化活動を目的として設立された「イメージアップ推進グループ」（若手職員により構成）がある。この「イメージアップ推進グループ」のメンバー18名（調査当時）のうち6名がちちぶまちづくり工房に参加し、インフォーマルな関係ながら行政と市民をつなぐ大きな役割を担った。

2） まちづくりの物的資源の調査——まちの資源の価値を見い出す

時代ごとにその姿を変えながら栄えてきた秩父のまちには、歴史的な文化

財や長い年月を経た建物が数多く存在している。また、荒川によってできた河岸段丘という地形条件が生み出す豊かな自然環境にも恵まれている。しかし、地元に住む人ほど、普段の生活の中ではそうした魅力を忘れがちで、また他所から訪れる人たちも、観光スポットの影に隠れたまちの本来の小さな魅力にはなかなか気付かないものである。

まずはそうしたまちの魅力や問題点を再発見するために、「まちづくり探検隊」としてまち歩きを行った。ちちぶまちづくり工房から参加を募る他に、一般にも広く参加を呼びかけ実施した。

以下に、その成果としてのまちの資源を紹介する。これらをまとめ紹介することで、市民と行政のまちに対する愛着心が増し、パートナーシップに向けての資源動員が推進されていく。

(a) 地形的資源──河岸段丘

秩父のまちは、長い年月を経て形成した堆積層が「荒川」の流れにより削られた河岸段丘の上に形成されている。段は川側から第1、第2、第3、第4の4つの段丘に分類され、高低差は約20mにも達する。古くは水場（川）に近い第1段丘に「まち」が誕生し、時代と共に上の段丘にまちが拡大していった。各段丘にはその時代に最も繁栄した主要道が通っており、近世から近代にかけて第3段丘の秩父往還を中心に形成されたまちが、現在の中心市街地（まちなか）となっている。

写真 4-1-1　河岸段丘と石垣

写真4-1-2　買継商の町並み

(b)　歴史的資源──伝統的なまち並み

　秩父のまちの4つの段丘には、それぞれの時代の雰囲気を今に伝えるまち並みが残っている。まちなかは主要道の秩父往還を中心に、河岸段丘と平行する南北方向の「通り」とそれに直行した東西方向の「横町」で構成されている。平らで歩きやすい「通り」と坂道の「横町」が織り成すまち並みは、変化に満ち、訪れる人が皆懐かしさを感じるものである。

(c)　自然環境資源──湧き水

　秩父のまちの段丘沿いには、たくさんの井戸や池がある。これらは武甲山の伏流水が段丘の境に湧き出したものである。特に、秩父往還沿いはそれらの湧水を利用した商店が多く、造り酒屋の他にも、寿司屋の鰻のいけす、豆腐屋などがある。

　また、宮地地区には「妙見の七ツ井戸」と呼ばれる7つの湧き水がある。この「宮地」という地名は、北斗七星の主星である北極星を神格化した妙見菩薩を祀った妙見宮があったという伝説に由来している。

(d)　地場産業資源──秩父銘仙

　秩父は米作に適さない山村地であったため、古くから養蚕や機織りが盛んであった。江戸時代になると六斎市と呼ばれる「市」が立ち、江戸からも商人が来るようになる。大正時代になると機織りの機械化と「ほぐし捺染」の技術開発により、秩父織物は全盛期を迎えた。生地が丈夫でデザインも美し

写真 4-1-3　町に噴き出す湧水

写真 4-1-4　秩父銘仙

い「秩父銘仙」は、全国的な人気となった。かつては市内に織物工場が500～600軒あり、人口の約7割が携わっていた織物業も、戦後の生活様式の変化により衰退し、今では十数軒の工場が稼動するに過ぎない。しかし現在、工房の活動も功を奏し、「秩父銘仙」の歴史的、文化的価値が見直されてきている。

3) 資源動員のための協議の場の構築──フォーラムづくり

　ちちぶまちづくり工房は40名のメンバーで始まり、初年度は6回のワークショップと5回のまち歩きを実施した。まち歩きの実施に際しては、秩父の物的資源を知ることを目的に、①地形・河岸段丘、②まちなか、③湧き水・ホタルの里、④妙見七ツ井戸、⑤地場産業の5コースを設定し、それ

ぞれのテーマをよく知る「語り部」を調べ、まち歩きの説明役をお願いした。これにより、秩父の人的資源の調査も同時に行うことになった。それらまち歩きの成果であるまちの情報を協議の場である工房に順次持ち込むことで、よりリアルな情報交換ができるワークショップを可能とした。これにより、工房の活動は次のように推進された。

［まちの現状に対し共通認識を持つ］
　　　↓
［まちの目標イメージを共有する］
　　　↓
［プロジェクトに参加する］

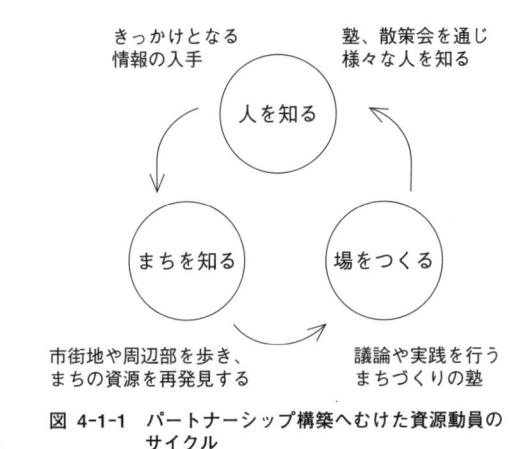

図 4-1-1　パートナーシップ構築へむけた資源動員のサイクル

ここで、2000年度のちちぶまちづくり工房の活動記録（6回のワークショップ）を紹介する。

---

◆**ちちぶまちづくり工房の活動**
○第1回ワークショップ
　工房に集う人たちが、まちへの思いを語りました。

自分の意見を多くの人に伝える、また、多くの人の意見を聞く。まちの人たちの共通認識を育むための第一歩がはじまりました。

写真 4-1-5　第1回ワークショップ

○第2回ワークショップ
　4つのテーマでグループディスカッションをしました。個人の意見ではなく、グループの意見としてまとめ発表します。
　良いも悪いも、「秩父らしさ」が少し見えてきました。

写真 4-1-6　第2回ワークショップ

○第3回ワークショップ
　秩父自慢や昔話を交わしながら、ガリバーマップづくりをみんなで楽しみました。
　大きな地図に自らが乗ることで、様々な発見が生まれました。

写真 4-1-7　第 3 回ワークショップ

○第 4 回ワークショップ

市民が望む秩父の将来像を明確にするため、いままで出された多くの意見に対し、みんなで投票をしました。

『人、自然、歴史に溢れる秩父』が見えてきました。

写真 4-1-8　第 4 回ワークショップ

○第 5 回ワークショップ

4 つの場所を題材に、具体的アイデアを持ってまちを計画しました。

今ある魅力を活かすため、あたらしい魅力を創るため、多くのアイデアが出てきました。

写真 4-1-9　第5回ワークショップ

○第6回ワークショップ
　一年間の活動を「市民主体のまちづくりプラン」にまとめました。市民が主体となった「パートナーシップのまちづくり」の大切さを再確認して、これから「工房」がまちづくりの実践の場となるよう、意見を出し合いました。

写真 4-1-10　第6回ワークショップ

4)　まちの将来像を提言し、フォーラムからアリーナへ
　初年度の工房の活動は、秩父の将来像を提言する6つのまちづくりプランとしてまとめられた。これにより、協議・情報交換の場であったフォーラムとしてのちちぶまちづくり工房は、合意形成を伴うアリーナとしての場へと展開した。

◆6つのまちづくりプラン

【1】歴史を継承する美しい町並みづくり

　古い建物を保存し有効に活用したり、景観に配慮した建物を造ることにより、まちなかを再生しましょう。

〈アイデア〉

■「ちちぶまちづくり工房」が中心になり、まちなかの価値ある建物を文化財として位置付け、その活用を計画、実践する。

■景観に影響のある建築行為に対して、模型などを使ったシミュレーションにより景観づくりを実践する。

写真4-1-11　美しい建物の活用

【2】歩いて伝える普段着の観光地づくり

　まちに残された地場産業や自然、風習を、秩父に暮らす人たちの生活と共に来訪者にみてもらいましょう。秩父の魅力は、まちなかをゆったり歩いてこそ発見出来るはずです。

〈アイデア〉

■「まち歩きマップ」を資源の発見、人の交流に繋げるツールとして活用するため、まち歩きイベントを継続的に開催する。

■「ちちぶまちづくり工房」が中心になりまちの魅力を来訪者に伝えるガイドをする。

4-1 歴史都市におけるパートナーシップの基盤づくり　　207

写真 4-1-12　まち歩きの魅力を伝える

【3】まちづくりを支える情報基盤づくり
　人々の交流の促進やまちの資源の編集のために、情報のやりとりを密にしましょう。
〈アイデア〉
■インターネットを利用して、活きた情報をやりとりする情報ネットワークをつくる。
■秩父に混在する多くの資源（人も物も）を解りやすく整理した情報帳を制作する。
■「まちづくり工房」の活動を積極的に広報し、多くの人に知ってもらう。

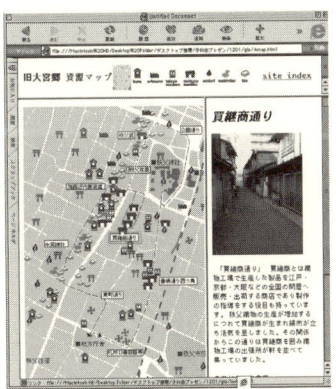

写真 4-1-13　インターネットの活用

## 【4】自然と共に暮らすまちづくり

武甲山の伏流水、その湧水、河岸段丘、周囲の山々など恵まれた自然と、そこに根ざした生活のスタイルを活かした環境・空間づくりを進めましょう。

〈アイデア〉

■湧水を活かした環境整備を行う。

■実際に利き水して、水質調査を行う。

■道に面して、花や緑を植える。

写真 4-1-14　湧水など水系を活かす

## 【5】まちなかを自由に楽しむ遊動空間づくり

秩父のまちなかには、自然発生的で魅力ある路地空間が多く残されています。歩いて楽しいまちにするために、歴史や地形を感じさせる場所を、歩行者空間として見直しましょう。

〈アイデア〉

■まちに散らばる小さな歴史・地形的空間資源や、活用可能な空地・空き店舗の状況について調査する。

■空き店舗や空地の活用に際し路地空間を再生し、あらたな魅力的歩行者空間をまちなかに創造する。

4-1 歴史都市におけるパートナーシップの基盤づくり　209

写真 4-1-15　路地空間の見直し

【6】楽しみ、続ける協働のまちづくり

　ひとつの主体だけで、まちづくりの全てを行なうのは無理があり、なかなか継続していかないものです。市民だけでなく行政、専門家ともどのような協働体制をとるべきなのか、ひとつひとつの実践を通じて共に考え評価しながら、秩父での「パートナーシップ」を形成していきましょう。

〈アイデア〉

■パートナーシップによるまちづくりのモデルとして「まちづくり工房」を活用する。

写真 4-1-16　「まちづくり工房」の活用

## 4 観光政策におけるプロジェクト・パートナーシップの構築

2年目の2001年度に入ると、当初の40名のメンバーのうちの15名前後がコアとなって工房の活動が進められた。

また、これまでの活動を振り返って早稲田大学都市地域研究所がPPP分析を行ったところ、秩父地区には自立した地域構造が存在し、行政と市民の間には個人的なレベルにおいては比較的密接な関係性が成立していることがわかった。しかし、政策や事業を実施する際に行政と市民の協働が実現されないのは、これまでに双方がコミュニケーションをとる経験や習慣がほとんどなかったことに大きな原因があることがわかった。

そこで、パートナーシップの小さな経験を積むことでこの障害を取り除くべく、社会実験として以下のようないくつかの事業に取り組むこととした。

### 1) パートナーシップの基盤としての「観光ボランティアガイド」の養成

2001年度は、前述のまちづくりプランのひとつ「歩いて伝える普段着の観光地づくり」に基づき、秩父市役所の協力の下、工房のメンバーによる企画・運営で、市内外からの参加者を迎えたまち歩きイベント「まちなか観光探検隊」を行った。これはまちに残された地場産業や自然、風習を、秩父に暮らす人たちの生活と共に来訪者にみてもらう、普段着の観光地づくりを目指したものであった。結果は全6回の開催で延べ236人の参加があり、たいへん好評であった。

2002年度は、秩父市と協力し市民から公募した「観光ボランティアガイド」の養成を開始した。養成されるボランティアを、まち歩きのテーマに応じて適切な説明ができる「語り部」と、まち歩きコースを案内する「ガイド」の2つに明確に役割分担したところに特徴がある。ここに集まった市民は、地域に対して愛着を持っていたり、まちづくり活動に関心のある人たちであり、その後のちちぶまちづくり工房の活動を支えてくれる基盤となっ

## 4-1 歴史都市におけるパートナーシップの基盤づくり

2001年度まちなか観光探検隊の概要

### まちに溶け込んだ秩父の魅力を紹介する　　まちなか観光探検隊

秩父のまちなかには風情ある建物、自然、文化遺産などが、人知れず数多く残っています。ですが、まちの中にとけこんでいるので見過ごしがちです。そんな「隠れた観光スポット」を探しに、まちを歩いてみました。

**第1回　5/25　「銘仙のつくったまち・ちちぶを歩く」**

テーマ：秩父のまちを大きく栄えさせたのは織物産業でした。織物問屋やノコギリ屋根の工場といった、現存する建物と人々の生活の記憶を紹介してもらいながら巡りました。
パートナーシップ：
毎回「まちづくり工房」のメンバーが一緒に歩いて、自分たちの知る資源の由来やかつてのまちの様子などを紹介しました。

**第2回　5/23　「身近な自然・★★を訪ねて歩く」**

テーマ：秩父のまちでは、中心部からさほど離れることなく、豊かな自然が広がっています。河岸段丘の生み出す湧水を中心とした環境やそこに生息する珍しい植物や生物を訪ねて回りました。
パートナーシップ：
まちづくり工房の中で「秩父の歴史を考える会」のメンバーの方に自然観察のレクチャーと案内をお願いしました。

**第3回　8/25　「夏の親子まちなか探検隊とガリバー地図づくり」**

テーマ：まちなかを歩いて、気になることを発見したことを、ポラロイドカメラで撮影しました。写真は、大きな地図には
り、書き込みも加えて、情報の整理をしました。
パートナーシップ：
夏休みを利用して子供連れを中心としたイベントを行いました。お母さんやお祖母さんと一緒に参加してくれました。

**第4回　8/22　「宮地の★・妙見7つ井戸を訪ねて」**

テーマ：ちちぶの中心より北へ、宮地は歴史と伝承に彩られたまちです。7つの井戸にまつわる伝説と人々の生活との関わりを訪ねて歩きました。
パートナーシップ：
慶見寺のご住職に、妙見信仰と七ツ井戸についてお話を伺いました。宮地に住むそれぞれの井戸の持ち主に、井戸の由来や思い出などのお話をしていただきました。合わせて井戸の整備をして下さった方もいました。

**第5回　10/27　「まちなか観光のすすめ」**

テーマ：「まちづくり工房」のメンバーが案内人となって、まちなかを案内するコースを作成しました。「秩父神社と地蔵川」「楽しく歩き回れる秩父神社周辺」「秩父往還百年」「江戸六人衆と中世の秩父」の4コースです。
パートナーシップ：
札所13番慈眼寺、今宮神社、秩父神社の方々、歴史研究家や人形の収集家といった専門の方から、まちで暮らす住民の方まで沢山の方にお話を聞きました。

**第6回　11/14　「県民の日」「秩父銘仙に触れる」**

テーマ：普段は目にする事の少ない「秩父銘仙」の本物に触れる機会を企画しました。織物組合や工場を訪れ、染めと織りの行程を体験した後、年代物の秩父銘仙ショーを開催しました。
パートナーシップ：
織物組合や捺染組合、まちの工場に体験等の協力を、秩父銘仙収集家の方にはショーへの展示品を提供頂きました。また飲食店の方に昼食時にサービスをして頂きました。

図 4-1-2　2001年度まちなか観光探検隊の概要

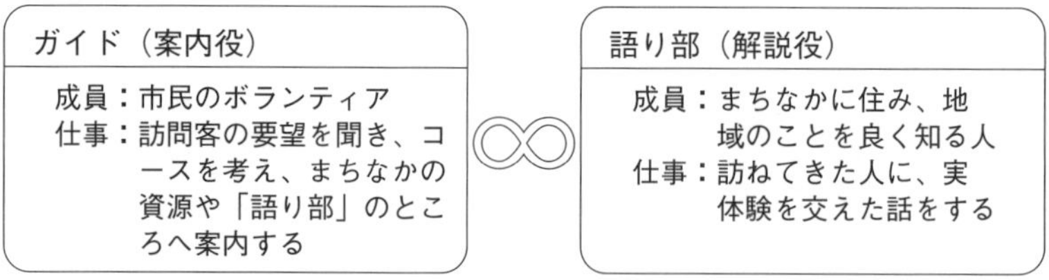

| ガイド（案内役） | 語り部（解説役） |
|---|---|
| 成員：市民のボランティア<br>仕事：訪問客の要望を聞き、コースを考え、まちなかの資源や「語り部」のところへ案内する | 成員：まちなかに住み、地域のことを良く知る人<br>仕事：訪ねてきた人に、実体験を交えた話をする |

図 4-1-3　ガイドと語り部によるまち歩き案内

た。特に、ボランティアの一部の人は工房にも加わり、現在では中心メンバーとして活動している。

### 2）まち歩きから生まれる小さなプロジェクト・パートナーシップ

「まちなか観光探検隊」を繰り返し行うことは、外部からの訪問者と地域の人が交流し、地域の人が自分たちのまちに対する愛着を高め、価値ある資源に気付くことにつながる。さらに、「観光ボランティアガイド」養成は、資源活用の基盤となる人材が担保されることにつながる。これにより、ちちぶまちづくり工房は、「普段着の観光からまちづくりへ」をテーマに、「まちなか観光探検隊」のコースにおける小さなまちづくりプロジェクトの実践を始めた。

妙見七ツ井戸コースは「探検隊」では最も人気のあるコースのひとつであった。妙見七ツ井戸とは、秩父市宮地地区にあったとされる妙見宮が秩父神社に合祀される際の足跡として言い伝えられている伝説の井戸である。しかしこれまでは、市民の関心が高い割には史跡としての調査や整備もなく、7つの井戸のうち3つは現存しておらず、訪れる人もほとんどなかった。それがまち歩きを続けた3年間に、地域から井戸の修復・復元に向けた意向が生まれ、3つの現存しない井戸のうち2つは（完全な形とまではいかなかったが）所有者が自費により再現してくれた。そこで、ちちぶまちづくり工房では、観光ボランティアガイドで語り部をお願いしている地元の人を中心に、今後の七ツ井戸の活用や整備を考える協議会をつくることとした。これに市役所が賛同し、観光事業としてプロジェクトが始まった。はじめてのプロジェクト・パートナーシップの誕生であった。これにより初年度は、残さ

れた現存しない最後の井戸の再現と、散策ルートの観光パンフレットの作成、案内板の整備が実現した。

## 5　フォーラム、アリーナからプラットフォームへ

　数年の活動を経たことで、ちちぶまちづくり工房では合意形成すべき課題や目標が全体で共有化され、メンバーの専門性や関心に基づく個別のプロジェクトも生み出され、適切なパートナーと協力して企画を進める組織として機能し始めてきた。当初まちづくりの協議の場（フォーラム）としてスタートしたちちぶまちづくり工房は、すでに6つのまちづくりプランを提言するアリーナ機能を有するようになっていたが、さらにまちづくりを実践するプラットフォーム機能を備えた組織へと展開するためNPOとして法人格を得ようという方針が出された。

　2000年度、まちづくり活動を担う市民の「協議の場」として設立されたちちぶまちづくり工房は、まち歩きやワークショップを重ね、一定の共通認識を持ち、まちの目標イメージに向けてのまちづくりプランの作成を行った。またその過程では、市街地に残る物的資源や、まちづくりの担い手となる人的資源の調査を進めた。

　初年度の成果を受けて翌2001年度には、パートナーシップの小さな経験を積むための「社会実験」を実施した。秩父には様々な資源が混在しており、これらを結びつけつつ市民を巻き込んでいく可能性があるということで、その対象として「観光」が選択された。「普段着の観光からまちづくりへ」をテーマに、地域と連動した体験型の観光のあり方を開発し実施する中で、住民、市民活動団体、行政ともパートナーシップのあり方を模索した。

　2002年度に入ってからは、ちちぶまちづくり工房の事務局である㈱秩父開発機構は、市役所からの委託事業や「観光ボランティアガイド」への案内依頼を複数受けるまでになった。地域住民や所有者との会合を重ねてきた「妙見七ツ井戸」に関しても、市役所とのパートナーシップが実現した。

　その自立的活動を見据えてNPO法人格の認証を申請し、2003年4月、「NPO法人ちちぶまちづくり工房」が誕生した。

214　4章　パートナーシップをまちづくりへ展開する

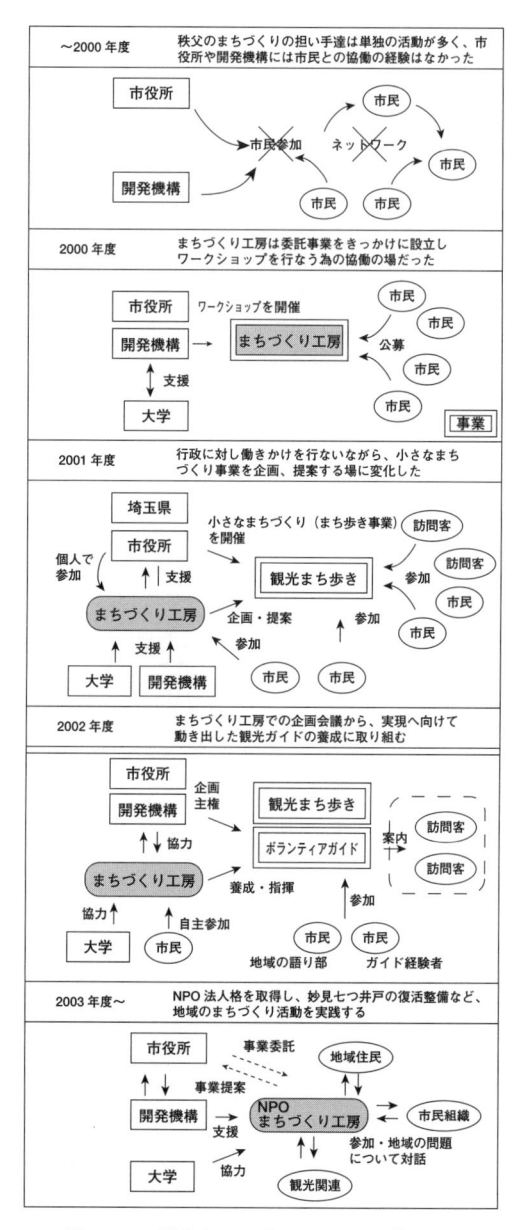

図 4-1-4　秩父市でのパートナーシップの流れ

## まとめ——パートナーシップによる地域マネジメントへ

観光政策におけるちちぶまちづくり工房の活動によって、行政・市民それぞれが一定のプロジェクトパートナーシップの経験を積むことができた。現在、ちちぶまちづくり工房では、市役所に対する働きかけを続け、秩父銘仙活用プロジェクトや元気なお年寄り育成プロジェクトなど、多様なテーマのプロジェクトを行っている。これにより、パートナーシップは習慣化され、多様なプロジェクトが連鎖的に地域で展開されることで、ちちぶまちづくり工房が地域マネジメントを担う組織に成長することが期待される。さらに、主に秩父市の中心地区で展開していた活動も、少しずつ周辺に波及しており、今後は合併による市域の拡大も前提とし、広域的秩父圏における市民組織のネットワークの構築も望まれている。

(注1) 本文中の「秩父市」とは、広域合併以前の「旧秩父市」である。
旧秩父市は、平成17年4月1日に「大滝村」「荒川村」「吉田町」と合併し、面積577.69$m^2$、人工7万2525人の新「秩父市」が誕生した。

**参考文献**
「秩父魅力発見・中心市街地活性化事業報告書」(ちちぶまちづくり工房／㈱秩父開発機構、2001)
「分権型社会の都市・地域ビジョン研究協議会 パートナーシップによる地域マネジメント分科会 2000年度報告書」(早稲田大学都市・地域研究所)
「分権型社会の都市・地域ビジョン研究協議会 パートナーシップによる地域マネジメント分科会 2001年度報告書」(早稲田大学都市・地域研究所)
「分権型社会の都市・地域ビジョン研究協議会 パートナーシップによる地域マネジメント分科会 2000~2002年度報告書」(早稲田大学都市・地域研究所)

# 4-2
## 地方港町における地域再生パートナーシップ

早田 宰

## 1 油津地区の現況と背景

　地域再生をコミュニティベースで主導し、地域コミュニティレベルと市域全体のレベルのそれぞれに政策連携体（レジーム）を形成し、その連携の上に多様なプロジェクト・パートナーシップを打ち上げている宮崎県日南市油津地区の事例をとりあげる。

　油津地区はマグロ漁で有名な漁港である。わが国の漁業を基盤とした地域社会では、人間関係資本を基盤としたすぐれた共益的な経済、地域経営が見られることがある[1]。油津地区はその典型であり、ガバナンスへの参画ネットワーク、レジームを基盤としながら、単一組織のパートナーシップとして典型的な合名会社を組織化している。本稿はその社会力の組織化、及びマネジメントプロセスを中心とした協働のまちづくりプロセスを考察することを目的とする。なお、プロセスの見取り図は章末のプロセス図を参考にされたい。

　日南市（人口約4万5千人）は、温暖な天候、豊かな自然環境に恵まれ、農林水産業が発達し、宮崎県南の中核都市として発展してきた。九州の小京都といわれる飫肥（おび）城周辺の町並み、堀川運河や油津港周辺の歴史的建造物等は、市民の誇りとなっている。油津は国の重要港湾であり、古くは日向の良湊として、近代以後は日本一のマグロ漁業の基地として栄えた（現在マグロ水揚げ高は日本で10位前後）。港湾周辺の商業市街地には、飫肥杉の積み出し（筏（いかだ）流し）に利用された堀川運河や歴史的な建造物が残

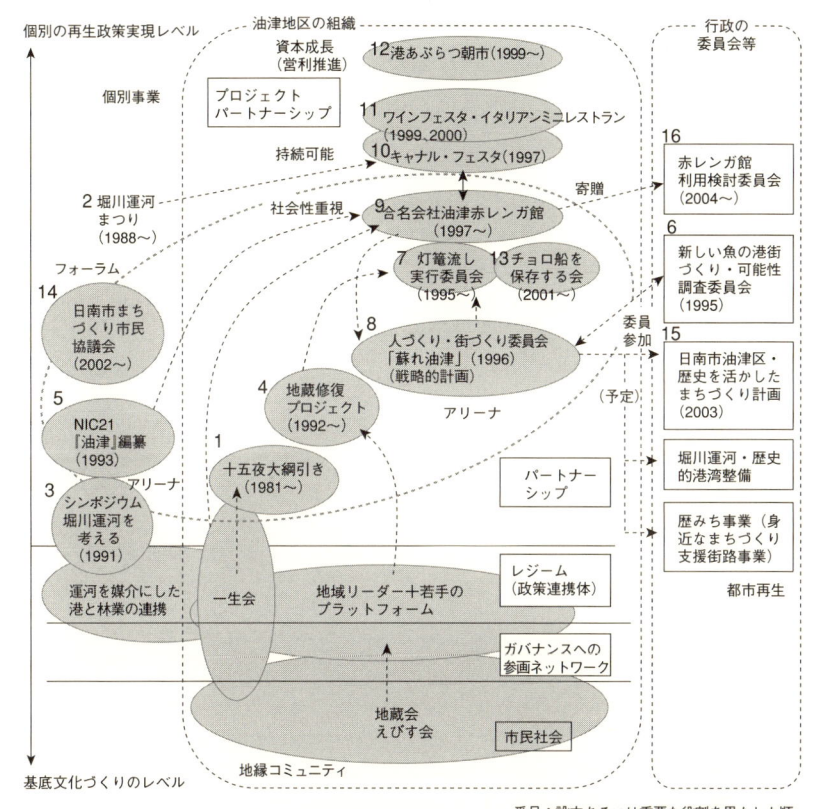

4-2 地方港町における地域再生パートナーシップ　217

図 4-2-1　油津地区の多様なプロジェクトの関係

されており、2005年2月1日現在の地区人口は6010人、地区世帯数2744世帯（微減傾向）である。

まちづくりの歩みの概要を図4-2-1に示す。

## 2　社会力の組織化プロセス

### 1)　ガバナンスへの参画ネットワークづくり

油津のまちづくりのキーとなる「一生会」という組織は、油津地区に住む

あるいはこの地区で事業を営む地域の「二代目」の懇親組織である。社会力の組織化のレベルでいえば「市民社会」の組織である。「一母会」という上の世代の会の名前にちなむ。基本的には団塊の世代が中心で、当初12名で組織された。

　一生会は、頼母子講を営む互助組織の一形態である。毎月1万円を拠出し、そのうち3000円程度を月に一度の懇親会費とし、残金を積み立て、年に一度くじびきの当選者に配当金を出し、懇親旅行に行く活動をしている。

　この一生会だが、もっと若い世代にとって参加する魅力や意義のあるような、より明確な地域還元目的をもたせた社会性の高い活動を展開する組織とした方が望ましいとの考えが、参加者の間にだんだんと広がっていった。この段階で一生会は「市民社会」組織から「ガバナンスへの参画ネットワーク」に転換した（1-2 社会力の組織化参照）。

### 2） コアとなった2つの精神風土──伝統精神と起業家精神

　12名のうち若手のリーダーとなった渡邊眞一郎ほか主要メンバー6人[2]のパーソナルネットワークに共通するのは、二代目、地域住民、Uターン型の居住履歴である（2-6 ネットワーク分析参照）。みな青年会議所に参加した経験があり、プロジェクトを動かすことにも馴れていた[3]。そのうえ「同世代の単なる親睦交流ではなく、JCに加盟していない事業者、とくに若い世代も含めて、地域を変えていく動きを地域で興したい」という気持ちでも一致していた。

　彼らは地域おこしの手がかりとして、永く途絶えていた綱引きを港に復活することを考えた。「幼い頃に十五夜の満月の下で引いた大綱引きを子供たちの世代に体験させてあげたい」という願いと、「同時に港町の文化伝統を教え残したい」という狙いが一致した。それに加え、陸の上で生活する住民と海で生きている漁師との関係の希薄化に対し、「共通の楽しみをもって作業し、語らう場を設けたい」との考えからだった。

　一生会自身に綱引き準備のスキル、例えば綱を編む技術などが伝承されていたわけではない。古い漁師ら経験者に編み方を一から教わることになる。この「手段」が世代間を越えた支援の輪、暗黙知の共有、港町の文化の共有

を願う連帯を生み出した。

### 3) 商工会議所による自助グループ支援

宮崎県の商工行政には、SS運動[4]の伝統がある。小集団による学修活動を通して、経営能力を高めることにより、中小企業の繁栄を促し、それを通して地域経済活性化を目指すものである。「一生会」も初期はSS組織のひとつであり（現在は脱退）、日南商工会議所が日南市内の6つのSSグループの事務局をしていたため、一生会との接点が生まれた[5]。日南商工会議所はこの経験からNIC21（後述）を立ち上げていくなど、以後まちづくり支援に重要な役割を果たす。

### 4) 社会実験としてのプロジェクト・パートナーシップ

一生会の主要メンバーは、大綱引きの実行委員会への参加・協力を漁協青年部や小型延縄船組合に呼びかけた。新しい実行委員会はいわば丘の人と海の人の混成編隊である。港の伝統的習慣と地域への愛着を共に掘り起こすことで地域コミュニティの再結合を図ることで団結したのである。自前で調達した資金を活用して、新たな太綱という共有財を編み出すとともに、大綱引きというサービス財を協働で創出した。

グループは知恵と体力を集め、自らの運営で夏の港祭りの花火大会でビアガーデンを開催し、その益金を綱引きの費用に充てる社会実験としてのプロジェクトを構想した。大綱引きには多様なアクターの協働で地域を再生する手法を導入した。綱引きの後は住民と漁師で朝まで飲み明かすのである。また大綱引きとビアガーデンは伝統回帰と地域マネジメントの導入という2つの意味をもっていた。

実行委員会の周到な準備と共通した熱意があって、1981年の夏祭りでは大綱引きもビアガーデンも大いに盛り上がった。このときの成功体験が、油津地区に「自分たちの力で」という以後一貫する自立主義の種を植え付けた[6]。

初期の一生会がそのような動きができたのは、参加者の自由な想いを優先して動ける内部構造をもっていたからである。食事をしながら同世代のなご

やかな雰囲気の中で、頼母子講のくじびきに象徴されるように誰もが平等の機会をもち、対話の中で自然発生的に取り組みが提起され、その都度合意を積み重ねて承認されていく形式である。その結果、意欲的な活動を推奨し、決定することができた。

## 3　政策連携体からパートナーシップへ

### 1)　歴史文化遺産保存の市民運動とフォーラム

　油津は、飫肥藩の林業[7]の中継基地で、切り出し、運搬のための堀川運河がその象徴であった。戦後、飫肥杉の出荷がピークを迎え、その後は減少、水質汚濁の深刻化、埋め立て計画が進行した[8]。

　しかし、昭和60年代に入ると下水道の普及、河川浄化が進み、それと同時に歴史的に貴重な運河を残せないかと考える市民の声が高まってきた。市民グループは、堀川運河を幅広く考えるインフォーマルな政策連携体をつくっていったが、やがて保存へのアクションを明確化し、フォーマルなフォーラム型のパートナーシップ（2-4パートナーシップの類型参照）を形成しはじめた。

　1988（昭和63年）「油津堀川運河を考える会（会長・河野宗永［故人］）」が設立され、同年保存アピールを目的に「堀川運河祭り」を開始した。祭りの実行委員会組織は、音楽愛好者の集まりである「日南大学」（1985年設立）と協力し、コンサートを赤レンガ倉庫（後述）で開催した。

　この運動の発端は、林業関係者あるいは港湾地区の住民のいずれが興したものでもない。ミクロな直接利害を離れた地区外の市民の手によって担われた環境運動といえる。いわば外の目からの問題提起によって運河の歴史的価値の高さと重要性が広く認識されるに至った。それゆえに油津のまちづくりはガバナンスへの参画ネットワークレベルに大きく裾野が広がった。

### 2)　アリーナにおける検討から「官民一体」のまちづくりへ

　市民の環境運動を受けて、日南市は堀川運河の保存・再生に政策を転換し始めた[9]。それと同時に、行政と市民グループが同じテーブルに着くように

なっていった。

1991年の春、日南市は、日南製材事業協同組合、油津漁協、油津港湾事務所と、市民グループなど運河に関する団体から15人が出席して「堀川運河を考える」とテーマを付した市新春観光懇話会を開催した。これは保存の是非を考えるアリーナ型パートナーシップ（2-4 パートナーシップの類型参照）であり、席上、川越光明市長は「シンポジウムを引き続き開催するなどして、運河の立派な保存、整備につなげていきたい」と結んだ。

それを受けて、市としても運河保存の政策へシフトしていく[10]。運河をテコにした地域活性化を試みた小樽の成功からの示唆が大きく[11]、1991年1月から"官民一体"へ向けた検討が加速していった。市や商工会議所の職員たちは小樽の倉庫群やガラス館に、油津での夢を膨らませた[12]。ただし、この段階での官民一体の「民」とは、主として民間資本やビジネスセクターであり、外来素材を誘致することでの「観光」的な活性化手法を想定している段階である。

その後、93年に日南市は堀川周辺総合整備開発計画意見交換会を開始し、弁甲筏流し復活、観光案内所設置などを推進、同年油津港は、運輸省「歴史的港湾環境創造事業」の指定を受け、翌94年、中央港湾審議会計画部会で油津港港湾計画改定案承認され、堀川運河の保存整備が決定された。

### 3） コミュニティベースのまちづくりの点火

1991年（平成3）年5月、商業集積法の規制緩和によって大型店を核としたまちづくりが全国で始まり[13]、日南市でもまちの核はどこかという議論が白熱した[14]。日南市はJR油津駅から堀川運河までを商業集積地として線引きし、海岸地区は地区外とする原案を提示した。地区外とされた「みなと商店街」は、店舗数わずかに12店のみであった。しかし、堀川運河の保存と活用へと政策は転換しつつあり、それをテコにした新しい可能性もありえるため、商業集積地区内に組み入れられないかとみなと商店会は考えていた。ちょうど油津の海岸地区で大綱引きを復活させるなど、新しい思想のまちづくりを実験してきた渡邊が副会長の役に就いていた。

しかし、委員会の議論は既存商業集積の尊重へ傾き、最終的に市商工観光

課はみなと商店会の主張を遠ざけた。そこで「もう行政には任せられない。堀川運河周辺と海岸地区のまちづくりや油津の活性化がどこまで可能か、地域主導でやってみようじゃないか」。市民運動で始まった堀川運河の保存運動の灯火は、一生会で綱引きを復活させた二世らの政策連携体へ飛び火し、ここに、海岸地区のコミュニティベースのまちづくりが点火した。

### 4) 市レベルの政策連携体の形成

1987（昭和62）年に商工会議所（田中静会頭）の呼びかけで異業種交流会を目的にした「日南市産業活性化協議会（NIC21）」が設立された。当初の商工農業者21人は、商工会議所が個々に依頼したメンバーで、一生会のように自然発生的な会ではない。理事と一般メンバーの二層制になった堅固な組織である。しかし運営は完全に自主的な活動が基本とされ、2年ごとの代表の改選に合わせテーマや人事に関してはタスクフォースが自己決定する。NIC21発足以来事務局長の任にある商工会議所の黒田泰裕は活動支援に徹し、理事会の方針を受けて事務局機能を果たしていく。自主性の尊重[15]により求心力をもったことが、現在まで大きな活力を維持している理由である。

NIC21は、油津のまちづくりを外から支える市レベルのプロジェクト・パートナーシップ（2-4 パートナーシップの類型参照）組織であり、折々で油津支援のためのプロジェクトを打ち上げる貴重な役割を果たしていく[16]。

## 4　まちづくりのシナリオと体制の準備

### 1) 地域価値の共有

NIC21が異業種交流から地域づくりを手がけるようになる流れを推し進めた第三代会長の川越耐介は、飫肥在住の歴代の林業者である。川越らは沸きあがった堀川の保全運動に対し、過去、現在、将来を見通す歴史的理解と、油津と飫肥、海と山いう複眼的な視点で地域全体の産業・生活・環境・文化の関係性をとらえる統合的理解を広がることが必要と考えていた。そこで1992年、郷土誌の編集委員会の立ち上げをNIC21の活動として提唱した。

商工会議所はその重要性を理解し、事務局を快諾した。メンバーに新たな参加者を加えた新しい編集委員は、3つの分科会を組織し、アンケート、資料収集や現地調査等を精力的に行った。実際には編集の実働メンバー26名のうち、油津から参画したメンバーは5人だけであった。行政からは教育委員会の岡本武憲が参加した。岡本は飫肥の伝統的建造物群保存地区を担当し、日南市、宮崎県、国、住民等のセクターを超えたまちづくりの多様な調整を永年担当し、市民主体のまちづくりも一貫して後方支援してきた。

その成果が、『油津──海と光と風と（1993）』である。このプロジェクトは、NIC21という組織の力を生かして人材を集め、活用することで叡智を提供してもらい、情報の収集と結合、市民への翻訳を進め、それによって作成された資料集により正確で十分な情報を市民に広く伝え、結果として油津地区と運河の価値を再確認、評価することで、地域への愛着を引き出すことになった。編集委員会はその意味で、フォーラム型のプロジェクト・パートナーシップ組織であり、ここで海の民、山の民、街の民の間で地域価値を共有し、市域レベルの政策連携体が構築される基盤をつくった。

### 2） 地域将来像の相互編集へ

重要なのは本書が単なる過去の資料ではなく、最終章に将来のまちづくりの提言を加えていることである。提言章の作成を分担する第三分科会長は、渡邊眞一郎が担当した。渡邊は商業集積地の線引きをめぐって行政と議論した直後であり、港湾地区活性化の可能性についてとりまとめの文章を執筆した。運河や港の将来のイメージスケッチを担当したのが細田勝である[17]。添付された計画は、油津を7つに区分し、それぞれのエリアについて、生活者が自らの生活シーンをそこで繰りひろげることをイメージしながら将来像を描いている。このとき油津港を面的にとらえ、回遊性を生み出す複数プロジェクトの配置が考案されていた。

本提案の編集は、地区外参加者が多かったため、油津地区を外から勇気づけ、外には広がりをつくるという相乗効果や相互編集を地区内外で生み出し、その後のまちづくりのバイブル的な位置づけになっていった。

## 3) 地区内の政策連携体再編からプラットフォームの形成へ

　十五夜大綱引きの復活から10年が経過し、運河や赤レンガなどの歴史環境資源活用への転換による観光誘致が大きなテーマとなり、海岸地区の住民、事業者らに地域づくりや地域交流に参加してもらい、地域の連帯感と事業執行能力を高めるかが大きな内部課題となっていた。

　それによって、地縁組織が変化を見せ始めた[18]。復活した組織として「えびす会」「地蔵会」「甘茶会」の3つがあるが、この中で油津のまちづくりの進展と最も影響しあって活発化したのが「地蔵会」（92年再結成）である。

　それまで地域活動の中心となっていた一生会はますます強固な政策連携体となっていたが、その一方で二世という加盟条件があるために、事業所雇用者、その他の製造・加工業者、さらにサラリーマン層、行政職員などが加盟できないという制約があった。また、一生会は頼母子を営む互助組織であるため、月々1万円という積み立ての経済負担が参加の重荷となっていた。それらの身分的、経済的な制約を極力外して、地域に住み働く幅広い層が垣根なく交流し、地域活動に参画できる新たなガバナンスへの参画ネットワーク、そしてさらに政策連携体を整える必要があった。しかし新しい組織をつくることは古いまちでは容易ではない。そこで休眠状態にある最も普遍性の高い地縁組織として「地蔵会」に着目し、それを多くの若手の参加を得て再稼動させるという戦略を採用したのである。

　地蔵会が選ばれた理由は単なる伝統復活以上の現代的な意味をもっていた。地域リーダーらは油津の路地の辻にある「辻地蔵」を古く新しいシンボルとして位置づけ、地域の個性を生かした内発的活性化の装置と考え始めた。そこで地蔵会という市民社会レベルの組織の中から辻地蔵復活のプロジェクトチームが打ち上げられた[19]。

　新しい地蔵会は朽ちた辻地蔵を自らの手で修復して最安置する活動を開始した。JA宮崎経済連の厚意で作業場として空倉庫の無償貸与を受け臨時のアトリエとし、そこに集まり、彫刻家の指導のもとでノミを振るった。10体は頭が消失しており、新たに掘り起こした。辻地蔵復活のプロジェクトチームは既存リーダー層と若手メンバーの混成部隊であり、そのメンバーの間

に締結された強いネットワークは地蔵会を離れて別な実行委員会組織をつくり、灯篭流しなど新たなプロジェクトを推進していく。いわば、地蔵会は本来のインフォーマルな市民社会組織の役割に加え、インフォーマルとフォーマルを媒介させつつプラットフォーム型のパートナーシップ組織（2-4 パートナーシップの類型参照）の役割を果たし始めた。

## 5 パートナーシップによる地域マネジメント

### 1）人づくりからまちづくりの計画へ

90 年油津みなと商店会の結成、91 年の商業集積法をきっかけとしたエリア除外とコミュニティベースのまちづくりの点火によって、みなと商店会は独自に政策力強化へと向かった。商店街は、まちづくりの方針を作成する前提として、人づくりと政策提言力の向上が重要であると考え、94 年、みなと商店会リーダー育成事業（日南商工会・みなと商店会）を活用して、「人づくり委員会」を組織した。その議論の中で、みなとの将来の活性化を考えるには商店会組織では限界があり、油津みなとエリアの活性化を願う多様な港町の利害関係主体が参画できる体制強化が目指されることになった。93 年に NIC21 で『油津──海と光と風と』を作成したときの提言部分を渡邊、細田が中心になって描いたこともあり、渡邊が細田に「油津港地区のもっと具体的なビジョンを作成しようじゃないか」という相談をもちかけた。2 人は県庁へ相談に行き補助金を申請したが、このときに補助金受け入れ窓口として活躍したのも商工会議所の黒田であった。95 年、みなと商店会・一生会・えびす会・地蔵会等の既存組織に呼びかけ、多様な利害関係主体の参画によるパートナーシップ組織として「街づくり委員会」が設立された。

「街づくり委員会」は、希少な地域資源の徹底活用による地域マネジメントをコミュニティベースで戦略的に推進するという方針を目指し、そのシナリオを描く専門家を自ら探し、会議所を通じて委託した[20]。SWOT 分析（表 4-2-1 参照）を含む、地域マーケティング、プロジェクトの重点化、シナリオ化をまとめ、「蘇れ油津；港と運河の街づくり計画策定事業」報告書（日南商工会議所）としてまとめた。本書は多様な利害関係主体によるパートナ

表 4-2-1　SWOT分析の結果：油津みなと街づくり委員会（1996）

| | | 外部環境分析　マクロ環境要因（経済、政治、制度、社会、文化、技術）　ミクロ環境要因（ステイクホルダー、競合他地区等） | |
|---|---|---|---|
| | | (3) 機会（Opportunity） | (4) 脅威（Threat） |
| | | ・豊かさの概念の変化、心の持ちかた重視の潮流<br>・地域開発における、土地が語りかける「ドラマ」の重要性<br>・プロジェクトの事業成立性、事業波及効果の重視の潮流<br>・民間の自発性が問われる潮流 | ・マグロ漁の遠洋化、漁師の高齢化、港湾産業の連関的減退、地域人口減少、高齢化、伝統的地域社会の解体、行財政資源の枯渇<br>・他漁港地区のまちづくりの推進<br>・陳腐な大型商業・観光開発の各地での失敗 |
| 自地区分析 | (1) 強み（Strength） | 積極的攻勢<br>◎美しく豊かな自然（山と海）<br>◎歴史的なたたずまい（多数の歴史的建物、運河、神社、寺院、地蔵様、マグロ景気・回船問屋時代の名残り、旅篭、料亭、商人宿、花街）<br>◎数多くの漁師町特有の伝承・物語<br>◎地域に愛着をもつ多くの有志の存在<br>◎民間ビジネスの経営資源（ノウハウ）<br>◎行政の堀川運河周辺の環境修景整備計画、港湾整備計画等の機運 | 差別化戦略<br><br>△他地区で多い類似的な開発<br>△他都市と比較し際立った特徴がない<br>△街の役割が不明確<br>△行政の財源、人的資源の限界 |
| | (2) 弱み（Weakness） | 段階的施策<br>○採算性の低い店舗、建物の放置<br>○手工職人技術の放置<br>○街づくりの受け皿組織の未整備<br>○全体イメージの弱さ<br>○事業拠点がしぼりきれていない | 専守防衛または撤退<br><br>×大消費地から交通が不便<br>×漁港のイメージの後退 |

ーシップ組織のマスタープラン[21]、あるいはその戦略的計画（3-1参照）として採用されたといえる。油津みなと街づくり委員会は、その核として赤レンガ倉庫の保存活用を掲げた。

　その後、街づくり委員会は、96年ナショナルトラストの油津地区の調査観光資源保護調査を側面支援し、赤レンガ倉庫などの建築史的価値を明らかにした。

## 2）　合名会社油津赤レンガ館の設立

　赤レンガ館（レンガ造3階建、中2階あり、延床面積170㎡）は、大正11年

の木材相場が高い頃、河野家倉庫（飫肥杉や米の貯蔵用）として建設された。大正時代の面影をよく残し、1998（平成10）年10月26日に宮崎県内の個人所有建築物としては初めて文化庁の登録文化財に登録された。

　それより前の1997（平成9）年7月、この赤レンガ倉庫土地建物の競売の話が持ちあがった。地区外の人の所有になればおそらく何のためらいもなく取り壊され、定めたばかりの街づくり計画の核を失ってしまうことは目に見えていた。

　そこで、一生会、油津みなと街づくり委員会、そしてNIC21（日南市産業活性化協議会）を基盤とし、その有志により赤レンガ倉庫取得保存のためのタスクフォースを立ち上げた。当初は、出資できる余裕ある者が可能な範囲で持ち寄ろうかという話もあったが、やはり広く皆に愛される建物として残したいという気持ちもあり、できるだけ皆が参加しやすい形で事業を推進しようということになり、「堀川運河にお金を敷くつもりで、百万出してくれないか」と声をかけた。大胆な提案だったが予想外に次々と反応があり、ふるさとを愛する心と将来への街づくりにロマンを求めた有志31名から3100万円を短期に集めることができた。

　次いで会社設立発起人会が組織された。時間的余裕は3ヶ月もない。協同組合では時間がかかりすぎてとても間に合わない。株式会社では資本金が最初に1000万円必要だが、その1000万を持ち寄ることも難しい。それらの制約から残された途として合名会社をつくることになった。均等に出資金を出した31名が共同出資者となり、1997（平成9）年9月2日に会社が設立された。31人の市民が毎月1万5000円を7年にわたって払い込むものである。この共同積立方式は、一生会における頼母子の永年の経験がベースになっている。

　出資者は皆、油津など地元日南市の生まれ育ちで、職種はさまざまであるが、油津を愛し、かつてのにぎわいを忘れず、新しいまちづくりを願う政策連携体を通じて意を通じ合わせていた人たちだった。共同代表社員（株式会社での代表取締役、渡邊眞一郎、川俣悌助、松田定雄、細田勝の4人）、業務執行社員（株式会社での取締役、10人）で運営されている。合名会社では無限責任が大きなリスクとなるため、特約で責任の範囲を定め、宮崎県が信用保

証することにした。
　「合名会社油津赤レンガ館」の設立目的は、赤レンガ館に関する不動産の所有及び管理並びに賃貸である。赤レンガ館そのものは内部の損傷が著しく、活用方向が定まらない現在、本格的な修復を行っていないため、組織や団体へ賃貸する等が可能な状態ではない。銀行より融資を受けて赤レンガ倉庫及び母屋・土地を買い取り、保存管理を行っているが、「社会性を重視した会社[22]」であり、事業収益、配当もない。「油津みなと街づくり委員会」等の街づくりグループが定期的に活用イベントやシンポジウムを開催し、将来の活用法について模索してきた。

### 3）多様なプロジェクト・パートナーシップの連鎖

　街づくり委員会は、合名会社油津赤レンガ館設立後、将来の資本成長（営利）を模索するコミュニティビジネスの実験を推進していった。98年には全国地ビールフェアを、99年にはミニレストランの社会実験と絵葉書の作成を、2000年にはワインフェスタとイタリアンミニレストランを実験した。
　油津のまちづくりは協働重視のシステムで推進されてきたといえるが、行政の支援がまったくなかったかといえばそうではない。1998（平成10）年度に赤レンガ館が文化庁の登録文化財となった時点では、市教育委員会として修理、活用を内部検討したものの、市の施策として優先順位が低かったため実現に至らなかったが、しかし、2001（平成13）年3月の『第四次日南市総合計画』には歴史的資源の保存・活用、市として堀川運河周辺整備と活用の推進を掲げることになり、文化財建造物や近代土木遺産を保存・活用していくことが目指されるようになった。それに先立ち、北川市長の指示で、赤レンガ館整備を市の施策に位置づけるために、「油津まちづくり基本構想」策定のための関係課協議が開催された（2001［平成13］年1月23日）。その背景には、2000（平成12）年に日南市で開催した「全国町並みゼミ日南大会」以後に専門家の評価が高まったことや、堀川運河の整備手法の見直し、油津赤レンガ館をはじめとする文化財建造物の保存活用方法について、市や県土木部などが内部検討してきたことがある。それらを踏まえて、『日南市油津地区・歴史を活かしたまちづくり計画（2003）』が策定され、現在は事業化

段階に進み、「歴みち事業（歴史的地区環境整備街路事業。現在は「身近なまちづくり支援街路事業」に統合）」さらに、「都市再生モデル調査（2003）」、「赤レンガ館を利用した事業（2007年オープン目標。2004年に赤レンガ館利用検討委員会発足）」で歴史的環境整備の具体化検討が進められている。

### まとめ

油津地区のまちづくりは、全体に、「自分のまちは自分でまもる」「まちづくりのプロセスは問題解決プロセス」という一貫した考え方が顕著である。成功の要因としては、①コミュニティ主導、とくにUターン二世で青年会議所で地域づくりプロジェクトマネジメントを経験した中心メンバーを核にしたガバナンスへの参画ネットワークづくり、②人づくりを中心としたキャパシティビルディングのプログラム化、③市や商工会議所による自律支援、④幅広い市民運動との連携によるフォーラムづくりと政策力の獲得、⑤アリーナ型パートナーシップによる公開シンポジウムを通じた政策の舵取り、⑥生活シーンからの地域将来像と戦略的なシナリオの共有、⑦多様なステークホルダーによる単一組織（合名会社）のプロジェクト・パートナーシップ設立、⑧それを踏み台にした多様なプロジェクト連鎖や行政への効果的な働きかけなどが顕著である。

（本稿のとりまとめには、岡本憲武、黒田泰裕、細田勝、渡邊眞一郎の各氏から調査協力、資料提供を得ました。記して感謝の意を表します。）

注
(1) たとえば以下の論文では、富山の漁村の事例における問題解決を分析している。
Platteau, J. P. and Seki, E.（2001）'Community Arrangements to Overcome Market Failure: Pooling Groups in Japanese Fisheries,' in M. Hayami and Y. Hayami（eds.）*Communities and Markets in Economic Development*, Oxford University Press, pp.344-402
(2) 野崎正彦、内田清日古、渡邊眞一郎、柴田邦宏、河野通郎、谷信吾（以下、文中敬称略）の6人である。渡邊は、古くからの酒造業と回船問屋の現当主である。慶大を卒業し、日本不動産銀行（日本債権信用銀行）に勤務した後、故郷に戻り酒造会社を継いでいた。
(3) 渡邊は24代理事長、柴田は25代理事長、河野は33代理事長。また渡邊は1988

年青年会議所九州地区協議会会長である。

(4) 1967（昭和42）年に始められた宮崎県独自の運動である。多様なメンバー（反対の個性、多彩な体験、多様な業種や営業背景）の小グループ単位（5〜10名程度）で設定される。思考を経て問題解決策を導き出すことにより、個々の能力を高める方法を採用する。いわば異業種交流と人材育成のミックス施策の萌芽的形態である。ルーツとなるゴードン法は、ブレーンストーミングの改良手法の創造法である。当初はメンバーにあえてテーマを明示しないが、ファシリテーターが議論の熟度を見極めてしだいに開陳し、最後は望ましい方向に議論を誘導するというルールが適用される。地元中小企業の成長が地域経済の発展を牽引するという観点から人材開発に行政が着手したことは当時としては非常に珍しい取り組みといえ、現在でも政策の種まきとなっている。

(5) ただし、実際に参加してみると、SSの制度構造や制度思想はどちらかといえば「官」主導で、「一生会」のコミュニティ主導のスタンスとはやや異なるものに映ったようである。その結果、加入5年あまりで「一生会」はSSから脱退する。

(6) 一生会は、現在は日南漁協から資金の一部も得ている。

(7) 日南の温暖な気候に恵まれ「飫肥杉」は成長が早く、軽く、樹脂を多く含み耐久性・防腐性があるため「弁甲（伝統的な木造船の材料）」に最適で、専売品となった。造船場が多い播磨地方に回船され、油津から出荷された。17世紀後半、全長900m、幅22〜36m、最大水深6mの運河が難工事の末完成した。沿岸には造船所、交易所が立ち、藩の表玄関として賑わった。また漁船の荒天時の待避場所など多様な用途に活用され、地域生活・経済に密着した近世期の貴重な土木遺産といえる。

(8) 1974（昭和49）年大油津港建設促進協議会が発足、宮崎県港湾審議会で堀川支流の象川の一部である第一・第二運河と水門の埋め立て、緑地公園化が決定され、工事着手された。日南市も運河を埋め立てて土地の有効活用を図ることを理由にこの計画に合意していた。

(9) 市観光協会総会は堀川運河の保存整備の促進を決議する。背後には1979（昭和54）年に復元した飫肥城の観光面の成功があった。観光客を油津に引き寄せるために整備・保存して子孫に伝えていく政策に切り替えることになる。

(10) 9月の定例議会では運河保存事業調査費に80万円を上程するなど積極的な取り組みを見せた。市は「堀川運河護岸環境整備事業基本構想報告書」を公表し、運河の保存を市民に問いかけた。11月には同懇話会を発展させた「堀川運河シンポジウム」が、市、商工会議所、観光協会の共催で開催され、小樽市関係者（元助役）の基調講演やパネリスト数人による保存、整備についての議論を行ったが、それは市レベルの意見をまとめる重要な踏み台となった。

(11) 1989年、具体的な保存、整備案を考えるために、運河を生かして一大観光地となった北海道小樽市への視察が始まった。田中静日南商工会議所会頭、兼市観光協

会長が視察で来訪したのを皮切りに、川越光明市長や市、商工会議所幹部も視察をし、大きなインスピレーションを得たようである。
(12) 商工会議所内部の支援チーム（黒田泰裕他）内でも、赤レンガ館でガラス工房とイタリア料理の店をオープンする構想などがスタディされた。
(13) 周辺地域の商業基盤施設（コミュニティホール、イベント広場等）との複合型の商業環境整備を各地で奨励、競争を加速する制度であり、地域の核をどこに据え、面的な広がりをどうつくるかという議論が日本中で白熱していた。日南市でも同様に商業集積の線引きをめぐっての議論が始まっていた。
(14) JR油津駅周辺から港に延伸する界隈に、岩崎商店街振興組合（加盟商店数44）、油津一番街商店街振興組合（同20）、五番街商店会（同20）、岩崎二丁目商店会（同19）など地域商業の中心地があり、店舗数は約100程度ある。
(15) 当初は、経営改善の勉強会、講演会、企業視察、訓練等に取り組み、昭和62年には飫肥杉の一号升を開発し、翌年には自動ハンダづけ機を開発するなど、ものづくりの成果をあげる活動から出発した。やがてものづくり班と地域づくり班に発展し、後者は経営者の目から見た地域活性化の取り組みを進化させていった。
(16) NIC21は、94年にはみなとまちフォーラム開催、堀川橋のライトアップ実施、番頭会設置等、95年には女坂庭園の造園整備、堀川橋のかがり火設置、能力開発セミナー開催等、98年には町巡りパンフレット「ノスタルジックあぶらつ」発行、99年にはみなと町めぐりカレンダー発行、観光案内板油津港に設置、焼酎カス処理施設視察、産業活性化セミナー開催、2001年には観光案内所に案内板「油津みなと町めぐり」設置をしている。
(17) 油津で生まれ、Uターンで帰郷した後、港で鉄工所を経営していた。青年会議所31代理事長であり、渡邊とは1980年代後半から青年会議所で日南を越えて九州ブロック全域をまたにかけてまちづくりを議論してきた旧知の仲である。
(18) もともと明治初期より宮崎県の各地では、商人組合として「戎（えびす）講」が設立されていた。「講」は宗教、親睦、地域社会維持の機能以外に物産の運賃や商業の特質を協議する組織であった。油津の「戎講」は漁船株や網株の所有者がつくり、これはまた仲買商人の組合でもあった。その他、漁師は信仰に厚いため、多くの祭りを執り行う神社系、仏教系の多様な地縁結社組織があった。それらは名目上残っていたが、活動は事実上年に数回のお祭りの準備以外には停止状態であった。「えびす会」は7月中旬のえびす祭り（下東のえびす神社）を執り行うための組織で、1984年に松田定雄らの努力で復活した。「地蔵会」は6月24日（現在は7月）の地蔵祭り（下西区・港児童公園）を執り行う組織である。油津地区の路地には「辻地蔵」が約50体ある。児童の健康と無事を見守ってきた地区の伝統的な財産である。1992年、谷信吾ら一生会グループの支援で再稼動した。また、「甘茶会」は正行寺・潮満寺・歓楽寺の旧暦四月八日のお釈迦様の誕生日の祭りのための組織である。

そしてこれらの横断的組織として「七ツ八重会」が1993年に再結成された。
(19)　一生会メンバーである渡邊眞一郎、谷信吾、河野通郎、細田勝、長松利明、河野龍二、渡邊栄造らを中核とし、さらに井上祐二、野元健一、黒木隆介、中島洋一郎、中野正夫、大野弘次、中村貴明、蛯原憲明、佐藤貴美らの若い世代が合流した。
(20)　計画策定を支援した専門家は、株式会社ビーウェイズの山本忠夫が担当した。
(21)　細田勝ら街づくり委員会の主要メンバーは、市民による自分たちの「マスタープラン」と考えている。ただし、行政にとっても分担すべき計画と位置づけられたかといえば、残念ながらそうではなく、「民間の自由な提案のひとつとして行政が受けただけ」となった。当時、市には他に多くの政策課題があったため、赤レンガ館は優先順位が低かった。
(22)　合名会社油津赤レンガ館のサイトでは「ボランティア的な会社」と説明している。http://members.at.infoseek.co.jp/AMMI/index-5.html

# 4-3
# 商店街の公共空間性とパートナーシップ

木 村 裕 美

## 1 公共空間としての商店街の役割

　まちづくり、特に中心市街地活性化においてパートナーシップを実践していく上で、商店街は重要な役割を期待される場合が多い。地縁型コミュニティの構成員（3-1）として位置付けられているその実態はどうか。パートナーシップにおける役割、まちづくりにおけるミッション、地域経済活性化の視点などから事例を交えて考える。

　商店街の衰退が言われてから久しい。

　歴史的に商店街は集客機能のある場を中心に自然発生的に成立したところが多く、計画的な店揃えやインフラの整備は近年になってからのことである。高度経済成長期やバブル期などを経て成功体験を実感してきた世代の商業者は、バブル崩壊以降の従来にない急速な環境変化に対応しきれず、顧客離れを食い止められないところが多いというのが現状である。

　その一方で経済産業省は、「中小企業白書」や「21世紀に向けた流通ビジョン」（1995年）などで、商店街の地域社会での重要な役割を提唱し続けている。また中心市街地活性化法に由来する施策や東京都の「21世紀商店街振興プラン」（2003年）からも、商店街が自ら積極的に地域に対して行動するよう期待されていることがわかる。少子高齢化を背景に、ともすれば本業である商業・サービス業等の活性化以上に地域を支えるまちづくりアクターとしての期待が大きくなっているようにも受け取れる[1]。

　また、商業者はとかく補助金頼みとも言われてきた。地域経済およびまちづくりの担い手としての役割を果たしてこその補助金投入であるが、その費用対効果が明確でない場合にはその声は特に大きくなるようだ。

商店街は昔から、祭りや文化の継承、防犯や美化運動など、町会とは性格は異なるものの、それと同様にまちの既存組織として行政や会議所の末端機能を担ってきた。だれもが自由に出入りできる場であり、ヒト・モノ・カネ・情報等様々な資源が行き交う「暮らしのプラットフォーム」[2]として、地域の生活者でもある商業者自身が結節点となり、消費者と商業者という販売行為を超えて「まちのコミュニティの核」を形成してきた。地域の生活を支える必要不可欠な役割を担い、公共空間を形成する重要な「場」であったからこそ手厚い施策の対象にもなっている。しかし、その役割も変化し、施策対象も選別される時代となった。

## 2 商店街に期待される異なるコミュニティをつなぐ2つの機能

そもそも地域の商業者には次のようなことが期待されていると考えられる。

商業者は職住一体または近接の生活をしている場合が多く、公私にわたり地域に根ざした活動を行っている。地縁コミュニティの構成員として地域貢献を行っているわけである。商店街関係はもちろん、青年会議所や消防団、子供のPTAなど、複数の役員をこなしている人も珍しくない。地域文化や伝統の継承の担い手ともなるなど、後継者不足、町会への加入率の低下（地域格差はあるが）などもあって数少ない若手はひっぱりだこである。

商店街組織としても、目先の営利は度外視して地域貢献をする地域団体、という顔がある。地縁性を礎に長年地域に居住する旧住民や既存組織とのネットワークを持ち、隣人としても顧客としても長い付き合いをしているお互い様の「ご近所付き合い」つまり相互扶助システムの一員である。

一方で商業者としての本来の事業は営利活動である。不特定多数の人が往来する商店街で本業の営みを通して、新たに流入してきたいわゆる新住民や学生・ビジネスマン・観光客など外部からの新規また流動的な来街者との接点も持ちつつ商売をする。

このように商店街の商業者は、地域住民として昔ながらの既存組織を中心

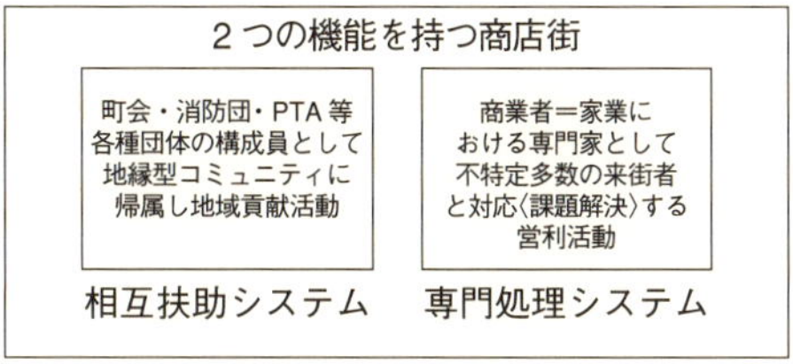

## 4-3 商店街の公共空間性とパートナーシップ

```
            2つの機能を持つ商店街
  ┌─────────────────┬─────────────────┐
  │ 町会・消防団・PTA等  │ 商業者＝家業に     │
  │ 各種団体の構成員として│ おける専門家として │
  │ 地縁型コミュニティに │ 不特定多数の来街者 │
  │ 帰属し地域貢献活動  │ と対応〈課題解決〉する│
  │                │ 営利活動          │
  │  相互扶助システム   │  専門処理システム   │
  └─────────────────┴─────────────────┘
```

図 4-3-1　2つの機能を持つ商店街（倉沢 [2002][3] を参考として作成）

とした「相互扶助システム」に帰属しながら、同地域で各店が専門分野において営利活動をする「専門処理システム」を構築しているという2つの機能を有し、多様な資源の窓口ともなりえるわけである（図4-3-1）。

このため、既存組織や行政などは、新住民やテーマ型コミュニティなど新しい資源へのアプローチは、付き合い慣れた商店街を通して可能となるであろうと判断する。また、従来商業者は様々な地域の課題について、解決の糸口がどこにあるかよく知っていた。既存資源への結節点としても、どう動けば有効に作用するかをわきまえており、異なるコミュニティをつなぐ機能を今も期待されている。

### 3　商店街衰退化を誘発する機能不全の要因

商店街・商業者へのこうした期待は、図4-3-1に示したそれぞれの機能がうまく働いているということが前提となっている。しかし現状は、残念ながら機能不全を起していると言わざるを得ない地域も多々ある。

町会加入率や商店街自体の減少に象徴されるように地縁型コミュニティによる機能の維持は困難となっており、そのために伝統的な「相互扶助システム」は脆弱となっている。地方では少子高齢化による人口の減少そのものが課題となっているところが多く、商店街会員の母体となる個店そのものも減少している。一部の地方や都市部に限れば住民や外部資源の流入が比較的活発な地域もあるが、そうしたところでさえ町会へ積極的に参加する新住民は多くない。

また、流動する資源を地縁型コミュニティ自体もうまく受け止めることができず、摩擦が起こることもある。例えば、ゴミの収集ルールや近隣公共施設の掃除当番といったようなことから新旧住民対立が発生する場合もある。ましてやご近所付き合いにおける暗黙の慣習などは新住民には理解しにくい。
　一方、多様な資源を受け止めてきたはずの商業者による「専門処理システム」も機能していない場合が多くなってきた。
　高度経済成長下右肩上がりで推移してきた小売業商店舗数は、1973年のオイルショックで成長率は鈍化し、1982年をピークに減少に転じている。業界総体で見ればバブル期の「栄華」を享受できた個店は一部で、衰退の傾向が現れているわけだ。その後、1990年のバブル崩壊以降はその傾向は加速され、流通構造そのものが転換期となり、大手流通業においても経営破綻や再編に至る企業が出てきた。
　小売業は環境適応ビジネスと言われ、環境変化に柔軟に対応して顧客ニーズやシーズを汲み取って適切な商品やサービスを継続的に提供できれば成立するとされている。多様な資源を積極的に受け止め商機とすることが生き残り策であるともいえる。しかし現実には活力が低下し、衰退している商店街が多い。
　1978年の総理府による国民選考度調査では、物の豊かさと心の豊かさをともに重視するようになり、それ以降は心の豊かさのほうか優先順位が高くなったことから、国民の価値基準は大きく変化してきたと言われている。そんな中、長年地縁を頼りに商売をしてきたため、専門処理業者＝専門家としての体系的な経営ノウハウを培ってきた商業者は多くない。持っていてもスキルアップに欠ける場合がある。都市構造の変化や生活者のニーズの変化に適応できず、地域のコミュニティ形成が希薄になると同時に顧客も喪失している場合が多い。モータリゼーションの発達や郊外の大型店進出など外部環境要因はあるものの、衰退の一因は新たな時代において生活者が必要不可欠とする「専門処理システム」を再構築できなかった各個店、商店街の内部環境要因も大きいと云わざるを得ない。商業者が本業において専門家として地域の生活者と消費者としての関係性を保持できなかったことで疲弊し、期待

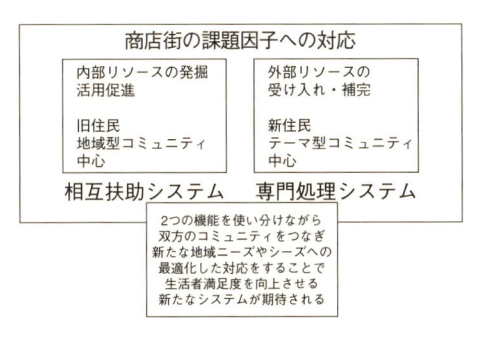

## 4-3 商店街の公共空間性とパートナーシップ

```
┌─────────────────────────────────┐
│      商店街の課題因子への対応      │
│  ┌──────────┐  ┌──────────┐    │
│  │内部リソース│  │外部リソースの│    │
│  │の発掘    │  │受け入れ・補完│    │
│  │活用促進  │  │          │    │
│  │          │  │          │    │
│  │旧住民    │  │新住民    │    │
│  │地域型コミュ│  │テーマ型コミュ│    │
│  │ニティ中心 │  │ニティ中心 │    │
│  └──────────┘  └──────────┘    │
│   相互扶助システム 専門処理システム  │
│         ┌──────────────┐       │
│         │2つの機能を使い分けながら│
│         │双方のコミュニティをつなぎ│
│         │新たな地域ニーズやシーズへの│
│         │最適化した対応をすることで│
│         │生活者満足度を向上させる│
│         │新たなシステムが期待される│
│         └──────────────┘       │
└─────────────────────────────────┘
```

**図 4-3-2　商店街の課題因子への対応**

された役割も果たせないという悪循環に陥っている。

　少子高齢化を機会と捉え、地域密着型のビジネスの強みを活かすためには、ターゲットとなる生活者ニーズやシーズを理解し、2つの機能、役割を有効に使い分け、パートナーシップの要として新しい社会の組織化の一端を担い、地域の課題解決を目指すことで、公私共々の新しい活性化策の登場を期待したい。生活者満足度向上を目指し、強みと機会を活かし、弱みと脅威を克服するマーケティングに基づいた新たなシステムが必要である（図4-3-2）。

## 4　ネットワークの核となる商店街

　では具体的にどのような取り組み方があるのか。
　商店街自身の組織形態の違いにより内部環境や資源は異なるが、おおむね共通しているのは、商店街は地縁型コミュニティの一員として、既存の地域の団体とのネットワークを持ち、地元名望家層、政治家、行政とも付き合いが長いということである。相互に利害が一致することへの協力は惜しまないし、しがらみも多いので地域貢献においては非営利な活動にも関与する。しかしそれゆえに、過去の慣習から脱皮できない、排他的で新しい資源を受け入れにくいという側面もある。
　新住民やテーマ型コミュニティとの関係性の持ち方は、商店街の環境や位

置付けによってそれぞれ異なる。営利事業を営む観点からは新規顧客に直結する付き合いはすべきであるが、それが即座に売上げ向上に結びつかないことも多く、対応は一様ではない。例えば、環境対策や高齢者対応といったテーマは商業者自らが体現し受け入れやすいが、子育て支援となると地域によってその温度差は大きい。新たな市場環境の変化や世代間ギャップを越えることはなかなか困難なようだ。これらを受け入れられないがために専門処理システム、つまり環境適応ビジネスとして生き残れないと云うこともできる。従来握っていたはずの解決の糸口を有効活用していない、またはその効力が失効してしまったということも考えられる。

　商店街はもともと同じ地域に店舗を構える商業者が、相互扶助のため組織化したものである。組織的に商店街として法人格を持つ団体と任意団体である場合の2通りがある。

　法人組織は基本的には役員の合議制により運営されるので、理事会での意思決定が必要である。賦課金を徴収して財源としており、必要に応じて行政に支援を要請して助成金を得たり、高度化融資などを受けたりするが、自己資金の活用が前提となることが多い。施策により単独での事業主体ともなり得、また独自の憲章や協定などを策定し政策化する場合もある。駐車場経営等の共同事業を展開すれば、それにより資産や資金を保有することも、逆に負債を抱える場合もある。組合に優秀な事務方が存在する組織では、計画的な運営が実施されているものもある。一般的には定期的な執行部の会議が持たれ、課題別の分科会活動で共同事業を行ったりしているが、ここで優れた組織体制と財源を持つ商店街の中には、ガバナンスへの参画ネットワークの要となったり、政策連携体として重要なキーマンを輩出していたり、アリーナやプラットフォームの機能を担っていたり、プロジェクト・パートナーシップの推進役となっている場合もある。

　個人事業者が多数で組織を結成し財源を持って活動しているという点では、商店街自体が、契約を伴った、共にリスクを背負うごく限られた地域のパートナーシップであるとも言えなくはないが、根拠法規により組合員資格が定められており、その位置付けは自ずと異なってくる。もっとも、日本の商店街の法人化率は36.6％と極めて低いし、内専従事務局員のいない組合

が 76.6 %である。街路整備などの限定された目的のため設立されたが実際の継続的活動は皆無という組織も存在する[4]。

一方、法人格を持たない単なる任意団体である場合は、組織としてはゆるやかな連携で賦課金も少額であることが多く、財源は極めて脆弱である。近年は任意団体でも事業主体として直接助成金対象にもなり得る施策が多く提供されるようになったが、社会的信頼という点では今も法人格を有する方が依然として優位である。しかし、合意形成に時間のかかる組合に比べ、組織としての柔軟性や起動力は任意団体の方が優位なこともある。優れたリーダーが存在する場合にはトップダウンでの迅速な意思決定も成立する。反面、任意団体は事務局や専従職員はほとんどなく、事務的能力には限界がある。

いずれの場合も、組織成立の 3 要素と言われる「構成員が信頼関係にあり」「目標を共有し」「貢献意欲を維持する」という基本ができているならば、法人格の有無を問わず、何らかの活動を継続していることが多い[5]。

これらの特性を活かし、商店街がコアリソースとなり、不足資源を補完しながらパートナーシップを構築することは、地域の新旧コミュニティや地縁型とテーマ型コミュニティの連携促進、また外部資源の窓口としての機能を再認識し効果的に活用するチャンスである。

以上のことからすれば、社会力の組織化のレベルから見て、商店街はすでに市民的公共性の政策を担うガバナンスへの参画ネットワークのひとつの柱となっている場合が多い、と言えよう。

◇事例◇川口(1)——激変する環境にパートナーシップで適応する
　埼玉県川口市。かつて映画「キューポラのある街」の舞台として鋳物工場が林立する工都であったが、近年、東京近郊都市として環境は激変し、鋳物工場の多くはマンションへと姿を変え、2005 年現在は人口 49 万人の住宅都市へと変貌しつつある。
　JR 川口駅東口に立地する市内で最も賑わいのある商店街のひとつ川口銀座商店街振興組合は 1959 年に設立され、300m の間の約 100 店舗が加盟している。1970 年にイトーヨーカ堂が同商店街内に出店（7263 ㎡）、大型店舗とも共存共栄してきた。1980 〜 85 年には買い物公園というコンセプトでのモール化に伴い「街づくり委員会」を設置、路盤整備等が

実施され愛称「樹モール」と命名。行政の支援もあり「まちづくり協定」も策定したが、環境変化があまりに大きく、今はあまり機能していない。
◎福祉団体誘致で地域貢献
　その樹モール内に知的障害者通所授産施設「すいーつばたけ」がオープンしたのは1994年12月9日（障害者の日）であった。クッキーの製造販売、喫茶コーナーが設置されている。当時の理事長はパン・洋菓子の製造販売業を営んでおり、同団体にクッキーのレシピを家族で伝授し、商店街として検討し誘致したものである。地元建築家やライオンズクラブの支援もあり、事前にイトーヨーカ堂の協力で販売の実地勉強もした。現在は社会福祉法人「めだかすとりぃむ」として法人格を取得して活動し、店は社会就労センターとなっている。同団体は同時にNPO法人「めだかふぁみりぃ」としても、知的障害者の余暇に関する支援、関係諸団体との交流活動を行っている。組織として20年もの活動を継続してきた同団体のネットワークは広い。活動資金確保のためのフリーマーケットなどのイベントを開催し、また他へも参加してきたことも大きい。
◎おかみさんたちの挑戦したフリーマーケットが突破口
　1998年、樹モールのおかみさんたちがフリーマーケットを始めたときに、そのノウハウやネットワークが活かされることとなった。埼玉県の「商店街いきいき女性リーダー応援事業」により、挨拶を交わす程度の関係だったおかみさたちが、共に事業の企画・運営に挑戦したのだ。フリーマーケットには地域内外より多数出店があり、集まった出店料は春は緑化基金、秋は社会福祉協議会へ寄付された。同活動を通じ、多数の市民とはもちろん、福祉関連団体や行政との関係性がさらに高まった。支援される立場であった「めだかふぁみりぃ」は相互扶助の関係となり、めだかふぁみりぃの女性代表は現在商店街の理事にも就任し商店街運営にも参画している。これを機に商店街内に「ほほえみ倶楽部」という名称の女性部が立ち上げられた。
◎ギャラリー運営で新旧コミュニティの交流促進
　2000年には多目的スペース「燦ぎゃらりー」を商店街内に設置。基本的には運営経費捻出のため1週間単位での有料貸し出しを行っている。営利目的の活用は不許可で、管理運営は商店街内のギャラリー委員会で行い、一定期間は地域貢献のための企画を実施している。
　立ち上げに当たっては自己資金に加え県・市より助成金を得、地元の

美術家協会や公民館、様々な地域の活動団体や個人に宣伝し活用促進したこともあり、文化・芸術・音楽など市民の多様な交流の場として賑わっている。同名称は商店街内で公募された中から最終的に市長が命名した。商店街は事務局と職員を抱えているが、ギャラリー委員会は主に組合員中心で担っている。また組合費に加え、駐車場や貸しビルを取得し運営することで、他の共同事業とも合わせて活動資金を捻出している。

　当時の理事長は設立目的を「新旧住民の交流の場づくり、情報の受発信の場」であると語っている。多数を集客したフリーマーケットは年2回の開催であるが、「燦ぎゃらりー」は常設の市民交流の場となった。それはまた地縁型コミュニティとテーマ型コミュニティの出会いの場ともなり、この場を媒介にして情報交換が始まり、新しいネットワークが拡大した。2001年以降は、フリーマーケットに変わりアートにテーマを絞った市民参加型のイベント「樹モール祭」を実施しており、ギャラリー委員会の呼びかけで文化芸術団体や個人が多数参画している。早稲田大学都市・地域研究所とパートナーシップを研究する川口市役所では「燦ぎゃらりー」や「樹モール祭」に参画し、市民とのまちづくりや地域の課題解決のあり方などの社会実験を重ねている。

◎広がる波及効果でテーマ型コミュニティへの発展
　さらにギャラリー委員会の初代委員長が地域のギャラリーを独自に訪ね歩き、情報提供を呼びかけた。初代委員長は趣旨に賛同した樹モール以外の店舗と共に出資し、地元イラストレーターなどの協力を得て、商店街活動とは別途に「市内ギャラリーマップ」を作成した。その熱意に動かされた地元のまんが家が、これをネット上でも展開しようとさらに有志を募り「eぎゃらりー川口」を立ち上げ、WEB上での地元文化芸術のポータルサイトが生まれた。今もボランタリーな実働とゆるやかなネットワークで協力メンバーの支援により運営が続けられ、地元文化芸術の情報発信、データベースとしても認知度は高い。

　樹モールでは従来福祉というテーマ型コミュニティとの交流はあったが、フリーマーケット開催をきっかけに、地縁型コミュニティに加えさらに新住民との交流も活性化した。また「燦ぎゃらりー」の設立運営においては、商店街自らが新旧様々な団体にアプローチすることで、ネットワークが広がっ

た。

　こうして多様なチャネルを使い分けることで、単なる商店街の共同事業の枠を超え、地域社会に大きな波及効果をもたらす結果となっている。「新旧住民の交流」という課題に対してコアリソースを集約する「場」となり、関連する諸課題を持つ様々な団体や個人がその「場」を介して互いに不足資源の補完を求め合い、資源動員が機能しているとも言えるだろう。

## 5　パートナーシップによる新たな価値創造

　「かつての賑わいを取り戻す」――基本計画や中心市街地活性化構想等においてよく使用されている言葉であるが、「もはや過去と同じ賑わいは戻らない」と考える方が適切である。外部環境・内部環境ともに激変していることを認識し、生活者にとって「魅力ある新たな価値創造」をしなければ活性化は生まれない。都市間競争においてまた地域内で、中心市街地や商店街の位置付けはどのように変化してきたのか。生活者がそのまちをどう活用したいのか。常に模索していく必要がある。生活者ニーズを基点としたマーケティングの導入が進まなければ、激変する環境適応への「魅力ある新たな価値創造」は困難である。

　川口市の樹モールにおいても、新たな事業の実施に至る背景には、商店街として今後も顧客に支持され続けるのかという危機感があった。環境とりわけ消費者動向が大きく変化してきたことを懸念して、1998年に埼玉県の中小商業活性化基金助成交付事業によって来街者調査や先進事例の視察などを実施した結果、独自の個性や魅力に乏しいと人々に認識されていることが明確となった。その調査を受け、顧客とのコミュニケーションをより密度の濃いものにして魅力ある個性を醸成しようというビジョンが打ち出され、その具体案のひとつが市民参画型の共同事業である「フリーマーケット」や「燦ぎゃらりー」であり、パートナーシップへの足がかりとなった。

◇事例◇川口(2)――プロジェクト・パートナーシップによる新たな価値創造

2002年、まちづくりを考える市民の集いとして「川口まちづくりフォーラム」が開催される。川口商工会議所が場を提供し、早稲田大学都市・地域研究所がワークショップやシンポジウムを支援し、ガバナンスへの参画ネットワークとして、また時にフォーラムが創出され、今もインフォーマルな交流は継続している（詳細は「プロジェクトかわぐち」ウェブサイト p251 参照）。

　そのメンバーの有志で 2004 年 5 月～6 月、川口市の中心市街地周辺を舞台に環境をテーマにした現代アート展「Between ECO&EGO」が開催された。元鋳物工場のアトリエ KAWAGUCHI ART FACTORY、旧街道沿いの古民家や蔵や銭湯、そして樹モールの店頭や燦ぎゃらりー、広場や路上など街の中の様々な場でアートやパフォーマンスが 1 ヶ月にわたり展開された。1 年前から段階的にシンポジウムやワークショップなどを重ね、アーティスト 14 名と 50 名を超える市民ボランティアなど、観客動員も含め多数の市民が参加した。企画運営にはアートプロデューサーと地元有志らで実行委員会を設置して当たった。樹モールのギャラリー委員会は場所の提供や同地域での開催時の管理運営、行政や地域との調整などの支援をした。川口市役所の環境センターも場の提供を行い、市民の立場で参画する複数の職員もいた。キックオフのシンポジウムでは、埼玉県の国際交流事業で来日中であった独フライブルグの大学教授である産業廃棄物の専門家と市民のパネルディスカッションが実施された。また、実行委員会には川口まちづくりフォーラム有志ほか市長、会議所会頭、地元名望家なども名を連ね、地域への協力を呼びかけた。公的および企業の助成のほか、地元企業の協賛なども得て、まさに新旧住民、地縁型コミュニティとテーマ型コミュニティ、多様な外部資源も流入してのコラボレーションとして期間限定のプロジェクト・パートナーシップとなった。

　参画したギャラリー関係者によるテーマ型コミュニティはさらにネットワークを拡げ、以前から街なかアートに取り組んできた「まちのこし集団かわぐち塾」などが呼びかけ 13 団体で KAWAGUCHI39@rt 倶楽部を立ち上げ、2005 年 3 月 9 日前後に各ギャラリーで一斉展示会を開催した。その後もプロジェクト毎に組織体制を変え、まちなかアートイベントは継続している。

これらはまちや商店街の新たな魅力づくりにつながる活動ではあるが、努力なくして各個店の売上げに直結するものではない。商業者は日々の売上げが生計に直結するため、短期的に成果を発揮しなければ事業の継続は困難を極める。イベントは商店街の代表的な共同ソフト事業である。しかし「集客による新規顧客開拓」や「地域貢献による信頼関係の醸成」などの目的達成のための手段であるにもかかわらず、イベントそのものを目的化している場合が多く見受けられる。地域の多様なセクターとの協働を自店の売上げに結び付けるまでのシナリオは、各商業者が描く必要があることを再認識しなければならない。目標を明確にすることで効率の良い経費活用や運営の仕組みづくりを進めることが可能となる。

　また、参画した商店街以外の団体や個々人も、アートを通した交流でひとつのゴールを得て課題を解決する人、自己実現からさらに地域への関心の高まりや問題意識の醸成に至り政策連携体としての意識を持つ人など、個々の達成感や課題解決度合いは多様である。

　今後、川口のような活動を発展的に継続をするためには、実働メンバーを外部セクターからより多く動員して商店街内でコアリソースを抱え続けるという従来型手法もあるが、実働メンバーを独立組織として外部化させることでリスクの分散をしながら外部セクターと共に活動拡大し、地域のプロジェクト・パートナーシップからレジーム（政策連携体）、最終的には恒常的なパートナーシップへとして発展していくという選択肢も考えられる。

## 6　ナレッジマネジメントによる暗黙知の活用

　パートナーシップにまで至らずとも、規模や活動の大小はあれ、もともと商店街を核にした地域連携はこれまで何かしら行われてきた。法人格もない小さな商店街でも、清掃や緑化活動、祭りの主体となるなど、町会や商工会議所・商工会などと共に地域活動を支えてきており、地域のネットワークには通じている。こうした活動が継続する中で、地域の慣習や行事、文化や暗黙のルールなど、明文化されていない知恵や知識が継承されている。つまり、地域に内在する資源を新たな価値を生むものと意識することなく、日常

的に利用している場合が多い。

一方、これらは発展的活用の可能性が期待できる反面、意識が及ばない場合は新たな提案の頑な拒否や新住民参画や新規参入事業者の障壁となるなど、まったく逆の作用を生ずる場合もある。潜在的な資源を活かせず、形骸化した組織と官僚化した組織風土は排他的な慣習を生み出すこととなる。

これら潜在的な資源を「暗黙知」と呼ぶが、では暗黙知から新たな価値創造を導き出すためにはどうすればよいか。前章までのプロセスに加え、ここでは暗黙知を形式知に変換して新たな資産を創造するナレッジマネジメントに注目する。ナレッジマネジメントを商店街を核にしたパートナーシップに応用し、図4-4-3に示すSECIモデル[6]による知識創造を、パートナーシップによる新たな価値創造と想定し考察する。具体的には東京・新宿の早稲田大学周辺の商店街をとりあげて考える。

ナレッジマネジメントによれば、無形資産や知識資産は価値の源泉となり、新たな資産を生み出す。暗黙知と形式知は片方のみでは資産の創造には不十分ありで、両方のダイナミックな複合体こそが知識となる。SECIモデルにおける「共同化」「表出化」「連結化」「内面化」の各プロセスで「場」を創出し、上昇的スパイラルを描きながら循環することで発展する。

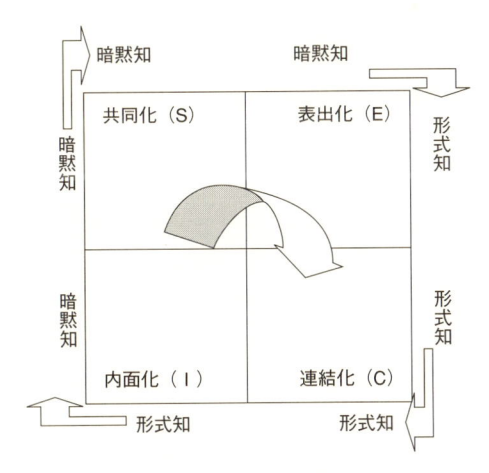

図 4-3-3 SECI モデル
(野中〔2003〕[6] 等を参考)

### 1) 共同化（Socialization）

暗黙知から新たな暗黙知を生み出すプロセス。共感する創出場。身体・五感を駆使し、直接経験を通じた暗黙知の獲得をする。

商店街を核としたパートナーシップにおいては、気心の知れた商業者や生活者らが集まり、直接話し合うことで暗黙知を共有するため、信頼が醸成できる少人数でスタートするインフォーマルな集まりを持つことなどが考えられる。メーリングリストなどのウェブ上での設定もあり得る。これは、ゆるやかなネットワークや自由な話し合いの場であるフォーラム創出の苗床となっていく。社会力の組織化レベルで言えば「市民社会」に相当する。

> ◇事例◇早稲田（1）――あらかじめ土壌があると共有化は早い
>
> 　東京都新宿区の早稲田商店会は、夏休みには学生がまちから消え商店が夏枯れを繰り返してきたことから、打開策のひとつとして夏にイベントを打つことを話し合った。同様の悩みを抱える周辺商店街で組織され自らも参画する早稲田大学周辺商店街連合会（Ｗ商連）に呼びかけ、環境を切り口にしたイベントを企画する。
>
> 　Ｗ商連では1989年頃から、大学関係者などの有志とともにまちづくりの勉強会や地元活性化の様々な事業を実施していたことから、気心の知れた地域の人たちの知恵を出し合う苗床のようなネットワークの土壌は用意されており、課題は短期間に共有化され、新たな知恵の創出の場づくりへと進んだ。

### 2) 表出化（Externalization）

暗黙知から新たに形式知を生み出すプロセス。概念化する対話場。対話・思索による概念・図像の創造を通し、暗黙知から明示化できる形式知を生み出す。

共同化を経たアクターが共通の目的意識を持ち、会議やワークショップなどフォーマルな対話を重ねる場を持つ。共有化した暗黙知を形式知化するため様々なスキルを用い、具体的なビジョンやコンセプトなどの創造や正当化を行う。行動、経験、理想、価値観、情念など、体や心にあるものも明示化

していく。「市民社会」から「ガバナンスへの参画ネットワーク」にレベルが上昇する。

◇事例◇早稲田（2）──外部資源動員により組織の機能が変容、信条・理念誕生

　1996年8月、エコサマーフェスティバルと銘打ったイベント企画が始まり、大学はもちろん福祉関連団体、海外支援団体、そして環境団体など周辺のテーマ型コミュニティにも幅広く呼びかけ参加を促し、打ち合わせ会議が頻繁に開催され参画者も増加していった。商店街、各種団体はもとより、学生や企業、様々な専門家も参画して話し合いを重ね、実施されたイベントは大盛況となってその後も回を重ねることとなる。

　時には数十名もが参加する打ち合わせ会議では、環境のみならず様々な地域の課題が投げかけられ、各分科会ではそれぞれの課題についての熟議・合意形成がなされた。W商連は執行部としてあらかじめ各商店街の事業や経費の責任分担などを協議し、商店街主催のイベントとしてのプラットフォーム機能を担っていた。

　外部からの様々な知恵や知識との対話は、従来にない膨大な量で、地域はもちろん結果的に関係者すべてが刺激や影響を受け、様々な相乗効果や波及効果が生み出された。そのなかの有志により早稲田いのちのまちづくり実行委員会が組織され、信条・理念・キーワードとして表出化され、まちのルールとなった[7]。

　オープンな対話の場が頻繁に提供されたことで、地域に内在していたまちへの想いや昔ながらの慣習などの暗黙知が明示化され、形式知として早稲田いのちのまちづくり実行委員会の信条・理念・キーワードとなって表出化し、エコサマーフェスティバルの中で概念化され事業として一部は具現化していった。環境や防災、福祉など様々な分野の社会実験が実施された。また、これらの過程は記録され検証されたことで、事業は上昇的に発展していった。

### 3）連結化（Combination）

形式知から新たな形式知を生み出すプロセス。結合しシステム場となる。

形式知の組み合わせによる情報活用と知識を体系化する。

　パートナーシップにおいては、具体化してきた内容を実践するための仕組みづくり＝「システム場」を設ける。明文化された情報が公開されることで、一個人の資格で加わっていた人でも、その人が所属する団体の代表として参画可能となる（特に行政や商工会議所など、形式知化されなければフォーマルな活動と認知されない団体など）。さらに、実践に必要な専門分野や補完のためのメンバーの参画を促し、仕組みの基本型を設計する。単発的な事業プロジェクトとして組織化される場合、プロジェクト・パートナーシップとして成立する。また、契約を伴い継続性を持つ組織を形成し、明文化したルールや基準、ビジネスモデル等を構築する場合もある。

◇事例◇早稲田(3)——新たな形式知による体系化で主体が変化し波及効果が広がる

　年に一度のイベントは地域の環境への問題提起をする社会実験などに発展し、1998年には空き缶・ペットボトル回収機を設置した「エコステーション」を商店会内に開設した。また独自に「全国リサイクル商店街サミット」を開催。全国の環境問題を考える商店街とネットワークを構築する。1999年〜2000年には商店街等活性化先進事業の補助金を受け同様の施設を増設し、神楽坂地区と合わせて11商店会での多様な取り組みを展開する。経済産業省、東京都、東京商工会議所などの支援も得、環境を切り口にしたパートナーシップによるまちづくりが大きく動き出し、専門家や企業など外部資源も増加することで各セクターとの連結化が促進されていった。

　「エコステーション」は並行して全国に拡大していった。環境機器メーカーや飲料ベンダーとの提携・協働関係もあり、コアリソースと言える多様な資源が集約され「エコステーション＝早稲田＝環境のまち」というブランド化が進む。W商連の商店会はすべて法人格を持たない任意団体であり、内部資源は豊富とは言い難かったが、イベントでの限定的な対話の場の提供のみならず、恒常的な場の提供をすることで外部よりさらに資源を集めることに成功した。W商連には多様なキャラクターのアクターが存在し、他のセクターへ場の提供も行ったことから、外部資源

が流動的に出入りすることで不足リソースを補完し、新たなネットワークも構築していった。

「飲み会」として気軽な呼びかけからスタートした「全国リサイクル商店街サミット」がフォーマル化し形式知化されていくことで、「商店街が取り組む環境を切り口にしたまちづくり」は体系化した活動として、認知はさらに高まった。その後も東京都・熊本市・高知市・神戸市・飯山市・山形市で開催されたが、主催都市の環境により企画運営形態は大きく異なる。商店街からTMO、行政や会議所など、プロジェクトの実質的な主体も異なっている。早稲田地区を離れ、各地でプロジェクト・パートナーシップとして新たな独自の編集により活用され、それぞれの地で新たなネットワークや活動を生み出し大きな波及効果を上げている。

早稲田商店会から始まったパートナーシップにおいては、多様なセクターからアクターが登場して信頼関係を構築していき、それぞれが連結化において重要な役割を果たしていることでセクター間における既成概念というアウトリーチの障害を軽減させ、連結化をより促進してきた。商店街関係者はもとより、自治体職員や専門家なども既存の職務を超えた関係性を個人として構築している。その背景には、事業立ち上げ当初からのメーリングリストがネットワークをつなぎ知識創造の場として有効に活用されていること、またそれにより環境を通じて住民自治という信念やビジョンが常に共有されてきたことがある。地域の商業者と同じくそれぞれが様々な分野の専門処理システムのプロではあるが、一個人として相互扶助システムの領域にもコミットしてきたということもできるだろう。（または、各自が自らの地元にも同活動理念を持ち帰ったとも言える）

最初の「全国リサイクル商店街サミット」はそもそも早稲田商店会が主体となり、行政や会議所、企業、大学など異なるセクターや地域外からの団体・個人を動員してコアリソースを補完しながら実施された。企業との連携や補助金事業においても、実質的な事業主体は常に商店街であった。これに対し、サミットが回を重ねるごとに各地の連携は広がったが、開催地商店街自身の地域でのリーダーシップ、またガバナンス志向の強弱などにより、主体は行政や会議所などへと変化しているようである。サミットを地域に持ち

込むことで、プロジェクト・パートナーシップが推進されていると考えられるが、その組織構造、企画内容、財源、また波及効果などは、地域によって大きく異なる。その要因の一つは、同事業に至るまでの過程の差によるものと考えられる。地域資源を発掘・活用するために、共同化、表出化、連携化を経て生まれてきた同事業であるが、他地域の場合は各セクターとの関係性も含めどのような段階にあるのか状況はさまざまである。各地域で実施目的も異なってきているようだが、イベントそのものが目的とならないよう、今後はプロジェクト・パートナーシップとしての意義をよく考える必要がある。

### 4） 内面化（Internalization）

形式知から新たな暗黙知を生み出すプロセスで、具現化する実践場。形式知を行動、実践を通じて具現化し、新たな暗黙知として理解・学習する。

実践を重ねることで新たな暗黙のルールが形成され、参加者は個々にそれを自身のものとして身体的に取り込んでいく。組織が継続している場合には、それは新たなルールやスキルとなる。さらに変化し続ける環境に適応するため新たな暗黙知を取り込む活動を行い、上昇的スパイラルを描きながら同サイクルの循環を発展的に継続する。外部組織としてNPOやまちづくり会社を設立し独立採算の事業体となることもある。

◇事例◇早稲田（4）――株式会社や協議会の設立で新たな暗黙知が生まれる

「全国リサイクル商店街サミット」は回を重ね、全国から誘致の声があがるようになった。また参加者の有志により㈱商店街ネットワークが設立され、商店街の新しい活性化策を模索し続けている。さらに別の有志により全国商店街震災対策連絡協議会が立ち上げられ「震災疎開パッケージ」を販売している。購入者は被災時に他地域に疎開できる仕組みで、相互扶助の精神にのっとり平常時も商店街を通して地域間の連携や交流を深めようというものである。

これらすべての活動の核となっている早稲田商店会は活動を継続し、大学や地元ホテル、旅行代理店と連携して修学旅行生や行政などの視察

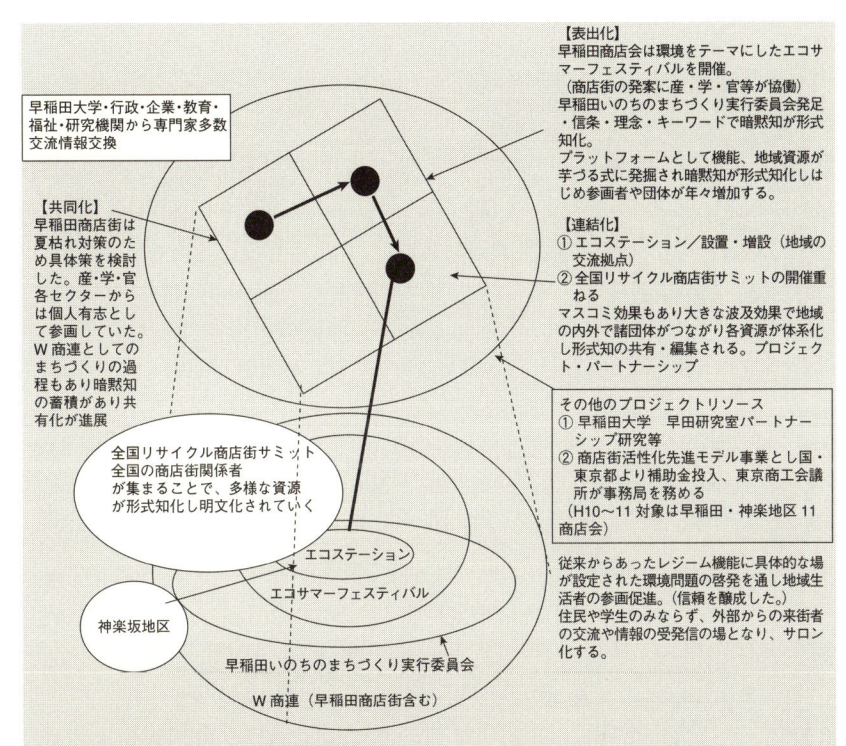

4-3 商店街の公共空間性とパートナーシップ

[図中テキスト]

早稲田大学・行政・企業・教育・福祉・研究機関から専門家多数
交流情報交換

【共同化】
早稲田商店街は夏枯れ対策のため具体策を検討した。産・学・官各セクターからは個人有志として参画していた。W商連としてのまちづくりの過程もあり暗黙知の蓄積があり共有化が進展

全国リサイクル商店街サミット
全国の商店街関係者が集まることで、多様な資源が形式知化し明文化されていく

神楽坂地区

エコステーション
エコサマーフェスティバル
早稲田いのちのまちづくり実行委員会
W商連(早稲田商店会含む)

【表出化】
早稲田商店会は環境をテーマにしたエコサマーフェスティバルを開催。
(商店街の発案に産・学・官等が協働)
早稲田いのちのまちづくり実行委員会発足・信条・理念・キーワードで暗黙知が形式知化。
プラットフォームとして機能、地域資源が芋づる式に発掘され暗黙知が形式知化しはじめ参画者や団体が年々増加する。

【連結化】
①エコステーション／設置・増設(地域の交流拠点)
②全国リサイクル商店街サミットの開催重ねる
マスコミ効果もあり大きな波及効果で地域の内外で諸団体がつながり各country国を体系化し形式知の共有・編集される。プロジェクト・パートナーシップ

その他のプロジェクトリソース
① 早稲田大学　早田研究室パートナーシップ研究等
② 商店街活性化先進モデル事業とし国・東京都より補助金投入、東京商工会議所が事務局を務める
(H10〜11対象は早稲田・神楽地区11商店会)

従来からあったレジーム機能に具体的な場が設定された環境問題の啓発を通し地域生活者の参画促進。(信頼を醸成した。)
住民や学生のみならず、外部からの来街者の交流や情報の受発信の場となり、サロン化する。

**図 4-3-4　早稲田商店会から始まったパートナーシップの経緯とナレッジマネジメントの応答関係図①**

を多数受け入れ、地域通貨の活用による地元に還元できるビジネスモデルの構築で一定の経済効果も得ている。

W商連の有志でまちづくり会社「ワセダウェイブ」がすでに設立されていたが、この一連の流れの中で「早稲田パートナーシップ」の構築が改めて検討された。また活動当初より設置されているメーリングリスト「リネット」には、趣旨に賛同する商業者・行政職員・研究者・マスコミ関係者など多様な人材が参加しており、ゆるやかに連携しレジーム時にフォーラムとして機能し続けている。これは各地に波及したパートナーシップを支えるインフォーマルな力となっている。

252　4章　パートナーシップをまちづくりへ展開する

**図 4-3-5　早稲田商店会から始まったパートナーシップの経緯とナレッジマネジメントの応答関係図②**

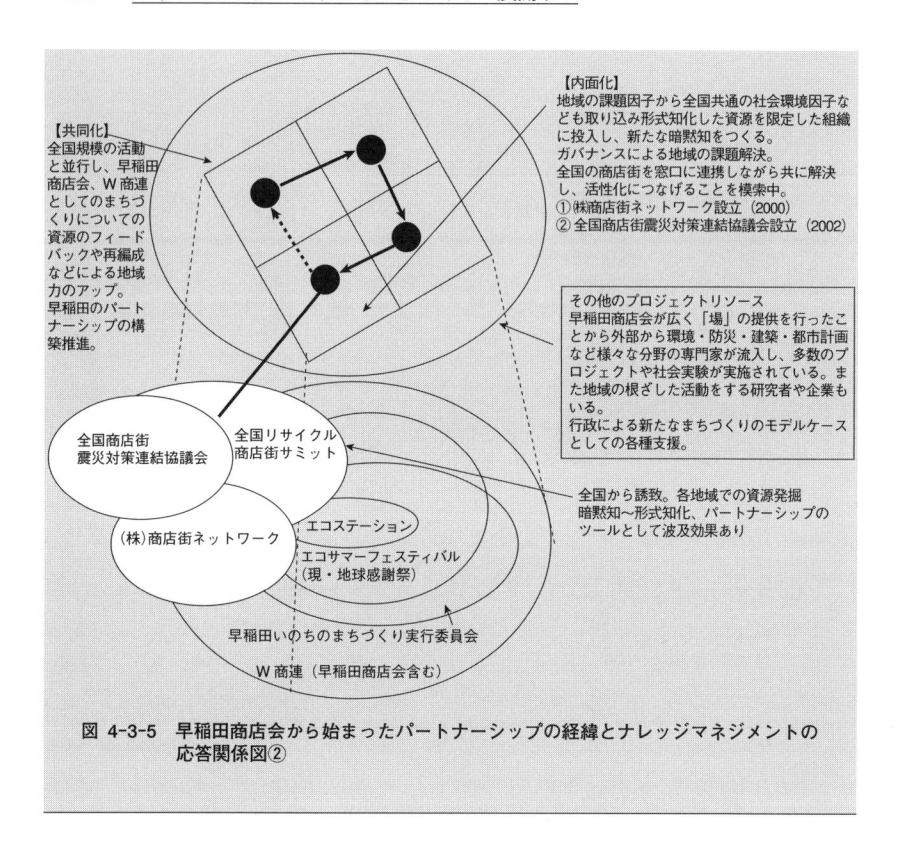

## 5）ナレッジマネジメントとパートナーシップの布陣

　川口銀座商店街（樹モール）についても図式化し、パートナーシップの布陣とナレッジマネジメントの応答関係を見てみよう（図4-3-6～8）。

　激変する環境への対応のため暗黙知を持ち寄り、調査・検討により共同化を進め、ビジョンを策定する（図4-3-6）。フリーマーケットやギャラリー設置など、目標とした事業を具現化することで、形式知が生まれ表出化が進む。燦ぎゃらりーを運営するギャラリー委員会では企画運営についてのルールを生み出したり、地域で他団体との連携ができる。催事などにおいてはプロジェクト・パートナーシップを組み事業実施主体となり活動推進したことで、様々な波及効果が生まれ連結化した。形式知の共有・編集により一部は

4-3　商店街の公共空間性とパートナーシップ　253

ガバナンスへの参画ネットワークにも発展しつつある（図4-3-7）。また、燦ぎゃらりーを運営するギャラリー委員会ではパネルディスカッションなどの実施等で「フォーラム」を企画し、地域の課題を投げかけ、さらなるネットワークづくりを行っている。「政策連携体」やアリーナとしてインフォーマルな協力や調整も時に行っており、発展的継続のため新たな組織形成も期待されるところである。（図4-3-8）。

「川口まちづくりフォーラム」は、早稲田大学都市・地域研究所が川口商工会議所より川口市のビジョン策定（プロジェクト川口）を依頼された際、市民活動支援のため既存活動団体に呼びかけ、インフォーマルな協力・調整機能を有するゆるやかな連携としてできあがったものである。その後、ワークショップやシンポジウムなどを繰り返すことで「フォーラム」機能を果た

【共同化】
樹モールは顧客とのコミュニケーションをより密度の濃いものにし魅力ある個性を醸成しようというビジョン策定のため暗黙知を出し合い具体策を検討

県助成金により調査・専門家支援でビジョン策定

【表出化】
フリーマーケットの開催～後に「樹モール祭」
（めだかふぁみりぃ等の協働）

県からの専門家派遣

燦ぎゃらりーの設置・運営
（自己資金・県・市の助成金、美術家協会・公民館等の協働積極的に関係者にアプローチし関係性を深めることで地域資源が芋づる式に発掘され暗黙知が形式知化し企画力・利用度が高まった。）

その他のプロジェクトリソース
早稲田大学　都市・地域研究所が依頼を受け川口市役所と社会実験を実施。民間の策定したインフラを活用し快適な居住空間を創造するパートナーシップ研究

樹モールが誘致、活動の一部支援

新旧住民の交流や情報の受発信の場
樹モールにとっても集客効果にとどまらず地域生活者との信頼醸成につながる

樹モール
燦ぎゃらりー　めだかふぁいみりぃ　フリーマーケット

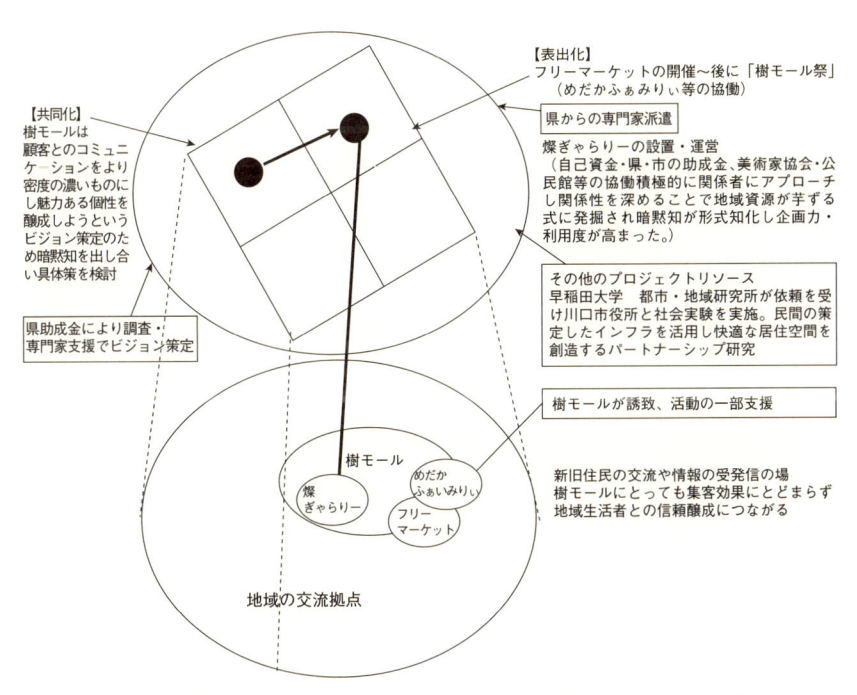

地域の交流拠点

図4-3-6　川口市樹モールから始まったパートナーシップの経緯とナレッジ・マネジメントの応答関係図①

254    4章　パートナーシップをまちづくりへ展開する

【連結化】
燦ぎゃらりーからの波及効果で諸団体がつながり各資源が体系化し新たな枠組みが多数できた形式知の共有・編集により一部はガバナンスへの参画ネットワークにも発展
①川口ぎゃらりーMAPの作成
　（地元ギャラリー等の協働・協賛）
②eぎゃらりー川口の立ち上げ
　（文化・芸術関係者等の協働・カンパ）
③川口まちづくりフォーラム立ち上げ
　（諸団体や個人がゆるやか連携）
④まちなかアート展「Between ECO&EGO」開催
　（外部資源の流入により拡大）

その他のプロジェクトリソース
早稲田大学　都市・地域研究所が依頼を受け
①川口市役所と共に社会実験実施継続
②川口商工会議所からまちづくりビジョン策定

調査・ワークショップ・シンポジウムなど後方支援

外部のプロデューサーや多数のアーティストと地元有志スタッフにより場所・資金・スタッフ探しから始める。プロジェクトパートナーシップ

文化庁・企業などより助成
埼玉県庁・川口市・会議所後援
公募によるボランティアスタッフ

樹モール

Between ECO&EGO　　eぎゃらりー川口

燦ぎゃらりー　めだかふぁいみりぃ

川口まちづくりフォーラム

文化・芸術という共通のテーマでプラットフォーム機能を有する

調査結果をもとにワークショップ・シンポジウムなど実施しまちづくりにおけるフォーラム機能を有する

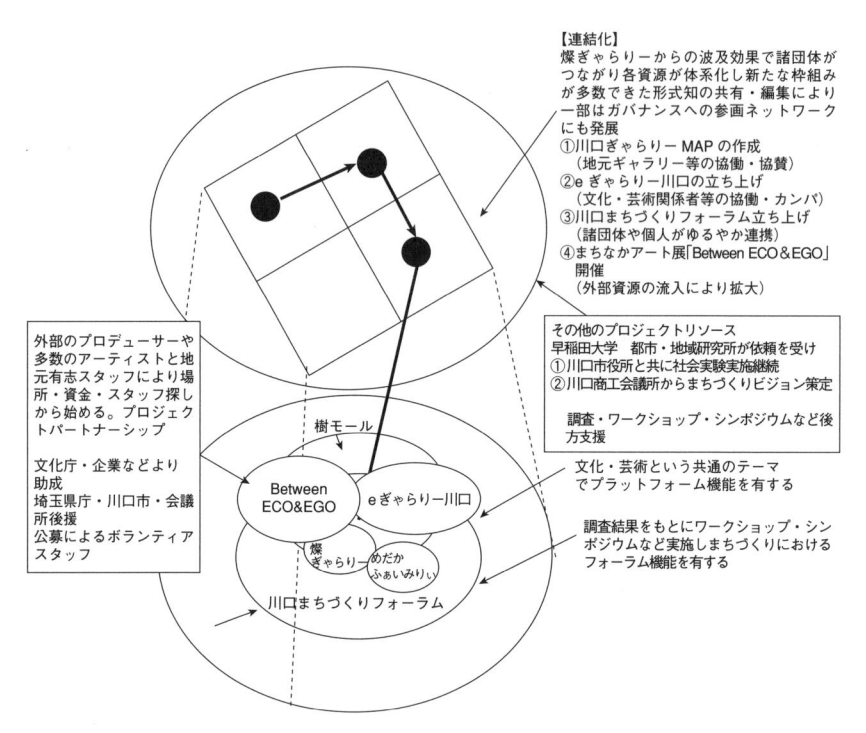

図 4-3-7　川口市樹モールから始まったパートナーシップの経緯とナレッジ・マネジメントの応答関係図②

すようになり、様々な課題についての議論が始まった。そのなかでも、文化芸術関連活動をしている諸団体が課題を共有化し、「プラットフォーム」機能を持つようになった。また目標の共有に発展したメンバーは連結化し「プロジェクト・パートナーシップ」として、事業実施に至った。平常時はレジーム機能のままゆるやかに連携している。「川口まちづくりフォーラム」においては、樹モールからは一部有志が参加し、行政や会議所、既存団体とのネットワークを活かし、テーマ型コミュニティとのコーディネーター的な役割を果たしている。今後も重要な役割が期待される。
　「商店街活性化のキーパーソンは、馬鹿者、若者、よそ者、女性である」とよく言われてきた。通常主役となっているアクターに比べ、地縁に縛られることなく、別な視点で地域の資源を発掘し評価・活用を行い、外部資源も

4-3 商店街の公共空間性とパートナーシップ　255

**【共同化】**
現在形式知化しているコアリソースの補完しての組織化。ビジョン、事業ドメイン、SWOT分析等による計画主体としての戦略形成、ルール策定へ

**【内面化】**
燦ぎゃらりーの運営、波及効果などにより各資源が体系化・明文化された。また地域の課題因子や社会環境因子も明確になったことから、文化・芸術以外の課題にも取り組みの必要性が議論される。商店街活性化から地域活性化まちづくりへの政策連携体や、アリーナへの発展のための新たな組織づくりが協議されている。

その他のプロジェクトリソース
早稲田大学　都市・地域研究所が依頼を受け川口市役所と共に社会実験実施継続

Between ECO＆EGO
終了後、新たなアートプロジェクト立ち上げによりまちなかアートは発展的継続

文化・芸術という共通のテーマでプラットフォーム機能を有する

ゆるやかに連携し継続

多数の連結化による形式知をさらに編集・具現化しガバナンスのあり方を協議中

樹モール
新プロジェクト
eぎゃらりー川口
燦ぎゃらりー
めだかふぁいみりー
川口まちづくりフォーラム

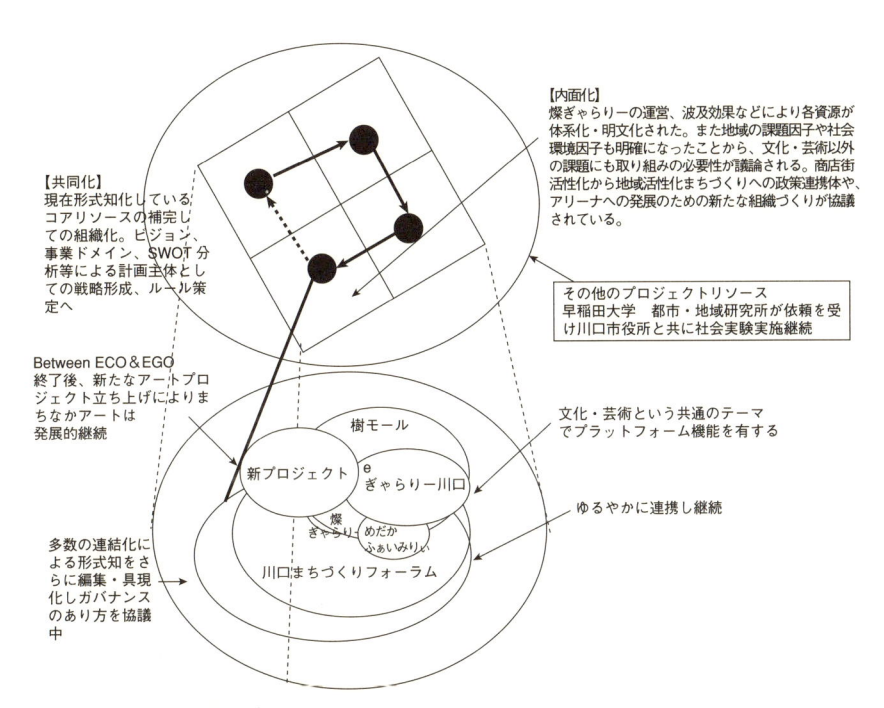

**図 4-3-8**　川口市樹モールから始まったパートナーシップの経緯とナレッジ・マネジメントの応答関係図③

自由な発想で取り入れることができると期待されるからである。これらのキーパーソン自身が大きな資産であり、まだ掘り起こしていない暗黙知の宝庫、またその手づるであるとも考えられる。既存組織にはない新たな文化や風土を醸成していくためにも、暗黙知と形式知を転換させ続けながら、さらに多様なカードを生み出し、環境変化により使い分けていくことが重要である。

## 7　地域資源活用による個店活性化への視点

　まちづくりにおいてパートナーシップが重要かつ有効であることは、これまでの章で多面的に論述されている通りである。パートナーシップやナレッ

ジマネジメントといったスキルは商店街活動および商業者の本業活性化に対しても有効であり、商業者のパートナーシップへの動機付けとしても重要であると言っておきたい。

　生活者でもある地域の多様なセクターのメンバーとの協働は、新たな価値を創造するインタラクティブ・マーケティング（双方向マーケティング）の過程であるとも考えられる。地域に内在する資源を掘り起こし連携していくことは、地域ニーズやシーズを探る絶好のチャンスである。また、商業者としても信頼を醸成し共通の目的などを形成していくことで、共に納得できる新たな価値創造を模索することが可能となる。商業者は新たなビジネスチャンスの創造、顧客獲得にも波及する可能性のある活動であると認識すべきである。

　第二創業やコミュニティビジネス[8]などにつながるという視点で見直すことも重要である。地域における店の存在意義とは何かを考え直し、ビジョン・方針を明確にするきっかけとなる。地域資源の活用をしているか、強みや機会を客観的に把握し、活用しているか。経営者自身の有形無形・人的物的な資産を含め、生き残りのために活用できる資源の掘り起こしにつながる。

　また、弱みや脅威について考えることで店舗経営を生活者の視点で客観的に見ることができる。SWOT分析、目標の明確化とアクションプランの策定。実施、自己評価。このマネジメントサイクルを循環させていく。

　自己実現につながっているか、生きがい・やりがいを感じ、誇りを持って毎日仕事をしているか、ということも重要である。

　これらのスキル、また地域の環境分析などがパートナーシップの醸成においても重要であることは前述の通りである。

　担い手として期待される商店街ではあるが、各商業者の生業が成り立たなくては商店街そのものが存続できない。商店街自らが、期待されている役割を自覚し、相互扶助システムの一翼を担うことで培ってきた暗黙知（内在する自分たちの持つ資源）を発掘し、それを形式知（明文化や具体的な呼びかけ）へ昇華させていくことで様々な活動が始まり、まちづくりパートナーシップの核となる——。こうした動きが今後さらに重要になってくる。そしてそれ

を生業と関連づけ、専門処理システムの資源として有効に活用することが、結果的に地域の利益還元にもつながってくる。これらの活動により新たな地域を支えるシステムが各地で構築されていくことが望ましい。

注
(1)　通産省「21世紀に向けた流通ビジョン」(1995.6) によると、行政が商店街に期待している役割としては、①まちの核としての商店街「まちのにぎわいやアメニティ (快適性) の創出」「地域の活性化」、②魅力ある多様な小売業態の提供と大型店との共生、③高齢者や身障者への対応、④環境問題・景観保全への対応、⑤地域の伝統文化の保持・振興、⑥地場産業との連携、⑦地域社会の情報交流の拠点、⑧災害時の拠点、となっている。
　　また、東京都「21世紀商店街振興プラン」(2001.3) では、「21世紀商店街を形作る5つのキーワード」として、①地域・コミュニティのサポーター、②地域マネジメントの担い手、③ネットワーク社会の形成の場、④文化の伝承・創造の苗床、⑤起業家を誕生させる場、としている。また、それらを地域で実現するためのパートナーシップの要としても期待するとしている。「21世紀商店街振興プラン」は「東京都産業振興ビジョン」(2000.7) が示した地域・コミュニティの核としての新しい商店街づくりの振興を図るものとして、都民の意見募集・商店街キャラバン等を経て委員会により策定された。
　　もちろん本業の活性化が地域の活性化につながることが望ましいことは言うまでもないが、自助努力ということから個店への施策は各自治体により大きな差がある。
(2)　「暮らしのプラットフォーム」とは、商店街をあたかも駅舎のごとく様々なものが通り過ぎる基点として通産省時代から国が喩えとして提唱しているもので、「計画の公定化」の意味ではない。また、商店街には小売サービス業など含め多様な業種があるが、ここでは商業者と総称する。
(3)　倉沢進編著『改訂版　コミュニティ論』(放送大学教育振興会、2002) で倉沢は、専門処理システムを担っているのは商業サービスと行政サービスであり、相互扶助システムと専門処理システムの最適結合システムが新しい生活様式＝コミュニティを生み出すと定義している。それらを参考に今回は、商業サービスに焦点を絞り、パートナーシップを最適結合システムの一端と捉え論じている。しかし、行政や商工会・商工会議所職員においても、職住近接しているケースは少なくない。特に地方においては商業者と同様に職住近接し同地域で2つのシステムに帰属することが、パートナーシップでの役割が都市型と異なってくることの要因のひとつとも考えられる。都市型では職住が離れている場合が多いため、同じ地域で2つのシステムに帰することがない。よって職員の意識や機能も地方とは異なると考える。
(4)　「平成15年度商店街実態調査報告書」(全国商店街振興組合連合会　2004)

(5) 商店街の法人化は、商店街振興組合法に基づく「商店街振興組合」や中小企業等協同組合法に基づく「企業協同組合」などがある。商店街振興組合の設立要件は、30名以上が近接してその事業を営むこと。組合の事業は「組合員の事業に関する商店街の環境整備事業、共同経済事業」。資格は「地区内で小売業またはサービス業を営む者、定款で定めたときはこれ以外の者。加入は自由で任意脱退も自由」。有限責任の人的結合体（発起人は7名以上）である。
(6) SECIモデルについては、野中郁次郎・紺野登（2003）『知識創造の方法論』（東洋経済新報社）等による。それらによると暗黙知とは、言語化しえない・しがたい知識、経験や五感から得る直接的知識、身体的な勘所、コツと結びついた技能、アナログ知、現場の知、特定の人間・場所・対象に特定・限定されることが多い、主観的・個人的、情緒的・情念的、身体的経験を伴う共同作業により共有される、発展増殖が可能。これに対して形式知とは、言語化された明示的な知識、暗黙知（区切られた）から分節される体系的知識、過去の（区切られた）知識、明示的な方法・手順、事物についての情報を理解するための辞書的構造、客観的・社会（組織）的、理性的・理論的、デジタル知、コードの知、情報システムによる補完などにより時空間を越えた移転・再利用が可能、言語的媒介を通じて共有される、編集可能、とされる。
(7) 早稲田いのちのまちづくり実行委員会により以下が示された。
3つの信条──①自分たちの街は自分たちで守る／②あらゆる人々とつながりあう／③楽しさが一番、失敗を怖れない
4つの理念──①共生（人間は自然の中で生かされている）／②平等（障害者・高齢者が安心して暮らせる環境）／③温故知新（古き早稲田を学び、新たな早稲田を創り出す）／④誇り（地域住民全員が誇りを持てるまちづくり）
7つのキーワード──①リサイクル／②バリアフリー／③震災／④インターネット／⑤地域教育／⑥元気なお店／⑦行政参加
(8) 関東経済産業局によれば、コミュニティビジネスとは、地域の諸問題に対して地域資源を再編集して解決に当たる、地域コミュニティに密着したスモールサイズのビジネスを言う。市民が介護、育児、環境保護、家事支援、教育、まちづくり、ものづくり、観光などの地域の様々な課題をビジネスチャンスと捉え、ビジネスの手法で解決していくことであり、地域におけるコミュニティの再生と地域経済の活性化を同時に達成できる地域づくりの新しい手法。起業家精神を持った担い手による、非営利・営利の両面を有する事業である。

**参考文献**
ゲオルク・フォン・クロー＋一條和生＋野中郁次郎（2001）『ナレッジ・イネーブリング』（東洋経済新報社）

上山信一（2001）『「行政経営」の時代』（NTT 出版）
めだかふぁみりぃ（2000）『ぼくらはこの街で暮らしたい』（ぶどう社）
早稲田いのちのまちづくり実行委員会編（1998）「ゼロエミッションからのまちづくり」日報
安井潤一郎（1999）『スーパーおやじの痛快まちづくり』（講談社）
「平成 10 年度埼玉県中小商業活性化基金助成交付事業報告書」川口銀座商店街振興組合
「平成 11 年～12 年度商店街等活性化先進事業報告書」東京商工会議所

**参考ウェブサイト**
社会福祉法人めだかすとりぃむ、NPO 法人めだかふぁみりぃ　　http://www.medakafamily.jp/
燦ぎゃらりー　　http://www.saitama-j.or.jp/~k-ginza/gallary/ga01.html
e ぎゃらりー川口　　http://www.egk.jp/
KAWAGUCHI ART FACTORY　　http://www.art-kouba.com
まちのこし集団かわぐち塾　　http://www.geocities.jp/onariiti/
Between ECO&EGO　　http://www.eco-ego.net/
プロジェクト川口　　http://www.kawaguchicci.or.jp/project-kawaguchi/index.html
早稲田いのちのまちづくり実行委員会　　http://re-net.info/
全国商店街震災対策連絡協議会　　http://.www.shoutengai-sinsaicom/

## 二本松竹田根崎地区のプロセス

| 段階・局面 | 1997年〜<br>振興会議の発足 | 1999年〜<br>大学の支援 | 2002年<br>建築士の支援 | 2005年<br>NPOの発足 |
|---|---|---|---|---|
| 参加者・主体 | 地元コンサル | 県を介して大学の支援 | 建築士の支援 | まちおこし塾がNPOへ |
| 協働の布陣・場づくり | 振興会議／T委員会／N委員会／T町会N町会／商店会／商青／まちおこし塾／商青 | 振興会議／まちおこし塾 | 振興会議／町並み委員会／まちおこし塾 | 振興会議／たけねっと／里山クラブ |
| ビジョン・戦略 | 商店街の活性化 | 歴史的文脈の継承 | 町並み景観づくり | 環境共生 |
| 資源動員 | 地元専門家、市助成金 | 外部専門家、県助成金 | 外部専門家、地元専門家 国助成金 | 外部専門家、地元専門家 NPO |
| ナレッジマネジメント化（習慣・ルール化） | 歴史的資源の発見 | まちづくりの目標 | 景観協定の運用規定 | 景観協定の見直し |
| プログラム・技術支援ツール | イベント開催 ワーキング | ワークショップ デザインゲーム | 景観デザイン協議 | ワークショップ |
| 意見・議論/テーマ アイデア・イメージ | 活性化、観光、魅力づくり | 歴史的資源の活用 文化継承、人中心の道 | 景観形成、駐車場問題 まちづくり拠点 | 河川の魅力、里山保全 まちづくり学習 |
| 合意形成 | まちづくり基本計画 | 街路整備案の合意 | 景観協定の合意 | 景観条例の制定 |

## 早稲田商店会から始まったパートナーシップのプロセス

| 段階・局面 | 1989年〜<br>アメリカ視察など | 1995年〜<br>早稲田いのちのまちづくり<br>実行委員会 結成 | 1999年〜<br>商店街等活性化先進事業 | 2001年〜<br>株式会社・広域での協議会発足 |
|---|---|---|---|---|
| 参加者・主体 | 商店会・大学 | 商店会・大学・企業・専門家 | 商店会・大学・企業・専門家 | 地域内活動＆広域活動 |
| 協働の布陣・場づくり | 大学／W商連／大学周辺商店会 | 早稲田いのちのまちづくり実行委員会／エコ・サマーフェスティバル／行政／企業／大学／W商連（早稲田商店会含め7団体） | 全国リサイクル商店街サミット／エコステーション／神楽坂地区／W商連 | (株)商店街ネットワーク／震災対策協議会／エコステーション／W商連 |
| ビジョン・戦略 | 学生街の活性化 | 環境共生で商店街活性化 | 商店街を核にしたまちづくり | 市民主体まちづくり |
| 資源動員 | 行政・企業・教育・研究機関などから個人参加 | 産・学・官から個人参加 都・区補助金等支援 | 外部から専門家多数 国・都の補助金 会議所が事務局になう | 外部から専門家多数 国・都からの人的支援 企業多数 |
| ナレッジマネジメント化（習慣・ルール化） | 大学と商店街の連携 外部資源との連携 | 早稲田いのちのまちづくり実行委員会信条・理念・キーワード | エコステーション活用 活性化戦略・ノウハウ | ガバナンス・広域連携によるまちづくりを模索中 |
| プログラム・技術支援ツール | ワークショップ・視察 セミナー・サークル・ML | イベント・フォーラム開催 ごみゼロ実験 | シンポジウム・イベント開催 各種調査・ワーキング | シンポジウム・イベント開催 |
| 意見・議論/テーマ アイデア・イメージ | 地元活性化 | 環境・まちづくり・自分たちのまちは自分たちで守る・若手 | 空き店舗を地域交流拠点に 全国商店街連携 | 楽しくて、儲かる震災対策・地域間交流 |
| 合意形成 | 地域資源を発掘・有効活用したまちづくり | 多様なセクターの協働による市民主体のまちづくり | 商店街活性化につながるまちづくり | ガバナンスによる課題解決 |

付図　パートナーシップのプロセス図

## 川口市樹モールから始まったパートナーシップのプロセス

| 段階・局面 | ～1995～<br>福祉団体誘致 | 2000～<br>地域住民の交流拠点誕生 | 2001～<br>セクターを越えた市民活動 | 2004～<br>地域ガバナンスの協議 |
|---|---|---|---|---|
| 参加者・主体 | 商店街・福祉団体 | 商店街・県市より補助金・専門家支援～市民諸団体 | 商店街・県市より場所等・大学・専門家・市民諸団体・企業協賛・個人資金 | 諸団体と共にガバナンスの協議中 |
| 協働の布陣・場づくり | 樹モール／めだかふぁみりぃ | 樹モール／フリーマーケット／燦ぎゃらりぃ／めだかふぁみりぃ | 樹モール／Between ECO&EGO／6ぎゃらりぃ 川口／燦ぎゃらりぃ／めだかふぁみりぃ／川口まちづくりフォーラム | 新プロジェクト／樹モール／6ぎゃらりぃ 川口／燦ぎゃらりぃ／めだかふぁみりぃ／川口まちづくりフォーラム／まちづくり組織協議中 |
| ビジョン・戦略 | 地域貢献 | 顧客とのコミュニケーション強化で商店街活性化 | 地域の新旧コミュニティとの協働で信頼感醸成 | 市民主体のまちづくり |
| 資源動員 | 社会福祉協議会・市より人員／地元建築家／大型店から場所・人材 | 県・市より補助金／専門家 | 市と協働、会議所より場所等／大学・専門家・市民諸団体／企業協賛・個人資金 | 大学・専門家・市民諸団体／各セクターより個人参画／企業協賛・個人資金 |
| ナレッジマネジメント化（習慣・ルール化） | 1981 まちづくり協定 | 企画・運営ルール策定 | 各パートナーシップ・プロジェクト運営ルール | ガバナンス組織化とルール |
| プログラム・技術支援ツール | 1980～<br>街づくり委員会～青年部 | 視察・研究・準備委員会／フリイベント開催・女性部 | ワークショップ／シンポジウム・イベント | ワークショップ／シンポジウム・イベントなど |
| 意見・議論/テーマ／アイデア・イメージ | 福祉団体の支援 | 商店街のリ・ポジショニング／新旧住民の交流 | 地域の諸団体発掘・協働 | 住民自治・行政参加 |
| 合意形成 | 地域貢献についての合意 | 交流拠点づくりの合意 | 地域諸団体との連携の合意 | 組織形態についての合意 |

## 油津地区（宮崎県日南市）パートナーシップのプロセス

| 段階・局面 | 1981～<br>Uターン若手の活動 | 1993～<br>支援ネットワークの形成 | 1994～<br>アクションプランの判定 | 1997～<br>パートナーシップの設立 |
|---|---|---|---|---|
| 参加者・主体 | 一生会（二世青年会） | 市民グループ、林業者 | 多様な利害関係者の協働 | 共同出資者としての団結 |
| 協働の布陣・場づくり | 一生会／漁協青年部／小型延縄船組合／青年会議所 | NIC21／漁業・港関係者／林業・山関係者／商工会議所／日南大学（市民グループ） | 街づくり委員会／商店会／NIC21／地蔵会／商工会議所 | 合名会社／油津赤レンガ館／街づくり委員会／NIC21／地元名望家層／一母会 |
| ビジョン・戦略 | 海の人と丘の人の交流復活、世代間継承 | 堀川運河埋立中止・保存みなとの総合再生 | 人づくりを踏まえた市民によるアクションプラン | 空レンガを核にした運河整備、都市再生へ |
| 資源動員 | 頼母子講（月1万円積立）、ビアガーデンの収益金 | 組織力で人材結実、情報収集、地域価値再確認、愛着へ | 計画策定費（会議所より）、専門家、二代目層の参画 | 赤レンガの整備活用目標、31人が毎月15千円を7年間積立 |
| ナレッジマネジメント化（習慣・ルール化） | 縄を編む（共通の楽しみ、共通の作業） | お年寄りへのアンケート、資料収集、地図づくり | アイデアの具体的なプログラム化、優先順位 | 4名の共同代表／県の信用保証 |
| プログラム・技術支援ツール | 大綱引きの復活 | 祭り、コンサート（於；赤レンガ）、シンポジウム | SWOT分析、辻地蔵の修復、登山道の自力整備 | 建築の修復調査、会社出資呼びかけ、検討会 |
| 意見・議論/テーマ／アイデア・イメージ | 連帯、自力マネジメントによる運営、地域再生 | 生活文化からの将来像のイメージ | まちづくりの機運醸成 | ワインフェスタ等活用イベント |
| 合意形成 | 連帯による再生への合意 | 運河周辺の整備合意 | 地域諸団体との連携の合意 | リスクと事業期限の合意 |

付図　パートナーシップのプロセス図

# あとがき

　わが国は地域が自らの責任のもとに、独自のビジョンと戦略を確立し、行動する時代を迎えている。成熟型社会を迎え経済優先から生活の質を最優先するまちづくりへの移行が本格化している。そのための研究が必要である──。このような認識のもと、「早稲田大学都市・地域研究所（初代所長＝戸沼幸市）」が2000年4月に開設され、以後「分権型社会の都市地域ビジョン研究会」（以下「研究会」）を開催してきた。早稲田大学は学術研究活動の多様化、総合化、学際化、国際化、産学官連携等に新しいニーズに対応するために、時限的な先端的研究を推進する「プロジェクト研究所」を2000年度から設置してきた。「都市・地域研究所」はそのひとつとして設立されたものである。研究所は、学部、大学院、民間研究機関、専門家などから、多様な人材を受け入れ、オープンな体制の下に研究プロジェクトを推進し、研究成果等を公開するユニークな体制を採用しているのが特色である。その仕組みが評価され、研究所は2000年度文部科学省補助事業「私立大学学術研究高度化推進事業」における「オープン・リサーチ・センター」に指定されたところである。

　研究所が事務局となる「研究会」は、複数の自治体、公益団体が参加して共同で運営されている。「研究会」はいくつかの分科会から構成されているが、本書の執筆者メンバーらは、「パートナーシップによる地域マネジメント分科会（世話人＝早田宰）」（2000～2003年度）、「パートナーシップによるまちづくり分科会（世話人＝佐藤滋［現研究所長］）」（2003年から継続中）を開催し、継続して議論してきた。議論の焦点は、行政、市民、NPO等の協働による個性あふれる地域主体のまちづくりをいかに進めるかであった。

　地方分権は財源と権限が焦点といわれるが、分権型社会はパートナーシップを使いこなす叡智とスキルの獲得こそが成否の別れ目となる。日本におけ

る地域協働の事例やパートナーシップの萌芽的事例は各地でひととおり出揃った段階である。ところが制度設計や運用上の混乱が多い。日本のまちづくりは残念ながら先行的優良事例の模倣やアレンジが多く、それゆえ自治体の力量、地域力などの異なる仕組みを適応してしまうミスマッチが各地でおきてしまっている。本研究会は、パートナーシップの本格的な全国展開へ向けて基礎理論やモデルを整理するという問題意識からスタートした。

　本書はいわゆる"処方箋"は書いていない。事例からではなく基礎理論から考え、オリジナルなまちづくりの仕組みを地域で独自に組み立てることが、これからのまちづくりのリーダーに必要な態度だという考えからである。そこで本書では基礎理論と事例の両方を取り上げることとし、事例を読みながら基礎理論を参照し、基礎理論を考えながら事例で理解することが可能となる本をめざした。必要がある場合は架空のまちを登場させている。本書がヒントとなり各地で執筆者メンバーが予想もしなかった取り組みが各地で展開すれば望外の幸せである。

　研究会に参加いただいた川口市、市川市、秩父市、志木市、（株）秩父開発機構、二本松市の竹田根崎まちづくり振興会議の職員、会員の皆様には長期にわたる研究会にもかかわらず毎回参加し、熱心にご議論いただいた。事例として4章で取り上げた東京都新宿区早稲田地区、宮崎県日南市油津地区の関係者の方々からは多大な調査協力を得た。また、議論の過程では、「早稲田都市計画フォーラム」や多くの自治体と共同で公開シンポジウムを開催し、貴重な知見を得ることができた。詳細は、各分科会の調査・研究報告書、シンポジウム等の年次成果報告書、ウェブサイト（http://www.waseda.jp/prj-WIURS/）を参照していただきたい。本書はそれらの研究成果をもとに、研究会に参加した有志メンバーが個人の責任でとりまとめたものである。都市計画、社会工学、公共政策学、経営学など多様なバックグラウンドをもつ学際的なメンバーである。議論と編集プロセスは本書で強調している"相互編集"プロセスそのものとなり、それゆえ連名の章が多くなった。本書全体がいわば執筆者グループの共同成果といえる。

　本書は新しいまちづくりの理論の整理を試みたものであるが、「序章」に記したように、整理の方法論はまだ仮説的な段階である。大方の叱正を乞う

ものである。

　本書の出版には成文堂の相馬隆夫氏から寛大な支援を頂いた。また編集者の林工氏からは絶大なサポートを得た。林氏の参画がなければこの本が纏まることはありえなかった。また早稲田大学総合研究機構からは学術出版助成を受けた。記して感謝の意を表したい。

2005 年 3 月　早田　宰

## 事項索引

**【あ行】**

アイデンティティ···················21
　—アイデンティティの構造 ······101
アクションリサーチ ··················4
新しい公共経営（NPM）·······29, 74
新しい公共性·····················17
油津 ···························214
アライアンス······················72
アリーナ ···········7, 23, 35, 52, 88, **90**, 136,
　140, 141, 152, 205, 213, 220, 238
アリーナ ························35
暗黙知 ·························245
意思決定 ························21
一寺言問地区（墨田区）···········7
一生会 ·························217
イメージ ·····················21, 75
institutional approach ···············71
interactive approach ···············71
win-win 関係 ····················22
SECI モデル ················245, 258
NPO ·················15, 24, 64, 213
NPO 型決定 ····················180
NPO ちちぶまちづくり工房（秩父市）···9,
　194
エリート ························19
LLP ···························142

**【か行】**

介護保険 ························8
外部資源 ························20
学習プロセス····················48
可視性 ·························119
課題因子 ··············21, **82-83**, 106
価値創造 ······················242
ガバナンス·······················27
　—のデザイン ················27, 37
　—の本書の定義 ················27
　—の枠組み ·····················30
　—への参画ネットワーク ······**31**, 54, 108,
　217, 238

—システム ···············**58-64**, 68
—システムの使い分け ············68
—システムの類型 ············**58-64**
多元主義重視の立場に立つシステム
　························**59-68**
代議制重視の立場に立つシステム
　························**59-68**
自由競争重視の立場に立つシステム
　························**59-68**
協働重視の立場に立つシステム ···**59-68**
烏山寺町（世田谷区）··············5
川口まちづくりフォーラム（川口市）
　··································253
環境因子 ················21, **82-85**
観光ボランティアガイド ············210
官民パートナーシップ ·············14
企業家精神·····················216
機能不全 ······················235
キャパシティ構築·················20
協働
　東京都の定義····················15
　大阪府の定義····················16
　本書の定義······················16
　協働の計画·····················44
共同化（Socialization）············246
協同組合 ························9
共同知 ·························51
協働の計画·····················47
クール ·························168
区切り ·························167
グローバル化····················23
黒壁 ····························7
計画の分裂·····················47
計画能力開発····················20
計画プロセス·····················3
計画マネジメント ··················48
形式知 ·························245
形成力学 ······················21, 75
ゲーミング······················22

市民型決定 …………………………179
NPO型決定 …………………………180
地権者型決定 ………………………179
地区型決定 …………………………179
決定の相互補完性 …………………180
限定された合理性 ……………………73
源兵衛川 ………………………………7
コアリション …………………………72
コアリソース ………………………239
合意形成 ……………………………213
構造改革特区 …………………………65
公定化 …………………………………50
行動目標 ………………………………3
合名会社 ……………………………226
合理的計画 ……………………………20
交流会 ………………………………136
コート ……………………………23, 95
コーポラティズム ……………………39
個別テーマ追求 ………………………6
ゴミ箱モデル ………………………107
コミュニケーション手段 ……………20
コミュニティ
　コミュニティ協議会 ………………5
　コミュニティづくり ………………5
　地縁型コミュニティ ……………133
　テーマ型コミュニティ …………133
　コミュニティ・オーガナイザー …156
　コミュニティ開発 …………………23
　コミュニティ協議会（鶴岡市）……5
　コミュニティセクター ……………15
　コミュニティビジネス ………2, 256
communicative approach ……………71
コモンズ ………………………………51
collaborative planning ………………47
コンパクト ……………………………15
comprehensive planning ……………48

【さ行】
参加 ……………………………………1
参画の体制 ……………………………1
参加のデザイン ………………………22
燦ぎゃらりー（川口市）………240, 253
支援ツール …………………………260
視覚化（Visioning）………………156
資源 …………………………………118

物的資源 ……………………………198
地形的資源 …………………………199
歴史的資源 …………………………200
自然環境資源 ………………………200
地場産業資源 ………………………200
資源動員 ……………………20, 201, 255
地域資源 ……………………………255
資源供与 ………………………………17
市場原理 ………………………………10
市場の倫理 ……………………………69
自然環境資源 ………………………200
シナリオ ………………………53, 152
シナリオプランニング ……22, 46, 53
地場産業資源 ………………………200
シミュレーション技法 ………………22
市民型決定 …………………………179
市民社会 …………………………30, 32
社会実験 …………………………213, 219
社会的排除 ……………………………15
社会力 ………………………22, 23, 30-37
　社会力の組織化 …………30, 145, 215
住民参加 …………………………1, 14
住民参加 ………………………………14
主体の育成 ……………………………53
樹モール（川口市）………………240, 253
障害物競走 ……………………………20
小学校区 ………………………………5
商店街 ………………………………233
自律 ………………………………6, 18
　環境的自律 …………………………18
　政治的自律 …………………………18
　経済的自律 …………………………18
　社会的自律 …………………………18
人的資源 …………………………129, 196
信頼 …………………………20, 136, 138
信頼関係 ………………………………98
信頼関係の形成力学 …………………99
すいーつばたけ ……………………240
SWOT分析 …………46, 141, **226**, 256
住区協議会（中野区）……………5, 8
ステークホルダー ……45, 52, 122, 140, 150
　ステークホルダー分析 …………122
strategic planning ……………………49
政策 ……………………………………17

## 事項索引

本書での定義 …………………17
政策化の戦略 …………………187
政策化プロセス …………146, 176
政策コミュニティ ……………17
政策参画力 ……………………22
政策ツール ……………………65
政策の窓 ……………21, 107, 151
政策連携体 ……21, 32, 54, 216, 238, 253
正統性 …………………………17
制度的アプローチ ……………71
世代 ……………………………2
全国リサイクル商店街サミット ………249
専門家 …………………………157
専門処理システム ……………235
戦略 ……………………16, 49
戦略的計画 ……………………49
総合計画 ………………………48
相互関係を求める自発性 ……51
相互作用アプローチ ……21, 71, 74
相互扶助システム ……………235
相互編集 ………23, 50, 152, 156, 223
双方向マーケティング ………256
ソーシャル・キャピタル ……120
組織形態 ………………………3
組織内因子 ………………21, 82-84

【た 行】

大義名分 ………………………6
第三の選択肢 …………………11
第三の倫理 ……………………10
対話的アプローチ ……………71
互酬性 …………………………20
多主体 …………………………48
多主体協働 ……………………160
頼母子講 ………………………216
多様な市民 ……………………17
多様な主体 ……………………3
地域運営 ………………………10
地域会議（習志野市）…………5
地域学習プログラム …………22
地域協働 ……………1, 2, 13, 14-22
地域経営 …………………16, 23
地域固有の合理性 ……………19
地域資源 ………………………255
地域社会 …………………3, 17

地域社会運営 …………………2-4
地域セクター …………………132
地域力 …………………………22
地域福祉 ………………………9
地域マネージャー ……46, 144, 150
地域マネジメント ……10, 215, 225
地縁型コミュニティ …………133
地区型決定 ……………………179
地区まちづくり ………………5
地形の資源 ……………………199
地権者型決定 …………………179
ちちぶまちづくり工房 ………202
地方分権 ………………………15
中心市街地 ……………………128
町内会 …………………………3
抵抗 ……………………………5
TMO ……………………………137
テーマ型コミュニティ ……133, 241
デマテル調査 ……………36, 198
統治の倫理 ……………………69
統治力 …………………………20
特定非営利活動促進法 ………7
都市再生 ………………………229
都市紛争 ………………………19

【な 行】

ナイトバザール ………………195
内面化（Internalization）……250
仲町愛宕地区（上尾市）………7
ナレッジマネジメント ……244, 252, 260
人間関係資本 …………………23
ネットワーク分析 ……………123

【は 行】

パートナーシップ ……14, 30, 31, **34**, 38, 87
　体制 …………………………8
　方法論 ………………………8
　形態 …………………………8
　―によるまちづくりの像 …9
　構築の技術 …………………20
　形成力学 ………………21, 71, 75
　次世代の― …………………23
　布陣 ……**3**, **79**, **93**, 137, 152, 252, 260
　計画主体 ……………………**81**
　―への親密性 ………………84
　領域 …………………………83

―の類型 ……………………………87
―を支える資源 ……………………105
―へのただ乗り ……………………106
―の解消 ……………………………113
弱い関係 ……………………………115
強い関係 ……………………………115
形成の風土 …………………………120
―の運営技術 ………………………127
官民パートナーシップ ……………131
民民パートナーシップ ……………131
―の土壌 ……………………………135
―の社会的な力 ……………………188
パートナーシップ組織 …………**34**, 38
パターナリズム ……………………27
public-praivate partnership ……………14
阪神・淡路大震災 ………………7, 15
ビジョン ……………………………257
人づくり ……………………………225
表出化（Externalization）………245, 246
フィードバック ……………………52
フォーラム ………8, 23, 35, 49, 52, 87, 88, 132-139, 152, 201, 205
不確実性 …………………………22, 48
福祉国家 ……………………………15
布陣 ……………**3**, **79**, **93**, 137, 152, 252, 260
物的資源 ……………………………198
プラットフォーム …………23, 88, **90**, 213, 224, 234
フリーマーケット …………………240
フリーライダー ………………28, 29, 113
フリーライド ……………………29, 106, 113
プロジェクト・シーズ ……………170
プロジェクト・パートナーシップ ……23, 35, 88, 91, 137, 141, 210-212, 222, 228, 242
プロジェクト推進 ……………151-153
プロジェクト評価 ……………151-154
プロセス
　プロセスデザイン ………22, 160, 165-170
　プロセスのパタン ………………154
　マネジメント主導のプロセス ……155
　社会力の組織化主導のプロセス ……155
　計画主導のプロセス ……………155
　プロセス運営 ……………………171
紛争処理 ……………………………24

編集 …………………………………167
編集的なリーダー …………………10
防災まちづくり ……………………5
法人格 ………………………………238
ボーンセンター（千葉）……………9
ポジショニング ……………………74
ボランタリーセクター ……………15
ボランタリーの失敗 ………………28
堀川運河 ……………………………218
翻訳者 ………………………………139

【ま行】
マスタープラン ……………………49
まち歩き ………………………135, 210
まちづくり …………………………1
　まちづくり組織 …………………3
　まちづくり組織の布陣 …………3
　まちづくりプロジェクト ………3
　まちづくりの実績 ………………6
　まちづくり組織 …………………6
　まちづくりの倫理 ………………11
　まちづくりの展開 ………………45
　コミュニティベースのまちづくり …221
　まちづくり塾 ……………………135
　まちづくり団体 …………………6
　まちづくりデザインゲーム ……157
　まちづくりのステップ …………149
マネージャー …………………44, 144
マネジメント ……………………20, 23
真野地区（神戸市）………………5
丸山地区（神戸市）………………5
見えない関係 ………………………136
民活 …………………………………23
問題発見・解決 ……………………20

【や行】
やりがい ……………………………256
有限責任事業組合（LLP）…………142
欲求階層論 …………………………100
弱さ（Fragility）……………………51

【ら行】
リスク ………………………………16
歴史的資源 …………………………200
レジーム（政策連携体）………**32**, 33, 37, 108, 135, 224
レスポンシビリティ ………………15

連結化（Combination）……………245-247
ローリング………………………………45

【わ行】

ワーカーズコレクティブ ………………9
ワークショップ ………22, 51, 156, 201-205
早稲田商店会（新宿区）………………248
早稲田大学都市地域研究所 ………196, 243

# 人名索引

## 【あ行】

Arnstein, S ……………………26
Axelrod, R ……………………26
Alexander, E …………………26
Ansoff, H ……………………55
一條和生 ……………………258
上山信一 ……………………259
宇佐美誠 ……………………191
Aggents, L …………………26
Elkin, S ……………………41
延藤安弘 ……………………175
大守隆 ………………………125
岡本憲武 ……………………229
Ogilvy, J ……………………56
Osrtom, E …………………19, 25
オズボーン …………………41
Olson, M ……………………26

## 【か行】

木嶋恭一 ……………………86
Giddens, A …………………12
Gamson, W …………………26
Kingdon, J …………………20, 26
Quinn, J ……………………55
Kooiman, J …………………41
倉沢進 ………………………257
クロー, G ……………………258
Crosby, B …………………23, 26, 97
黒田泰裕 ……………………229
ゲーブラー …………………41
Connor, D …………………26
近藤哲生 ……………………144

## 【さ行】

Simon. H ……………………80
佐伯啓思 ……………………104
佐藤滋 ………………………12, 24
Salamon, L …………………40
Salet, W ……………………80
Jacobs, J ……………………12, 70
Jessop, B …………………42

Gittell, R ……………………56
Jones, R ……………………24
Seki, E ………………………229
Stoker, G ……………………42, 124
Stone, C ……………………41, 42

## 【た行】

Dahl, R ……………………42
谷口守 ………………………42
チェピン Jr …………………158
Davis, J ……………………41
出口弘 ………………………86
Thomas, J …………………26
ドラッカー, P ………………40
Dorcey, A …………………26

## 【な行】

野中郁次郎 …………………258

## 【は行】

Berkers, F …………………26
Vidal, A ……………………56
Putnam, R …………………125
林泰義 ………………………175
Hunter, F …………………41
Peter, G ……………………26
日髙昭夫 ……………………41
Faludi, A ……………………80
Falconer, P …………………24
深沢一繁 ……………………56
フクヤマ, F …………………125
Platteau, J …………………229
Bryson, J …………………23, 26, 97
Friend, J ……………………56
Smith, DH …………………41
Podziba, S …………………24
細田勝 ………………………223, 232
Pondinelli, D ………………55

## 【ま行】

March, J ……………………80
マスロー ……………………104
松岡正剛 ……………………51, 159

| | |
|---|---|
| Marcuse, H ……………………25 | 吉阪隆正………………………11 |
| Maloney, W ……………………125 | 寄本勝美………………………40 |
| 水口剛……………………………40 | 【ら行】 |
| 宮川公男……………………41, 124 | Rider, R ………………………55 |
| Mintzberg, H …………………56 | Richard, J ……………………26 |
| メドウズ………………………56 | Rhodes, R ……………………41 |
| 【や行】 | Ross, K ………………………24 |
| 安井潤一郎……………………259 | 【わ行】 |
| 山岸俊男…………………26, 104 | 渡邊眞一郎……………………229 |
| 山本清……………………………41 | |

## 執筆者紹介

*佐藤　滋（さとう　しげる）　早稲田大学理工学術院教授／同大学都市・地域研究所所長／工学博士／序章

*早田　宰（そうだ　おさむ）　早稲田大学社会科学総合学術院教授／同大学都市・地域研究所研究員／博士（工学）／1-1, 1-3, 2-2, 2-3, 2-6, 2-7, 3-2, 4-2, 付図

長野　基（ながの　もとき）　首都大学東京都市環境学部准教授／早稲田大学都市・地域研究所招聘研究員／1-2, 2-5, 2-6, 2-7

志村秀明（しむら　ひであき）　芝浦工業大学工学部教授／早稲田大学都市・地域研究所招聘研究員／博士（工学）／一級建築士／1-3, 3-2, 3-4, 付図

饗庭　伸（あいば　しん）　首都大学東京都市環境学部准教授／博士（工学）／2-1, 2-2, 2-4, 2-5, 2-7, 3-4

鈴木　進（すずき　すすむ）　特定非営利活動法人木の家だいすきの会代表理事／早稲田大学都市・地域研究所招聘研究員／技術士（都市及び地方計画）／3-1

真野洋介（まの　ようすけ）　東京工業大学大学院社会理工学研究科准教授／早稲田大学都市・地域研究所招聘研究員／博士（工学）／3-3

市川　均（いちかわ　ひとし）　アーキネットデザイン主宰／早稲田大学都市・地域研究所招聘研究員／NPOちちぶまちづくり工房代表理事／一級建築士／4-1

木村裕美（きむら　ひろみ）　中小企業診断士／早稲田大学都市・地域研究所招聘研究員／中小企業大学校講師／4-3, 付図

（*編著者、掲載順、番号は執筆担当章）

## 地域協働の科学
### まちの連携をマネジメントする

平成17年11月20日　初版第1刷発行
平成24年4月30日　初版第2刷発行

|編著者|佐藤　滋|
|早田　宰|

発行者　阿部耕一

〒162-0041　東京都新宿区早稲田鶴巻町514番地
発行所　株式会社　成文堂

電話 03(3203)9201(代) Fax 03(3203)9206
http://www.seibundoh.co.jp

製版・印刷　㈱シナノ　　　　　　　　　製本　弘伸製本
☆乱丁・落丁本はおとりかえいたします☆　　検印省略
Ⓒ 2005 S. Sato, O. Soda　　　Printed in Japan
ISBN4-7923-8056-1　C3036

定価（本体3500円＋税）